A CULPA É DA MÃE?

ELIZABETH MONTEIRO

A CULPA É DA MÃE?

**Reflexões e confissões
sobre a maternidade**

academia

Copyright © Elizabeth Monteiro, 2025
Copyright © Editora Planeta do Brasil, 2025
Todos os direitos reservados.

Preparação: Wélida Muniz
Revisão: Gleice Couto e Tamiris Sene
Projeto gráfico e diagramação: Renata Zucchini
Capa: Renata Vidal
Imagens de capa: RetroClipArt/Shutterstock e shockfactor.de/Shutterstock

Dados Internacionais de Catalogação na Publicação (CIP)
Angélica Ilacqua CRB-8/7057

Monteiro, Elizabeth
  A culpa é da mãe? – Reflexões e confissões sobre a maternidade / Elizabeth Monteiro. - São Paulo : Planeta do Brasil, 2025.
  288 p.

ISBN 978-85-422-3326-1

1. Crianças – Criação 2. Experiências de vida 3. Mães – Psicologia 4. Mães e filhos 5. Maternidade 6. Relações familiares I. Título

25-0689   CDD 155.6463

Índice para catálogo sistemático:
1. Mães e filhos : Relacionamentos : Psicologia

Ao escolher este livro, você está apoiando o manejo responsável das florestas do mundo, e outras fontes controladas

2025
Todos os direitos desta edição reservados à
Editora Planeta do Brasil Ltda.
Rua Bela Cintra, 986, 4º andar – Consolação
São Paulo – SP – 01415-002
www.planetadelivros.com.br
faleconosco@editoraplaneta.com.br

"Antes de concebê-lo, eu já o queria.
Antes de nascer, já o amava.
Antes que completasse uma hora de vida,
eu já teria morrido por você.
Esse é o milagre da vida"

Maureen Hawkins[1]

---

[1] HAWKINS, M. Miracle of life. *Cold and Flame*, 1 out. 2011. Disponível em: https://coldandflame.wordpress.com/2011/10/01/miracle-of-life-maureen-hawkins/. Acesso em: 22 mar. 2024.

*Este livro é indicado às mães estressadas,
culpadas, inseguras, impacientes e acima de tudo
cansadas... muito cansadas...
culpadas... muito culpadas...*

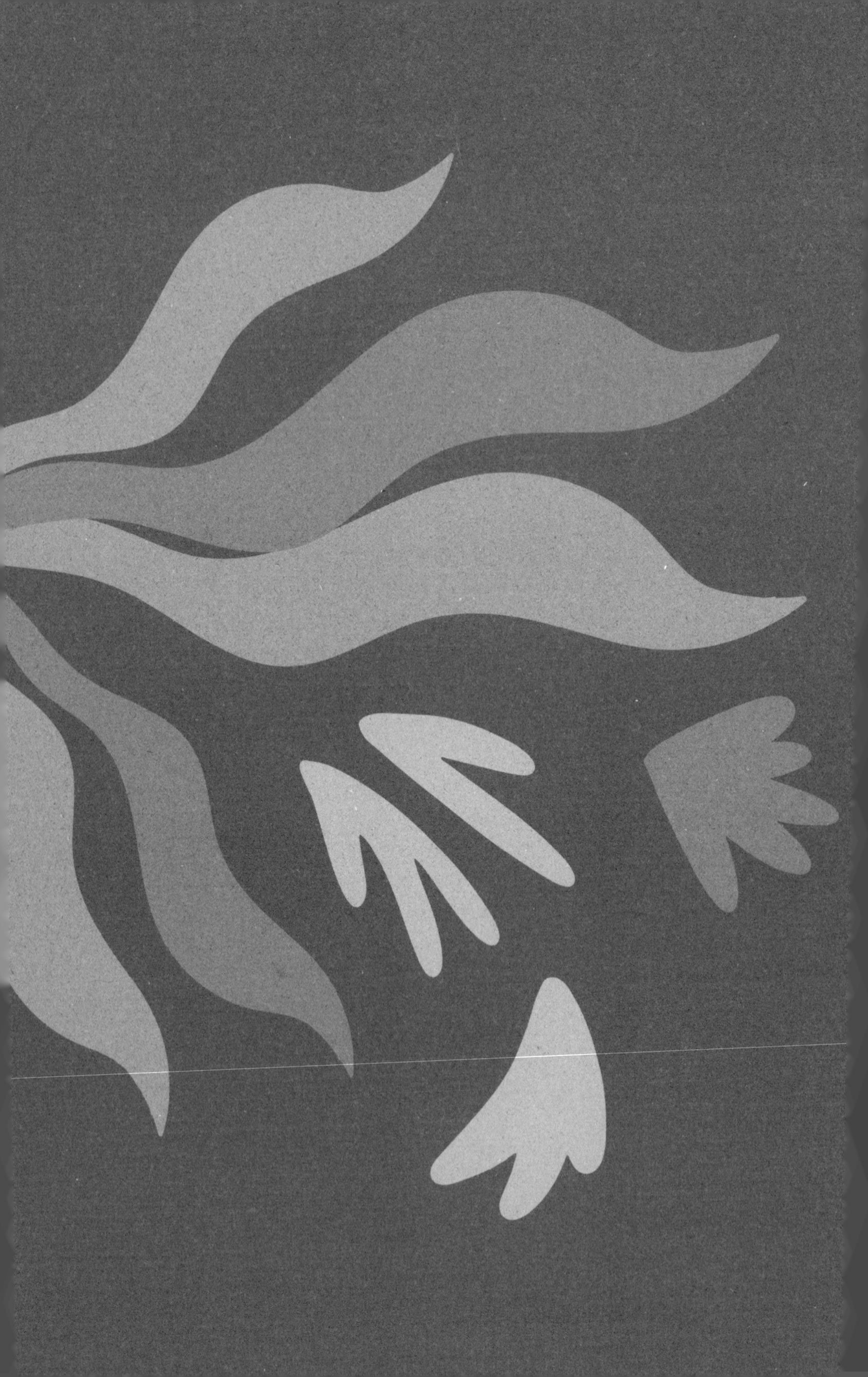

SUMÁRIO

13 Prefácio

17 Apresentação

27 Apresentação à segunda edição

29 **PRIMEIRA PARTE**

31 Autoridade autoritária

35 Criança tratada como adulto

39 O compartilhar

43 Roupa suja se lava em casa

51	**SEGUNDA PARTE**
53	Querer é poder
61	A minha infância
64	Bom humor
71	**TERCEIRA PARTE**
73	Um bebê! O que eu faço agora?
77	Alimentação
83	Culpa
94	Birra
100	Agitação
107	Limites
117	Educação
127	Bullying
132	Sono
137	Irmãos
142	Emoções
147	Violência
154	Prioridades

163 Realidade

168 Paciência

181 Ciúmes

187 Família

195 Infância

200 Essa droga das drogas...

206 Morte

210 Aprendizagem

221 Dinheiro

224 Sexualidade

235 Horários e responsabilidades

239 Brincar é coisa séria!

246 Medo

252 Divórcio

257 Amizades

267 Projetos de vida

275 Quando os filhos se tornam adultos

283 Posfácio

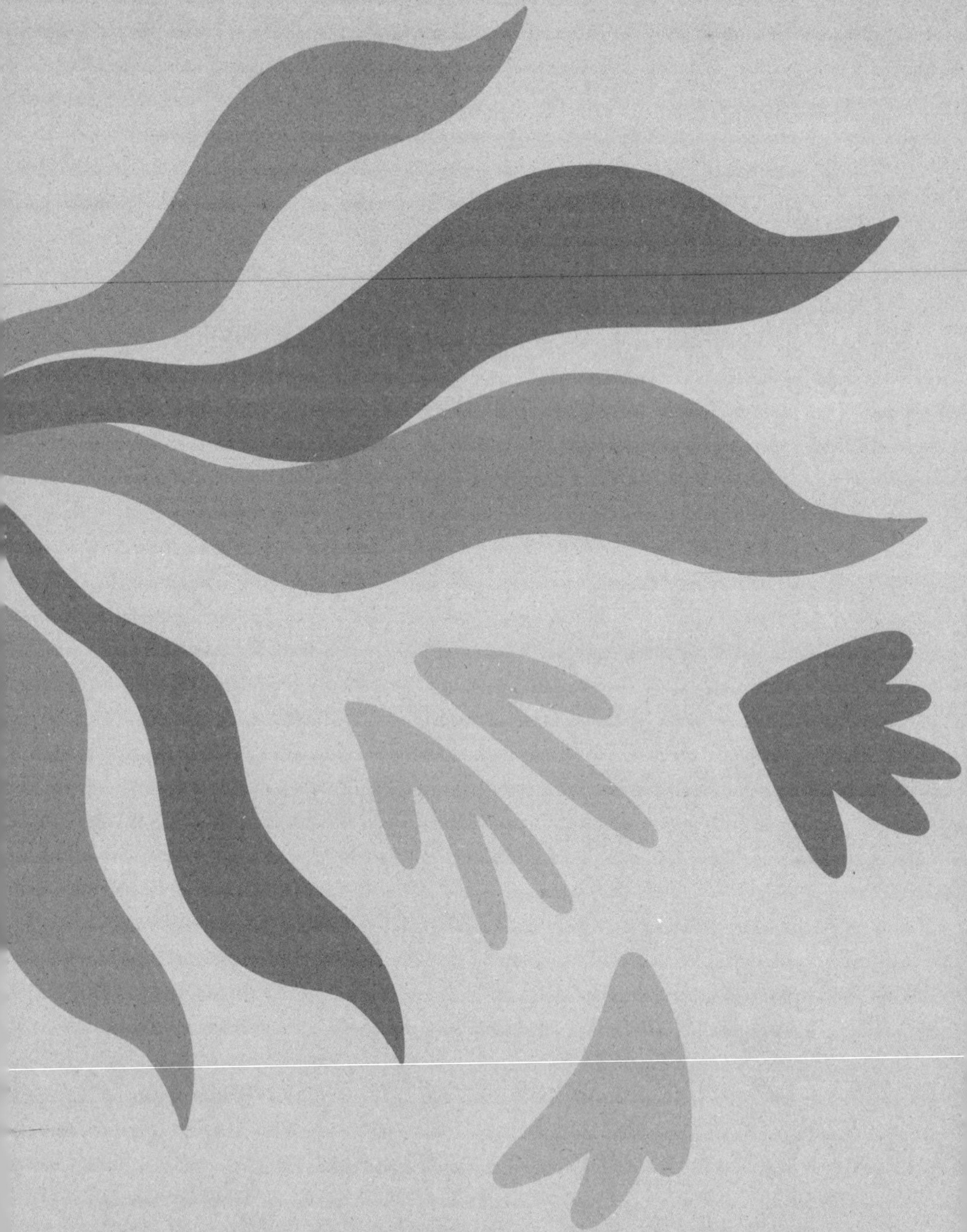

PREFÁCIO

Escrever estas palavras é um convite a revisitar memórias que são tão minhas quanto as de minha mãe. Crescer ao lado dela, Betty Monteiro, foi como viver dentro de um livro em construção – um enredo feito de aventuras, desventuras e lições que só o amor pode ensinar.

Minha mãe nunca foi apenas atriz, professora, pedagoga, psicóloga e escritora. Ela foi – e será sempre – o coração pulsante da nossa família. Com sua sensibilidade, humor e uma paciência que desafiava os limites da maternidade, ela transformava os momentos mais caóticos em histórias dignas de riso e de aprendizado. Meu pai e nós, os quatro filhos, fomos – e ainda somos – as personagens dessa narrativa de amor e crescimento.

A culpa é da mãe? é mais do que um livro autobiográfico. É o reflexo da coragem de uma mulher em compartilhar as suas imperfeições e seus aprendizados, nos lembrando de que não existe uma fórmula perfeita para criar filhos. Existe, sim, a busca constante por fazer o melhor, guiada pelo amor e a intenção genuína de acertar, mesmo nos tropeços.

Quando leio este livro – e sim, eu o leio com olhos de filha –, vejo como as histórias nele contidas são pontes entre gerações.

Elas me lembram das conversas à mesa, dos erros que perdoamos e das vitórias que comemoramos juntas. Mais do que isso, elas me inspiram a ser uma mãe que cria com a mesma autenticidade e entrega que a minha mãe sempre demonstrou.

Esta nova edição é, portanto, um presente. Não apenas para aqueles que terão o privilégio de descobrir as lições de Betty Monteiro, mas também para aqueles que já conhecem e amam a sua forma única de transformar as experiências de vida em aprendizado.

Espero que, ao virar estas páginas, você possa rir, refletir e, quem sabe, enxergar a sua própria história de um jeito novo.

Com amor e gratidão,

Gabi (a estrelinha, como você, mãe, me chamava),
ou Ratun (como o papai me chamava)

Quando li o manuscrito da primeira edição deste livro, eu ainda não era pai. Para mim, tratava-se de um compilado das deliciosas histórias da minha infância e da minha família. Pura nostalgia e diversão. Eu via sentido na pedagogia, na análise e em todos os ensinamentos que acompanhavam esses episódios ou derivavam deles, mas aquilo não significava muito para mim. Exceto, claro, a revelação de que minha mãe não havia nascido perfeita nem sabendo de tudo que sabe hoje, mas sim que aprendeu quase tudo "na raça" e em tempo real conosco, ao contrário do que sempre me pareceu. E constatando que eu e meus irmãos não facilitamos em nada para ela. A tal "culpa" do título também não fazia sentido para mim.

Relendo hoje, agora pai de uma menina de 11 anos, o sentimento é outro. Não é mais só a nostalgia e a diversão, é principalmente a tal culpa. A culpa de perceber, hoje, como eu fui inúmeras vezes ingrato como filho e de como eu sou falho. A culpa de, talvez, não conseguir dar para a minha filha momentos, lições e memórias tão boas quanto as que eu já tinha com a idade dela. De talvez não ser um exemplo ou um formador de caráter tão bom. De talvez não dar tanto amor, carinho e atenção quanto eu recebi. De talvez não estar tão presente.

O mundo mudou muito e a tecnologia está nos roubando a criatividade e a proximidade dos entes queridos. É irônico o quanto perdemos com isso, mas é justo culpar só o mundo?

Não queira então encontrar neste livro pistas sobre a melhor profissão para o seu filho, em um futuro determinado pela inteligência artificial, ou uma listagem das melhores escolas bilíngues para educá-lo. Espere encontrar lembretes atemporais de tudo aquilo que realmente mais importa na vida: demonstrações de como ser mais presente e assertivo, e de como criar as melhores memórias com a sua família. Isso talvez não o impeça de sentir-se culpado, mas, certamente, os seus filhos jamais o culparão de qualquer coisa.

Com amor,

Samuel Monteiro (Dedé)

A minha mãe é uma grande inspiração. Uma avó maravilhosa e uma sogra doce e gentil.

Ela tem a capacidade de iluminar a todos e aos lugares onde se encontra. Os seus livros, todos eles, espalham o amor e a sabedoria que existem dentro dela. Minha mãe é o meu "bilhete premiado".

Lembro-me de quando o meu pai morreu. Naquela ocasião, um dos meus irmãos foi diagnosticado com câncer. Minha mãe, já muito abalada emocionalmente, teve uma conversa séria com Deus.

Era noite, ela saiu na varanda da sua chácara, onde morava, olhou para o céu e disse: "Senhor, o que mais você quer de mim? Quer saber se eu sou forte, se eu aguento as suas provocações? Pois saiba que eu aguento, sim. Pode mandar! Mande o que quiser que eu aguento (batendo com a mão direita sobre o seu coração). Mande que eu mato no peito. Não tenho medo do meu Senhor".

Pude perceber que, após aquela noite, a minha mãe serenou.

Com certeza, *A culpa é da mãe?* trará mais serenidade, alegria e leveza à maternidade de muitas mulheres.

Da sua "baixinha", Tatá

É bastante fácil e tranquilo ser filho dos meus pais. Embora agitada, nossa casa sempre foi um lugar harmonioso. Todo mundo trabalhava muito, desde jovens. Trabalhávamos não apenas para termos dignidade e nos prepararmos para a vida adulta, mas também para acalmarmos as nossas mentes extremamente criativas.

Com certeza, somos uma família de sonhadores e criadores do seu próprio universo. Não desejamos ser ricos nem dominar o mundo, talvez só ter um pouco mais de conforto, bater um bom papo em meio à natureza, ou quem sabe nos divertir em uma baita festa. Sabemos aproveitar ao máximo qualquer oportunidade que a vida nos oferece.

É muito difícil encontrar o equilíbrio entre a vida familiar e a profissional, mas acredito que tivemos isso. Todos somos bastante autossuficientes, ainda que também tenhamos sido mimados, no bom sentido, com muito carinho e atenção.

Viajamos, tivemos inúmeras e ricas experiências de vida. Momentos inesquecíveis.

Meus irmãos e eu não sentíamos que dávamos trabalho. Fomos a última geração criada sem internet, e isso fez toda a diferença em nossas vidas. Sabemos o que é quebrar um dente andando de patins, o que é cair de uma árvore, pegar ondas com o pai, cantar ao som do violão que a minha mãe tocava...

Estar em uma família com mais três irmãos mais velhos fazia com que eu me esforçasse por reconhecimento e atenção, e foi assim que eu aprendi a me superar a cada dia. Aprendi que, sem os desafios, não damos valor às nossas conquistas.

Eu desejo que esta obra da minha mãe ajude as pessoas a descobrirem que a vida precisa de um generoso recheio de sonhos e de paixão para ser vivida e que a vida também é um longo processo de criação e de vir a ser.

Para a minha mãe,

Do seu Kiko Maquininha

APRESENTAÇÃO

Recebo em meu consultório centenas de mães cansadas, culpadas, perdidas e sofridas. Buscam uma receita milagrosa para criar os filhos e me contam os seus dilemas. Mães que não têm coragem de se deixar governar pelos próprios valores, que não confiam em si, que buscam modelos em outras mães, ou que desistiram de lutar.

Muitas vezes, eu me vejo em cada uma delas. Recordo-me da infância dos meus filhos e das muitas bobagens e erros que cometi, simplesmente por não saber, por estar cansada, de "saco cheio", impaciente e por ter sido uma mãe muito jovem, sonhadora, inexperiente. Casei-me com 22 anos, e fui mãe aos 24.

Hoje, sou escritora, pedagoga e psicóloga, palestrante internacional, mas só me tornei essa profissional após os meus 45 anos, depois de os filhos haverem crescido.

O meu pai me fez começar a trabalhar quando eu tinha 17 anos, assim que concluí o magistério (tinha de ajudar com as despesas). Quando a minha primogênita nasceu, como todas as mulheres com um emprego, tirei licença-maternidade. No dia de voltar ao trabalho, trocando as fraldas da Gabi para que a minha sogra viesse buscá-la e eu pudesse trabalhar, tive uma crise de choro. Pensei: *Não, não vou deixar esta bebezinha linda ser cuidada pelos outros. Cuido tanto dos meus alunos na escola e não vou cuidar da minha filhotinha?*.

Foi aí que eu parei de trabalhar. Sempre quis ter filhos, e muitos... Portanto, resolvi que cuidaria deles.

Demorei para conquistar todos os meus títulos porque priorizei a minha família e, nos intervalos entre os filhos, voltava aos estudos e ao trabalho. A sabedoria e a maturidade conquistadas hoje são o meu único patrimônio e a minha eternidade. Conquistei a eternidade através dos meus genes que serão transferidos geração após geração aos meus descendentes, e também através do meu trabalho aqui realizado e que aqui deixarei.

Como sou movida por projetos de vida, sempre me impus realizar todos os meus sonhos antes de morrer. E olha que os realizei! Fui professora, pedagoga, psicopedagoga, psicóloga, palestrante, modelo e atriz, escrevi livros e peças de teatro, montei a cavalo, dirigi charrete, toquei piano e violão, cantei, brinquei demais, acampei, caí, quebrei tudo, me reinventei dezenas de vezes... Ufa! Está me sobrando tempo de vida para mais alguns projetos que tenho de inventar. Quem sabe fazer cannyoning, rafting, ou então ter um canil. Posso dizer que se a gente souber priorizar as próprias necessidades, a vida nos permite realizar um montão de sonhos.

Olha só, filho não é impedimento nenhum para os realizarmos, e, como diz o ditado: "sempre é tempo de ser aquilo que deveríamos ter sido".

Sou partidária da família, da manutenção da família, independentemente de seu formato: família com pai e mãe, família com apenas um dos pais, família com pais do mesmo sexo, ou feita com outros arranjos.

Apaixonada que sou por História, fui buscar...

A história da maternidade no Brasil e das mães brasileiras começa com Catarina Alvares Paraguaçu, uma importante indígena. E vou contar a história dela para você. Catarina nasceu na Bahia, em 1503, e morreu no mesmo estado, no ano de 1583. Filha de um líder do povo Tupinambá, casou-se com o português Diogo Alvares Correa (Caramuru), a quem salvara de ser devorado pela sua comunidade. Ela é considerada a mãe biológica de todas as mães brasileiras, porque, segundo um estudioso de genealogias, descendentes dela podem ser encontrados em todas as antigas famílias baianas, exercendo, assim, um papel fundamental na integração de todas as etnias

> que formaram o nosso país. Em 1528, foi levada para a França, onde foi homenageada e batizada em Saint-Malo.[2]

Em uma breve explanação, vemos que a família ocidental contemporânea passou e ainda passa por diversas transformações em seus costumes, que se caracterizam principalmente pela perda da autoridade paterna, dificuldades na transmissão dos valores familiares aos filhos, a mãe no mercado de trabalho, decomposições e novas composições.

Um estudo realizado na Universidade de Copenhague, na Dinamarca, avaliou crianças criadas por duas mães, e concluiu que essas crianças são menos propensas a desenvolver depressão. Isso acontece porque o casal homoafetivo sofre muito mais para poder constituir a sua família, e o sentimento de união e resistência do casal é transmitido à sua criança, fortalecendo, assim, a sua estrutura psicoafetiva e emocional.

A despeito das transformações nas cinco mil sociedades espalhadas pelo mundo ao longo do tempo, não se conhece nenhuma sociedade do gênero humano em que a família não desempenhe um papel importante, como grupo de pessoas que habitam o mesmo espaço.

Não é nada fácil manter a unidade familiar. É preciso acreditar muito na força da união e *querer* que ela se mantenha.

Mark Bauerlein, professor da Universidade de Emory, em Atlanta, na Geórgia, nos Estados Unidos, supervisionou uma série de estudos sobre a vida e o cotidiano dos jovens americanos e publicou o livro *The Dumbest Generation* [A Geração mais idiota, em tradução livre].[3] Segundo tais estudos, os jovens de hoje são muito mais inteligentes, porém apresentam baixo índice de conhecimentos gerais, de leitura e compreensão de texto e poucos se relacionam com a família e os amigos, devido ao tempo perdido nos games, nas redes sociais, falando no celular e enviando mensagens de texto para falar de si mesmos.

---

[2] OLIVEIRA, J. P. Catarina Paraguaçu, senhora do Brasil: três alegorias para uma nação. *Memórias Insurgentes*, v. 1, n. 1, p. 22-58, jun. 2022. Disponível em: http://memoriasinsurgentes.org/index.php/pt/edicoes/edicao-antiga/v-1-n-1-jun-2022. Acesso em: 22 mar. 2024.

[3] BAUERLEIN, M. *The Dumbest Generation*. EUA: Tarcher, 2009.

Não interessa a esses jovens o que aconteceu na história do seu país, quem foi Napoleão, o que está acontecendo em sua família, mas apenas o que está ocorrendo naquele momento, na cantina da escola, por exemplo.

Portanto, penso que precisamos criar um espaço para conversar com os filhos, reunir a família e os amigos. Conversar sem precisar teclar mensagens, para não condenar os jovens e as famílias ao exílio social, pois eles precisam conviver com os adultos, conversar com pessoas que têm mais experiência do que eles, trocar afeto. Isso os ajudará a amadurecer e a acreditar na humanidade. ==É preciso que os nossos jovens aprendam a criar redes sociais de ajuda e de pertencimento dentro do grupo em que vivem.==

Contarei neste livro histórias de mães e de famílias, mas não acusarei aqui nenhuma das mães que conheço ou de que tratei. Não acho próprio nem ético. Portanto, tomarei como exemplo as minhas próprias histórias.

Especificamente as histórias da minha família. Não quero ser mais uma a apontar falhas ou erros das tantas e tantas mães que estão por aí. Talvez você possa se identificar com algumas das minhas histórias, apesar da diferença de época e idade.

Iniciarei com as histórias da minha família materna, da minha avó e da minha mãe, e finalizarei com as minhas histórias junto aos meus filhos. Contarei as histórias de três gerações de mulheres da mesma família, para você poder acompanhar as mudanças ocorridas em diferentes épocas e comparar com a época atual.

As minhas histórias e trapalhadas são acompanhadas de um tratamento psicológico que explica os fatos narrados, contextualizando-os na atualidade e propondo algumas formas de lidar com situações semelhantes hoje em dia.

Escrevo de forma leve e divertida porque sou assim, e penso que uma mãe tem de ser feliz em sua essência. Portanto, este livro também foi escrito com o intuito de fazer com que você ria (inclusive de si mesma).

Você vai ver que os filhos continuam sendo muito mais filhos da mãe do que do pai. Embora muitos aspectos tenham mudado de uma geração para outra, na sua essência, todas as mães e todas as famílias passam por situações muito semelhantes.

==As mães são todas iguais (e os filhos também).== Umas assumem o papel de vítima e se acomodam. Outras assumem o de guerreiras e ainda há as que "terceirizam" os filhos. As mães se sentem muito culpadas quando percebem que a família não segue o modelo da "família perfeita". O peso dessa culpa faz com que acabem mimando os filhos (culpa e reparação) e não exerçam a autoridade que lhes compete. As mães se queixam que não têm autoridade e que os pais são ausentes. Na verdade, elas temem assumir os filhos.

Ninguém quer carregar o peso da responsabilidade, e aí as pobres mães pedem conselhos e orientações a terceiros, quando bastaria assumir aquilo que elas pensam e em que acreditam, sem medo de errar nem de sentir culpa. A culpa. Ah, a culpa... Ela, junto com o perfeccionismo e a frustração são as raízes da tal culpa materna.

A maioria das mães tem medo de dar limites aos filhos; estão perdidas e não sabem como fazer isso. Me procuram para pedir conselhos e dicas de como dar esses limites. Muitas vezes, o que faço é levá-las a impor limites a si mesmas.

Você já percebeu o que faz?

Diariamente mal amanhece, você nem acordou direito, e já precisa acordar o maridão (que nunca ouve o despertador). Se levanta e, ainda vestindo o roupão, sacode os filhos (que reclamam e não se levantam), vai pra cozinha, começa a mexer com a panelada enquanto grita em alto e bom tom, ameaçando que, se eles não se levantarem, vão perder a hora. Enquanto você prepara o café, corre apressada até a cama do filho fazendo corpo mole e começa a vestir o uniforme escolar nele, e continua gritando pela ajuda do marido, que ainda dorme.

Aparecem as confusões de todos os dias: reclamações, manhas, choros, e lá vai você servindo de cozinheira, arrumadeira, motorista, tudo ao mesmo tempo. Tem de resolver todos os problemas; fazer as tarefas da escola que ficaram para a última hora; falar com a sua mãe, que está se sentindo mal; procurar a camisa do marido; ver as lancheiras; e se arrumar, deixando os sapatos para calçar já dentro do carro. No trajeto para a escola as crianças brigam, e o seu adolescente não quer conversa: coloca o fone de ouvido e fica na própria bolha.

Enquanto eles estão na escola, você vai cuidar da sua mãe, fazer mercado, pagar contas, discutir com a sua funcionária (se tiver) e trabalhar.

Quando os filhos voltam, você os leva para as aulas extras, dentista, fono, psicóloga e ainda vai ajudar a sua irmã que deu um "piti" com o marido.

Tudo! Exatamente tudo o que é necessário na vida das pessoas, você tem de resolver. E ainda tem de brincar com os filhos, e, à noite, estar disposta para uma noitada com o marido carente e ter orgasmos múltiplos.

Quanto mais você faz, mais coisas aparecem e ainda tem de ouvir das amigas, ou da sua psicóloga, que você é uma pessoa controladora e centralizadora.

Claro que a sua posição é de muito desgaste, mas também de muito poder. Se você é daquelas pessoas carentes, que precisam se sentir úteis, importantes e reconhecidas, você se lascou! Sabe por quê? Porque nessa sua vida louca você tem os seus "lucros secundários". Torna-se a "mãe vítima". Aquela que se mata por todos e que ninguém vive sem ela. É isso o que você quer? Ser a heroína? Mostrar que "ser mãe é padecer no Paraíso"? Ah, para com isso!

Gosta quando as pessoas sentem pena de você? Ou é daquelas mães que se matam, vivem nervosas e, na frente das amigas, fingem dar conta de tudo e dizem ser felizes?

Que tal se atualizar um pouco e sair desse papel? A mãe vítima foi um modelo de mãe dos anos 1950 e 1960. Hoje, esse modelo não serve mais. A mãe moderna, que trabalha fora ou dentro de casa, precisa aprender a ser leve. Precisa aprender a dar espaço para a família crescer. Precisa aprender que o que funciona atualmente é o modelo da família colaborativa.

Aprenda a se dar limites. Mães que fazem tudo não estão preparando os seus filhos para a vida. A boa mãe é aquela que aprende a se tornar desnecessária. Mães perfeccionistas e onipresentes geram filhos ansiosos e inseguros.

Distribua tarefas e funções para todos na família mesmo que, na sua concepção, ninguém saiba fazer nada e o marido não tenha tempo. Crianças pequenas adoram fazer pequenos serviços, e o marido não faz favor quando lhe ajuda. Ele está cumprindo o papel de pai.

Famílias precisam de mães alegres e bem-dispostas. Durante muitos anos, a própria sociedade exigiu da mãe essa "perfeição", quando lhe sobrou a função de ser a única responsável pelos cuidados da casa e dos filhos.

Mas os fortes sentimentos de culpa diante dos erros e das falhas impostos moralmente pela religião, pela cultura, pela educação e pelo "superego" se desenvolveram com a entrada das mulheres no mercado de trabalho.

> Falando rapidamente sobre o superego, aqui vai uma explicação psicanalítica bastante resumida:
>
> Quando o bebê nasce, ele é todo instinto, impulso. Ele chora, chuta, morde, grita, bate... A essa "instância psíquica" em que ele está, Freud chamou de "id", que é a instância mais primitiva do desenvolvimento humano. Conforme o bebê vai crescendo e se desenvolvendo, a educação, a religião, a sociedade, a família, vão moldando o id: "Não pode bater", "Não grite", "Seja gentil". E aí a criança vai aprendendo as regras, a moral, adquirindo a crítica para viver em sociedade. Então se desenvolve outra "instância psíquica" que "adestra" e "doma" esse "pequeno selvagem". Freud a denomina "superego", que passa a mandar no id.
>
> Já viu, né? Id e superego começam a brigar o tempo todo. Um quer e o outro manda. Por exemplo, o id tem vontade de dar uma "porrada" no irmãozinho, e o superego diz: "Não seja malvado, o seu irmão é pequenininho!".
>
> Aí surgem os grandes conflitos internos, entre os quais está a *culpa*. Mas a natureza é sábia. Para aplacar os impulsos do id e a censura do superego e mediar esse conflito interno (enquanto crescemos), vai se desenvolvendo uma terceira "instância psíquica" que vai mandar na "bagaça" toda e "colocar ordem na casa": o "ego".
>
> O ego vai se desenvolvendo. Ele é o seu EU. É aquele que vai mandar na estrutura da sua personalidade, vai decidir quem tem razão e será a base das suas decisões. Ele vai controlar os impulsos do id e a crítica do superego. É assim que deve funcionar uma pessoa equilibrada. E, nesse sentido, esta é uma das principais funções de uma boa psicoterapia: desenvolver e fortalecer o ego de uma pessoa.

Expliquei tudo isso, e espero que você tenha entendido, porque pessoas que têm um superego muito forte não se permitem errar e se culpam demais. Quando os pais se sentem muito culpados e incapazes, eles deixam de investir em seus filhos, que ficam abandonados "moralmente".

O abandono ocorre quando os adultos responsáveis pela criança não se posicionam firmemente e não lhe dão os parâmetros de que necessita.

É importante pontuar que os filhos dependem muito mais das atitudes dos pais do que de seus sermões ou críticas. É preciso acreditar no seu potencial, nos seus esforços, aprender com os erros, para poder educar os filhos. Seguir o modelo dos outros não é bom. Você precisa acreditar nos seus valores e crenças. Deixar-se guiar por eles. Seja você e deixe que o outro seja ele mesmo.

Não ajuda ser uma pessoa que você não é. O seu filho tem de lhe conhecer tanto com respeito àquilo que você sabe, pensa e sente quanto com respeito àquilo que você não sabe. Procure mergulhar dentro de si e tentar entender o que se passa com você e o que isso significa. Você descobrirá quem você é e o que precisa fazer diante das dificuldades e dos conflitos. ==Compreender a si mesmo leva à compreensão do outro, e essa é uma das experiências mais enriquecedoras da vida.==

Você será muito mais eficaz quando se conhecer e confiar em si mesma.

Quando você se aceita, se modifica e promove o crescimento no outro.

Quando os pais se conhecem e escutam os filhos sem criticá-los nem julgá-los, mostrando apenas o entendimento (mesmo não concordando), estes desabrocham e crescem.

Quando as crianças são criadas com carinho e firmeza revelam um bom desenvolvimento intelectual. São mais criativas e seguras. Tornam-se mais populares e aceitas no grupo.

Quando os pais são inseguros, distantes, culpados e influenciáveis, as crianças apresentam um retardamento no desenvolvimento intelectual e criativo. São inseguras e instáveis emocionalmente. Mais agressivas e agitadas.

Pais impulsivos, regidos pelo id, são violentos e abusivos, e geram filhos violentos. Pais muito moralistas, religiosos, perfeccionistas e críticos são regidos pelo superego, e criam filhos inseguros e dependentes. Pais egoicamente equilibrados geram filhos felizes.

Portanto, seja firme, mesmo não sabendo como agir. Não se esqueça de que ==a firmeza não exclui a delicadeza.==

Entenda uma coisa: o ser humano não depende da tecnologia, mas, sim, de todas as pessoas que tentam compreendê-lo e o ajudam no enfrentamento de seus conflitos. O ser humano depende essencialmente da própria capacidade de criar relações pessoais de ajuda.

O que destrói as pessoas é a acomodação

Marina Colasanti, grande jornalista, recebeu o prêmio Jabuti com o livro *Eu sei, mas não devia*,[4] do qual apresento o seguinte trecho:

> *Eu sei, mas não devia.*
> *Eu sei que a gente se acostuma.*
> *Mas não devia.*
> *A gente se acostuma a morar em apartamento de fundos e a não ter outra vista que não as janelas ao redor. E porque não tem vista, logo se acostuma a não olhar para fora. E porque não olha para fora, logo se acostuma a não abrir de todo as cortinas. E porque não abre as cortinas, logo se acostuma a acender mais cedo a luz. E porque à medida que se acostuma, esquece o sol, esquece o ar, esquece a amplidão.*
> *A gente se acostuma a acordar de manhã, sobressaltado porque está na hora* [...].
> *A gente se acostuma a coisas demais, para não sofrer. Em doses pequenas, tentando não perceber, vai afastando uma dor aqui, um ressentimento ali, uma revolta acolá. Se o cinema está cheio, a gente se senta na primeira fila e torce um pouco o pescoço. Se a praia está contaminada, a gente só molha os pés e sua no resto do corpo. Se o trabalho está duro, a gente se consola pensando no fim de semana* [...].
> *A gente se acostuma para não se ralar na aspereza, para preservar a pele.*
> *Se acostuma para evitar feridas, sangramentos, para esquivar-se da faca e da baioneta, para poupar o peito.*
> *A gente se acostuma para poupar a vida que aos poucos se gasta, e que gasta, de tanto se acostumar, se perde de si mesma.*

---

[4] COLASANTI, M. *Eu sei, mas não devia*. Rio de Janeiro: Rocco, 1996.

Como sempre, sem mostrar teorias complicadas e eruditismo, sendo prática, utilizando minhas próprias experiências e meu natural bom humor, falarei sobre as mães, através das histórias de minha avó, das de minha mãe e das minhas histórias com a maior leveza e graça possíveis, pois "rir, ainda é o melhor remédio".

Segundo dados de um estudo realizado no Instituto Karolinska,[5] em Estocolmo, na Suécia, pessoas que se estressam com tudo, que vivem de mau humor, que são introvertidas e insatisfeitas, pessoas que não acreditam no próprio potencial de mudança e se acostumam a viver uma vida sem soluções, apresentam maiores probabilidades de desenvolver demência senil.

Cuide-se!

---

[5] PESSOAS calmas têm menos risco de demência, diz estudo. *BBC*, 22 jan. 2009. Disponível em: https://www.bbc.com/portuguese/ciencia/090122_socializar_estresse_tc2. Acesso em: 22 mar. 2024.

APRESENTAÇÃO À SEGUNDA EDIÇÃO

Passaram-se treze anos desde a primeira edição deste livro e muitas coisas mudaram na minha vida, nas famílias e no mundo. Portanto, já era hora de atualizar esses meus escritos. Sou uma pessoa do hoje, do aqui e do agora. Acredito que precisamos estar sempre atualizados se quisermos continuar crescendo e gerando conhecimento.

Assim que foi lançado, *A culpa é da mãe?* alcançou o título de best-seller. Logo, fui procurada por uma produtora de cinema com a proposta de transformá-lo em um filme. Em seguida, uma diretora de teatro também me procurou para que ele se transformasse em uma peça. Os dois projetos não foram adiante, infelizmente por falta de orçamento.

Com a mudança de editora para a atual Planeta e revisando a primeira edição, notei como tantos conceitos decaíram e quantos outros surgiram, com as neurociências, os novos estudos da neuropsicologia e a psicologia social. Então, agora, você tem em mãos uma edição totalmente revisada e atualizada.

Apesar das mudanças, a família, enquanto pequena sociedade, é a responsável pelo desenvolvimento social, psíquico, afetivo e emocional da criança, além do aprendizado das virtudes.

Embora o papel do pai seja muito importante, infelizmente os filhos continuam sendo muito mais "filhos da mãe" do que do pai. Isso requer muita, mas muita evolução, bem como sapiência e maturidade por parte das mulheres, para conseguirem se livrar da culpa materna que a sociedade ainda lhes impõe.

Aproveite!

PRIMEIRA PARTE

A minha avó

"Nunca se coloca o inimigo
em posição de desespero,
pois essa necessidade
multiplica a sua força."

Rabelais[6]

---

[6] COMTE-SPONVILLE, A. *Pequeno tratado das grandes virtudes*. São Paulo: Martins Fontes, 1999.

AUTORIDADE AUTORITÁRIA

Os meus avós deixaram o sul da Itália, onde nasceram, em 1877, antes da Primeira Guerra Mundial (1914 a 1918). Vieram para o Brasil, "o país do futuro", abandonando seus títulos de nobreza e suas riquezas.

A Europa, entre 1871 e 1914, era liberal e capitalista, e a população vivia grande prosperidade. Porém, as disputas territoriais e a má distribuição de renda trouxeram grande instabilidade econômica, o que resultou na explosão da Grande Guerra e na vinda de muitos europeus para o Brasil: um país grande, rico e com um futuro radioso.

Em 1869, as mulheres começavam a adquirir o direito de voto nos Estados Unidos, artimanha utilizada pelo governo para atraí-las para as fronteiras. Em 1898, madame Curie se destacava como cientista, e Elizabeth Blackwell foi a primeira mulher a ser aceita em uma faculdade de medicina, nos Estados Unidos, em 1847.

Como você pode ver, as mulheres começavam a conquistar alguns direitos e reconhecimento. Esse era o panorama da época em que os meus avós aqui aportaram. As famílias não tinham dinheiro para viver confortavelmente, e, assim como tantos outros imigrantes italianos, os meus avós zarparam num *vapore*.

O Colombo aportou em Santos em 8 de abril de 1896. Em solo brasileiro, os meus avós pegaram um trem e foram se estabelecer em São Paulo, passando a morar no Brás, uma das maiores comunidades italianas aqui existentes. Tiveram seis filhos: a tia Nicoleta; a minha mãe, Felicia; o tio Antonino; o tio Achilles; o tio Orlando; e a tia Iolanda.

Pascoalina, a minha avó, a matriarca da família, era uma senhorinha que tinha um temperamento muito forte. "Era osso duro de roer." Uma calabresa daquelas bem ardidas! Ainda por cima, ariana. Dá pra imaginar como o seu gênio era difícil? Hahaha… velhinha brava. Chamava-se Zenóbia Pascoalina Bardari Ruggiero.

> — Felicia! Felicia! — gritou Pascoalina, completamente transtornada, ao encontrar as tranças dos cabelos de minha mãe, ainda uma menina de treze anos, escondidas no fundo de uma gaveta.
> — O que é, *mamma*?
> — Felicia! *Tu hai cortato i capelli*?
> — Não, *mamma*. Não cortei os cabelos, eles estão presos. Imagina se eu ia cortar os meus cabelos! Olha aqui! — Vira a cabeça e lhe mostra um coque, muito mal-ajeitado na nuca.
> — *Hai cortato si. Tu sei una "testarta"! Che succede?* — Diante dos lindos olhos azuis e assustados de Felicia, ela balançava a trança de cabelos ruivos. — *Voglio mostrarla a tuo padre. Lui vá vedere la bella bisca che sei tu!* — Biase, Biase! — gritou histericamente Pascoalina, que nunca se deixava enganar, chamando pelo marido. — *Vieni qui... Daí, daí... Fai presto! Guarda o que tua cara figlia hai fatto!*
> Diante do chamado, o meu avô prontamente apareceu, e a minha avó abanou novamente as tranças da pobre de Feliccetta, mostrando-a ao marido, um imponente e temperamental tenente da Força Pública de São Paulo, que naquele momento lustrava sua espada da cavalaria militar.
> — *Che é questo? Hai cortato i capelli? Sua putana. Figlia mia, non corta i capelli* — reagiu Biase, dirigindo-se furiosamente à pobre Feliccetta. E, num ato de extrema violência, ele levantou a espada que carregava na bainha atada ao cinto do uniforme e a deixou cair no lombo da criança indefesa.

Minha mãe, Felicia, que também não era nenhuma santinha, apanhou em silêncio. Uma surra de espada sobre o seu frágil lombo infantil. Não chorou por algumas razões: sabia que estava errada, sabia que se chorasse apanharia mais e, ainda por cima, era filha de quem? De quem? Não daria "o braço a torcer".

Felicia cresceu com as marcas das espadadas nas costas. Sempre as mostrava para mim, dizendo o quanto seu pai havia sido um homem justo e bondoso e o quanto a sua mãe infernizava a vida de todos. No fim desse episódio, a malvada e tirana acabou sendo a mãe que a delatara, e não o pai, que a havia espancado. Veja só!

Naquela época, os papéis familiares eram bem claros: cabia ao pai educar, e aos filhos obedecer sem questionar. A mãe? A mãe tinha de cuidar da casa e dos filhos e ser a aliada do pai: a delatora. Pais amigos? Nem pensar.

O modelo de família era conjugal, ou nuclear e patriarcal.

Família conjugal era aquela constituída através do casamento civil e religioso, composta de marido, mulher e filhos (nuclear) e patriarcal, em que ao pai eram dados o poder de decisão e o papel do provedor.

Você sabia que, na Antiguidade, ao pai era dado o poder de decidir sobre a vida ou a morte do filho? Como você pode perceber, o tipo de autoridade e poder exercidos eram extremamente autoritários.

Os pais exercem uma autoridade autoritária quando:

- não percebem e não ligam para o que a criança pensa e sente;
- não permitem que ela expresse suas emoções (engole o choro!);
- mudam de assunto quando a criança quer algo ou precisa expressar o que sente;
- ridicularizam a criança quando ela está triste ou com raiva;
- ridicularizam a criança quando ela comete algum erro;
- não escutam o que a criança tem a dizer;
- sentem-se incomodados quando a criança não está do jeitinho que eles querem;
- acham que a criança tem de superar todas as dificuldades, não importa como;
- pensam que não vale a pena ficar pensando em coisas ruins;
- não sabem como agir quando a criança não está bem;
- pensam que a criança faz chantagem emocional para obter as coisas;
- julgam e criticam as emoções da criança;
- são controladores e manipuladores;

- consideram que o que importa é a obediência e o bom comportamento;
- são rígidos – ameaçam, repreendem, castigam e batem por qualquer motivo.

Possíveis consequências para a criança:

- baixa autoestima, falta de confiança em si, insegurança com respeito às tomadas de decisão;
- falta de confiança nas próprias percepções, em seus sentimentos e dificuldades em reconhecer as próprias emoções;
- dificuldade em lidar com figuras de autoridade, de se relacionar com os outros e de se autoafirmar diante do outro;
- sentir-se sempre errada, imprópria e inadequada;
- fragmentação do pensamento ou raciocínio quando está sob pressão.

Estudos mostram que os homens, na contemporaneidade, passam a vida trabalhando e buscando sucesso, acreditando que estão trabalhando por sua família e que isso expressa amor, para depois descobrirem que a interpretação feita pela mulher e pelos filhos é muito diferente.

Eles escolhem uma esposa complacente, que os entenda e os ajude a crescer, e acabam sendo importantes para a família somente por provê-la. Muitos homens se queixam que a mulher e os filhos o procuram apenas para pedir dinheiro, mas não percebem que eles mesmos ensinaram isso à família.

Esse modelo de pai provedor não funciona mais: o pai contemporâneo precisa ser amoroso e firme. Deve participar dos cuidados com o filho de maneira respeitosa e protetora. Sugiro a leitura do meu livro *Cadê o pai dessa criança?*.[7]

O pai que muito trabalha e que foca os bens materiais para a família acaba não desenvolvendo a sua capacidade de formar vínculos afetivos, e a família se afasta dele. Esse tipo de pai, que não pode fracassar e que vive atarefado, tende a acusar a família quando se sente requisitado por ela. Culpa os filhos e a mulher por exigirem sua atenção e cuidados.

[7] MONTEIRO, E. *Cadê o pai dessa criança?* São Paulo: Summus Editorial, 2013.

Os neurocientistas comprovaram que a presença do pai é fundamental para o desenvolvimento dos mecanismos biológicos cerebrais.[8] Pais que não participam da vida dos filhos correm mais riscos de criar filhos com baixo rendimento escolar, baixa autoestima e dificuldades de formar vínculos sociais.

O pai contemporâneo não pode educar através de uma autoridade autoritária. Ele precisa ser amoroso e firme. Respeitoso e protetor. Crianças que são criadas com a participação ativa do pai aprendem a enfrentar o mundo. E aí dizem que "a culpa é da mãe". Sendo assim, eu ouso perguntar: Se "a culpa é da mãe", *cadê o pai dessa criança?*

CRIANÇA TRATADA COMO ADULTO

Toda a criançada brincava na rua: a minha mãe, os meus tios e tias e a garotada da vizinhança. A minha mãe e algumas garotas jogavam "diabolô", enquanto os meninos faziam bolas de barro para jogar nas meninas.
— Se você não ficar quieto, Antonino, vou chamar a *mamma*! — ameaçava Felicia.
Aí todas as meninas se viravam e mostravam a língua aos meninos, cantarolando uma canção provocativa:
— O Antonino não é de nada, só é de marmelada!
A minha mãe dizia que o tio Antonino era o mais inteligente dos seus irmãos, e o mais nervosinho. Diante da gozação das meninas, os meninos também passavam a provocá-lo, para vê-lo ficar descontrolado e chorar, vermelho de raiva. Como ele era o filho homem mais velho, a Pascoalina saía correndo atrás de todas as crianças, com uma velha frigideira de ferro, a proteger o primogênito. Aliás, filho homem era muito bem-vindo nas famílias italianas. Lembro-me

---

[8] ALENCAR, M. O impacto da figura paterna no desenvolvimento do indivíduo. *Psicologia – Saberes & Práticas*, n. 1, v. 1, 54-61, 2017. Disponível em: https://unifafibe.com.br/revistasonline/arquivos/psicologiasaberes&praticas/sumario/60/12122017145225.pdf. Acesso em: 22 mar. 2024.

de que o brinde que sempre faziam ao beber era *"Salute e figli maschi"* (saúde e filhos homens).
— *Maledetos!* — vovó xingava a todos, que se escondiam e morriam de rir, e depois, docemente, falava ao filho querido: — *Viene, Antonino, Che vado fare um chá per te.*
Ele tomava o chá que a minha avó lhe oferecia para acalmá-lo e dormia horas e horas. Nenhuma criança queria esse chá, pois ele era um verdadeiro "sossega leão".
Anos depois, já adulta, minha mãe descobriu que a vó Pascoalina dava chá de papoula ao tio Antonino, para que ele se acalmasse. Meu Deus! Papoula é um opiáceo! Só adulta é que a minha mãe foi entender a razão de o tio Antonino dormir tanto! Ela chegava a comentar:
— Nossa! O Antonino tomou tanto ópio que nem sei como ele continuou a ser o mais inteligente da família!
Realmente, muito inteligente, tornou-se um grande advogado. Ganhou até uma praça com seu nome em São Paulo: Dr. Antônio Ruggiero.
Bem, voltemos às guerrinhas entre os meninos e as meninas. Certo dia, depois de um temporal, o ritual começou. Era o dia perfeito para "aporrinhar" as meninas, porque havia muita lama. Naquela "papocha" toda, eis que de repente alguém tocou em algo estranho, enterrado no meio da lama:
— Vejam! O que é isso? Antonino venha ver o que achamos! — gritaram todos.
O mais velho e o mais sábio da turma olhou e disse:
— Nossa! Acho que é uma bomba! Jogue aqui para mim.
O tio Achilles, que estava com a bomba na mão, arremessou-a para o irmão, que quase a deixou cair. Aí a criançada saiu em uma carreira para mostrar à *mamma*:
— *Mamma, mamma*, veja o que o Achilles achou!
Minha avó viu aquilo nas mãos das crianças e falou:
— Cuidado, cuidado... *Questa è una granada!*
A granada provavelmente advinda dos treinos do quartel da Força Pública ao qual meu avô servia.
Minha mãe contava que a rua ficava cheia de trincheiras e que a vizinhança se escondia no porão da casa da minha avó, que, por sua vez, saía rastejando no meio do tiroteio até o terreiro, com a carabina em mãos, para pegar comida e dar a toda essa gente (a velhinha era corajosa mesmo).
Assim que a *nonna* viu a granada, ordenou que as crianças a jogassem no rio Tietê, mas que tomassem muito cuidado e que não a deixassem cair.

Pense: você daria uma granada na mão de um monte de crianças arteiras para que a jogassem em um rio?

Pois é, a minha avó fez isso.

Naquele tempo, criança era tratada como adulto: trabalhava, apanhava e tinha responsabilidade acima de sua capacidade de cumprir.

A criançada foi brincando com a granada, como se fosse uma bola: jogavam-na das mãos de um para as mãos do outro, excitados pelo perigo.

Como anjo da guarda de criança é um super-herói, a granada e as crianças chegaram intactas ao rio. O tio Antonino, no papel do mais velho, pegou a granada e a arremessou com força em direção ao rio, onde pessoas pescavam, nadavam, remavam e lavavam roupa. É... O rio Tietê já foi limpo e navegável.

No instante seguinte, ouviu-se um grande estrondo e formou-se uma onda, em forma de cogumelo, enorme, no meio do rio. As crianças fugiram de medo e se esconderam atrás do mato, todas molhadas, e, depois que o susto passou, notaram que as margens do rio estavam cobertas de peixe. Foi uma enorme festa. A vizinhança inteira comeu peixe por mais de uma semana.

Agora imagine o que aconteceria se essa bomba tivesse explodido durante a brincadeira? Ia voar pedaço de criança pelo bairro inteiro!

Certamente, se isso tivesse acontecido, minha avó não se sentiria culpada pelo ocorrido, pois na cabeça dela havia agido certo. Os culpados seriam os moleques endiabrados. Naquele tempo, os pais não se sentiam culpados pelos seus "erros", pois achavam que aquilo que faziam era o certo.

Quando se pensa em como era a infância no passado, temos a imagem de meninos e meninas atuando no trabalho duro das fazendas e das casas. As pinturas da Idade Média nos mostram crianças tristes e vestidas como adultos.

Philippe Ariès, historiador francês, em seu livro *História social da criança e da família*,[9] afirma que a criança só passou a ser reconhecida como tal e tratada com mais respeito no final do século 17.

O conceito de infância começou a mudar a partir de então, e, apesar de estarmos no século 21 e de, nas últimas décadas, descobertas neurocientíficas e hipóteses psicológicas e psicanalíticas oferecerem novos

---

[9] ARIÈS, P. *História social da criança e da família*. Rio de Janeiro: LTC, 1981.

olhares sobre essa etapa do desenvolvimento humano, ainda vemos muita falta de conhecimento com relação à infância.

Hoje, o abuso infantil continua: vemos pais que cobram demais dos seus filhos, que não os aceitam como são e que os enchem de atividades. Pais e mães que batem, abandonam e terceirizam o cuidado com os filhos.

O abuso infantil e a violência contra a criança e o adolescente não se restringem à esfera sexual. Infelizmente, a maioria das famílias não oferece aos filhos um ambiente saudável em que possam crescer.

Hoje em dia, muitos pais continuam sendo "estourados", impacientes e impulsivos (mães também). O pai precisa adquirir o hábito de falar com a criança de maneira calma, coerente e consistente. Pai e mãe precisam ser parceiros na educação e deixar claro para os filhos o que esperam deles. Precisam deixar claro para que servem as regras e as consequências de não as cumprir. Essa é a Ética da Responsabilidade.

Eu sei que o pai tem mais facilidade para educar *sem culpas*, até mesmo porque a sociedade não culpabiliza o pai pelos fracassos na educação dos filhos. Vou dizer a você um negócio muito sério: o pai que não desempenha o seu papel, que não supervisiona adequadamente o filho, que é ausente, que repele o filho, não participa das suas atividades e apenas prioriza o trabalho e o próprio lazer, que não sabe conversar e dividir as funções com a mãe do seu filho não pode ser chamado de pai, porque não está verdadeiramente conectado e comprometido com o filho.

Estudos mostram que a dor que uma criança sente por ser órfã de pai é bem menor que a dor que ela sente pelo fato de ter um pai ausente, que não participa de sua vida.[10] Manter uma relação saudável com a mãe da criança transmite a segurança de que toda criança precisa para crescer. O pai precisa se empenhar em aliar-se à mãe nos cuidados com o filho.

Pais que não aceitam os filhos e que vivem criticando a criança causam um mal imenso ao psiquismo infantil. É a aceitação, e não o elogio, que constrói a autoestima. É o amor incondicional que constrói a aceitação.

---

[10] DAMIANI, C. C.; COLOSSI, P. M. A ausência física e afetiva do pai na percepção dos filhos adultos. *Pensando Famílias*, v. 19, n. 2, p. 86-101, 2015.

O COMPARTILHAR

Meu avô Biase ia partir para uma missão durante a Revolução Constitucionalista de 1932, conhecida também como Guerra Paulista, um movimento armado em São Paulo, no Rio Grande do Sul e no sul do Mato Grosso – que, anos mais tarde, viria a se tornar o Mato Grosso do Sul –, com o intuito de derrubar o governo provisório de Getúlio Vargas.[11]

Apesar de ter um pai severo e agressivo, minha mãe o amava. Quando falava dele, sempre chorava, mesmo já velhinha. Não podia ouvir "Cuore Ingrato", a música que o vovô cantava para fazer as pazes com a minha avó, que mamãe caía em prantos.

De vez em quando, ou de vez em sempre, melhor assim dizer, os meus avós brigavam feio, e vovó ficava sem falar com ele por um mês. O meu avô, como um bom italiano galanteador e sedutor, ficava no portão dando camélias perfumadas às moças bonitas que passavam. Na verdade, fiquei sabendo que ele colocava muitos "chifres" na mulher. Era até um costume da época todo homem cornear a esposa. Infelizmente, esse machismo ainda persiste. Vovó, dominadora, controladora e ciumenta, não aguentava ver as moças sorrindo para "*il suo bello marito*".

Todos estavam tristes com a partida dele para o campo de batalha. Fizeram várias festas de despedida. Todo mundo foi se despedir: o Pepino, o Nino, a Itália, a Carmela, os Manfredi, os Lucchesi, os Moretti, enfim "*tutte le buone persone*". O Regimento da Cavalaria Militar saiu cedo do quartel da Avenida Tiradentes, diante do choro das famílias que ficavam. Vovô, como tenente, ia adiante de sua tropa, comandando o seu batalhão.

Passou-se um bom tempo. Tempo que não acabava mais e nenhuma notícia dele. Um dia, chegou um encarregado com a má notícia: vovô tinha sido dado como desaparecido. Estaria morto?

A vizinhança toda se aproximou da família desolada, para ampará-los e lhes dar conforto. Minha mãe estava arrasada, desolada. O seu ídolo havia partido, sem ao menos poder vê-la crescer, para que ela pudesse lhe mostrar que não era

---

[11] RIBEIRO, A. Revolução Constitucionalista de 1932 – 80 anos de uma epopeia. *Alesp*, 5 jul. 2012. Disponível em: https://www.al.sp.gov.br/noticia/?id=329170. Acesso em: 25 mar. 2024.

aquela filha teimosa e desobediente que ele havia castigado tanto quando ela cortara os cabelos. O sonho da minha mãe era dar um neto homem ao meu avô. Vovó se colocou de preto, com todos os familiares, amigos e vizinhos. Naquele tempo, as pessoas eram mais próximas afetivamente. Todos levavam comida para a família, roupas, alimentos, conforto e um pouco de dinheiro.

Os filhos homens, ainda meninos, começaram a trabalhar. Mamãe e tia Nicoleta iam cortar capim para dar às cabras, enquanto a vovó cuidava do bebê: a tia Iolanda. Minha mãe e minha tia andavam diariamente seis quilômetros para cortar o capim, e o traziam em seus frágeis lombos de meninas púberes. Quando mais velhas, sofreram de dores lombares alucinantes e paralisantes. Vovó passou a receber ajuda constante de todos os conhecidos e amigos, e a vida seguiu o seu rumo.

Um dia de verão, quando vovó estava limpando a calçada, e as crianças se matando de brincar e brigar na rua, aproximou-se um velho barbudo, cheio de feridas pelo corpo, magérrimo, com os pés inchados, unhas de mãos e pés enormes e sujas, chamando a atenção de todos. Diante dessa imagem ao mesmo tempo ameaçadora e curiosa, vovó empunhou a vassoura em sua direção e já ia "caceteá-lo", quando ouviu:

— *Calma, calma, sono io... tuo Biase... amore mio!*
— *Biase! Maledeto! Tu stai vivo! Mama mia!* — gritou vovó.

Todos ficaram petrificados. A cabeça de todos parecia girar diante daquela figura que abraçava Pascoalina com tanta força.

Os dois choraram muito, riram, se olharam e se abraçaram novamente.

As crianças correram em direção ao casal e, abraçadas às suas pernas, gritavam:

— *Babbo, babbo, Il nostro babbo è vivo!*

Diante de tanta emoção, a vizinhança foi chegando e se abraçando ao grupo, formando uma só unidade. "Viva, viva, viva!", comemoravam todos.

Mamãe conta que começaram a arrancar as roupas pretas que usavam, as de vovó e dos filhos, e fizeram uma grande fogueira. Foi uma festa enorme, com direito a polenta, muito vinho e tarantela.

Deram banho no vovô, cortaram suas grossas unhas com faca, cuidaram de suas feridas, o barbearam e o alimentaram, para depois ouvirem sua história. O que havia acontecido?

— Foi uma grande batalha — explicou o meu avô no seu puro dialeto napolitano. — Estávamos subindo o Morro do Piolho quando fomos surpreendidos pelos inimigos que nos avistavam lá de cima. Não deu tempo de nos de-

> fendermos, foi um massacre. Fiquei ferido e desarmado, numa situação sem saída. Minha tropa recuou, e eu me fiz de morto.
> "Assim permaneci por vários dias, numa mesma posição, enquanto o morro continuava tomado. Somente à noite, saía rastejando em busca de ervas e vermes para comer. Bebia a água da chuva. Não podia sair de lá. Estava perdido, e a região, tomada. Os mortos apodreciam, até que um dia permitiram a retirada dos corpos e *'sono qui'*."
> Foi nesse espaço de tempo que o vovô esteve "morto" que as mulheres da família começaram a se fortalecer como estrutura e se transformaram em verdadeiras guerreiras. O mais lindo dessa história é ver como as pessoas compartilhavam suas dores e suas alegrias. Todos se uniram para ajudar a vovó e sua família.

Até o século 19, cada mulher tinha um filho por ano ou a cada ano e meio (você já se imaginou parindo tanto?). As famílias eram organizadas hierarquicamente, embora a taxa de mortalidade infantil fosse muito alta. As crianças que sobreviviam logo iam para o trabalho e muitas tornavam-se chefes de família. Os pais contavam com o trabalho dos filhos e das filhas.

Hoje em dia, os filhos são poupados até a idade adulta. Tendo em vista que a adolescência se estendeu. Filhos de 30 anos continuam morando com os pais e dependendo deles. Precisam estudar. As pessoas se afastam umas das outras. Não querem se envolver. Têm medo das obrigações quem vêm com o se aproximar, o se comprometer com o outro, e assim vão vivendo vidas medíocres e isoladas.

As crianças precisam de gente, de muita gente ao redor delas. Precisam de modelos para crescer. É necessário que os pais abram as portas da casa para receber amigos, é necessário que as crianças aprendam a ajudar o outro, e não a fugir do outro.

==O envolver-se é fundamental ao ser humano e a todas as relações.==
Vivemos em uma época em que o índice de separações é alarmante. Muitas crianças são criadas somente pela mãe e há pouco convívio com a família. Mas saiba: você tem a obrigação de criar redes de relacionamento social para a sua criança e estimular o convívio. Isso é importante porque ela precisa de modelos para crescer e também aprender a buscar o apoio emocional nos outros.

A vida da criança é enriquecida quando ela tem a oportunidade de conviver mais com os familiares e com pessoas amigas. E essa formação de laços, essa amizade traz consigo um segredo: o da gratidão. A gratidão de amar e de ser amado por alguém.

Hoje em dia, todos fazem as mesmas coisas e frequentam os mesmos lugares, embora não se comuniquem. Veja só:

- Em dezembro, todos falam de fraternidade, amor, paz, Jesus, família, compras, presentes, comemorações e comilanças. Aquilo que deveriam praticar o ano inteiro será feito em um mês extremamente corrido e tenso, para tudo terminar em cinco minutos, após devorarem a ceia e voltarem exaustos para casa.
- Em janeiro, vão passar o Réveillon na praia: disputam estradas cheias e espaço mínimo nas poluídas praias lotadas, enfrentam a falta d'água e a escassez de alimentos nos supermercados. Os aeroportos, então? Lotados, mas todos se "aboletam".
- "Em fevereiro, em fevereiro, tem carnaval. Tem carnaval, um fusca e um violão…"[12] e sexo, drogas e muita sacanagem. Afinal, é carnaval.
- Março é o mês em que se fala de escola e material escolar. As conversas entre as mães rolam em torno do tão esperado fim das férias: querem se ver livre das crianças.
- Abril é tempo de chocolate, coelhinho e feriado.
- Maio. Ah! Maio… Até o mais ausente e ingrato dos filhos se lembra da querida mamãe e arranja um jeito de dar um pulinho bem rápido no asilo, para ver a velha mamãe. O que vão dizer se ele não for? E vai que ela morre, né?
- Junho. Preciso falar? No mercado, você só vê barraquinha com pipoca, pinhão, amendoim, paçoca, chapéu de palha… Você se entope de canjica, de coisas que ficam esquecidas o ano inteiro nas prateleiras. E toca ir à escola ver cada filho dançar quadrilha. Alguns pais, de "saco cheio", reclamam que não tem cerveja, e você se vira do avesso para aguentar o mau humor do maridão.

[12] PAÍS tropical. Intérprete: Jorge Ben Jor. *In*: JORGE Ben. Rio de Janeiro: Phillips Records, 1969.

- Julho é hora de viajar, dar aquela espairecida. É claro que vai estar tudo cheio, caro e impraticável, mas tem que levar as crianças para um passeio. Afinal, todo mundo está indo. Então, bora andar de avião.
- Agosto, Dia dos Pais. Novamente compras e declarações de amor, muitas vezes falsas.
- Setembro é primavera, e todas as crianças começam a reparar nas flores.
- Outubro vem "a semana do saco cheio". Agora dá até para pensar em ir para a Disney, pois é baixa temporada, o parque está mais vazio, menos filas... Preciso dizer que o Dia das Crianças sempre foi o feriado mais importante para mim, embora muitos pais nem se lembrem da data.
- Novembro. Mês das pessoas se lembrarem daqueles que se foram. Idas ao cemitério, limpar os túmulos que de tão esquecidos foram até saqueados. Ah! Tem também aquela ida básica até Aparecida do Norte, para pagar as promessas, né?

Penso que a vida é magnífica, encantadora e surpreendente demais para ser vivida de maneira sempre igual e repetitiva.

Desejo que você transforme a sua vida, por vezes insignificante, em muitos momentos mágicos que façam o seu coração pulsar de alegria. Desejo também que a sua família possa recordar e reviver esses momentos eternamente.

Comece a construir histórias com a sua família.

ROUPA SUJA SE LAVA EM CASA

> Alguns anos se passaram, e o vovô Biase, já muito abatido pela vida, morre (dessa vez, de verdade), fulminado por um infarto aos sessenta anos de idade. Pascoalina continua firme e forte, e novas gerações se acrescentam à família, que agora é verdadeiramente matriarcal.

Naquela época, era muito comum que os avós criassem os netos. Nicoleta, minha tia, a irmã mais velha de minha mãe, já tinha quatro filhos quando nasceu o caçula: o "Nenê". Pelo jeito, ele mal tinha um nome próprio. Sempre o conheci pelo nome de "tio Nenê".

Nenê foi criado pela *nonna* Pascoalina, porque a tia Nicoleta tinha de cuidar de uma tropa imensa de filhos e não conseguia dar conta dele.

Minha avó morava em uma chácara e criava muitos animais: cabras, coelhos, porcos e galinhas. Todos os netos iam para a casa da *nonna* e viviam a infância em cima das árvores, nadando no rio Tietê, nas ruas a brincar e a fazer arte.

Nenê, como o caçula, era o intermediário da bagunça: tanto levava bronca dos mais velhos como da *nonna* (a corda sempre arrebenta do lado mais fraco).

Um dia, essa garotada toda resolveu roubar uma linda galinha branca que pertencia à vizinha, a dona Francesca. Pura molecagem. Provocação... A galinha era muito linda, e, como a *nonna* Pascoalina não tinha nenhuma daquela cor, fizeram a tal arte.

Correu, então, um tititi entre a italianada da vizinhança. A *chiacchiera* de que os netos da dona Pascoalina haviam roubado a *galina bianca* da dona Francesca.

Quando a *chiacchiera* chegou aos ouvidos de Pascoalina, ela ficou uma fera. Começou a gritar com voz forte e rouca pela casa, procurando pelos maus elementos.

— *Má como! Che succede? Non é vero! Non credo.*

Logo pegou pela orelha o primeiro que viu e perguntou:

— *Che tu hai fatto?*

O pobrezinho do Orlando, o neto mais velho, que estava pendurado pelas orelhas, logo falou:

— Não fui eu, *nonna*... Foi o Nenê. — Entregou o caçulinha, e tirou o fiofó da reta.

— Nenê, *avicina qui. Disgraziatto, maledetto. Dove stá quello bambino? Si ti pego, ti mato!*

Nenê, que brincava inocentemente no terreiro com a *bella galina bianca* que lhe deram, olhou assustado para a avó e logo percebeu que o pau ia comer.

A visão daquela velhota descontrolada, que vinha em sua direção com uma frigideira de ferro nas mãos, acionou o seu mecanismo de medo e preservação, e todo o seu corpo se preparou para a defesa. O que fez então? Isso mesmo! "Perna pra quem tem", "saiu a toda", "deu no pé", "fugiu de medo, cagou no dedo", "amarelou."

A *nonna* ficou mais *stuzzicatta* ainda:

— *Aviccina qui, maledetto, se ti pego ti metto il coltello, ti voi pizzicare... Ma non è stato questa l'educazione che ti ho datto. Vuoi ti mandare retornare à casa delli tuoi genitori.*

Enquanto praguejava, ela corria atrás dele com suas perninhas curtas e tortas, deformadas pela idade, abanando a pesada frigideira de ferro.

Nenê, ágil como um passarinho assustado, dá um verdadeiro baile na avó, correndo e se escondendo por entre as tralhas velhas guardadas no terreiro. Não sei, exatamente, quanto tempo durou esse baile, mas sei que foi longo. Muito cansada, ela resolveu deixá-lo ali, em seu esconderijo, fazendo-o pensar que ela havia desistido da perseguição.

Enquanto isso, ela armava a sua trama, descascando montes e montes de cebolas diante da criançada que a observava sem entender o seu intuito. Apenas desconfiavam de que aquilo que haviam feito não ficaria como estava.

O pobrezinho do caçulinha suspirava aliviado, mas os mais velhos e experientes sabiam que a *nonna* Pascá não era mulher de desistir de nada. Ficaram muito preocupados e resolveram sumir da área. Sabiam que o bicho ia pegar e foram se abrigar em cima das árvores, pois lá se sentiam seguros. A *nonna* teria de buscar a escada para subir nas árvores, e assim eles teriam tempo de descer correndo.

Pascá cantava na cozinha "Il Sole è Mio", enquanto fervia calma e pacientemente todas as cascas daquele absurdo de cebolas que havia descascado.

À noite, *dopo la cena*, quando Nenê já havia se esquecido do episódio e parecia relaxado, Pascoalina o surpreende:

— *Tu stai preso, maledetto!*

Eis que ela surge revigorada, cheia de força e poder, abanando novamente a grossa frigideira de ferro e gritando:

— *Ascolta mi scugnizzo, monello, senza vergogna!* — disse, puxando fortemente uma de suas orelhas. — *Nessuno al mondo mi imbroglia!*

Imediatamente, Nenê sente uma água quentinha lhe escorrer pelas pernas. Tinha se mijado todo e logo após sentiu uma pancada e uma dor profunda na bunda. Aquela frigideira de ferro era muito pesada mesmo. Ainda bem que dessa vez a avó não a chapara em sua cabeça.

— Ui, ai, para Nonna. Não fui eu!
— *Zitto! Zitto Monello, non parla e non piange... Disgraziatto, senza vergogna! Se Il tuo nonno fosse vivo, tu stava morto!*
Em seguida, o faz ir buscar a *infelicce galina* no terreiro.
— *Dai, dai. Vá, vá, vá presto...*
Nenê engoliu o choro, foi até o terreiro e voltou com sua linda galinha branca. A danadinha da dona Pascoalina pegou a galinha e a colocou sobre a mesa da cozinha. Então catou o panelão com as cascas de cebolas aferventadas (agora transformadas em um líquido cor de canela).
Diante dos olhos estarrecidos de toda a criançada, banhou a galinha inteira, tingindo-a pena por pena e transformando-a numa linda galinha ruiva, igual às outras tantas que tinha.
As crianças buscaram compreender a atitude da *nonna* enquanto ela ruminava entre os dentes:
— *Lascia stare. Francesca, irà vedere che qui, à casa mia non hai nessuna galina bianca. E che il poverelo dei miei nipote non é nessuno ladro.*
Ao amanhecer, chegou a dona Francesca, com seus filhos, gritando no portão:
— Dona Pascoalina...
— *Qui é?* — respondeu ela, irritada como sempre.
— Vim aqui buscar minha *galina bianca que quello moleque mi hai rapinato.*
Pascá, com cara de sonsa, respondeu com as duas mãos abanando em sua direção, em forma de concha, gestual típico do sul da Itália.
— *Ma che! Stai pazza? Nella mia casa non hai moleno e nessuno ladro. Io non so di che tu stai parlando.*
— *Ma io, voglio entrare, per vedere si é vero!*
— *Ma può entrare. Prego purga i piede!*
Francesca obedeceu e limpou os pés antes de entrar, já botando o olho por todo o terreiro. Não viu nenhuma galinha branca, apenas várias ruivas que estavam a ciscar.
— *Ecco! Hai visto qualcuna galina bianca?*
— *Non, mi scusa.* Essas crianças estão me deixando louca!
E, assim, dona Francesca saiu pedindo desculpas à velha Pascoalina, dando uns petelecos na cabeça de seus filhos e xingando a vizinhança pela intriga que haviam feito com a sua amada amiga.
Pascoalina, triunfante, abraçou o neto querido após tê-lo punido e também defendido a honra da família.

Mães são incríveis mesmo. Às vezes suas atitudes são aparentemente incompreensíveis, injustificáveis, controversas e totalmente inaceitáveis. Mas o que é certo? Que tipo de comportamento você deve reprimir?

Você deve estabelecer regras para a sua criança baseadas em seus próprios valores, lembrando-se sempre de que uma criança é uma criança! Deve saber e sempre se lembrar de que os filhos não nascem para serem parecidos com os pais, mas para se transformarem neles mesmos.

Criança se suja. Corre e não anda, esse é o meio de locomoção natural da criança. Ela fala alto, ri muito, faz arte e só quer brincar. Sofá e cama são feitos para pular, e espelho é para fazer caretas.

Criança deixa tudo espalhado pela casa e nunca vai guardar as coisas tão bem como você. Ela teima e quer ser ouvida; enquanto você não a escutar, ela não lhe dará paz.

Criança é um ser naturalmente curioso, pois está descobrindo o mundo e acha que as pessoas existem para servi-la. E o futuro da criança é sempre o hoje, o agora.

Se você quer ter um bom vínculo com a sua criança, procure seguir os seguintes princípios:

- Afaste-se dela quando ela estiver se comportando mal e crie um ambiente de intimidade.
- Aproxime-se dela quando perceber qualquer mudança de comportamento ou emoção, sem perder a paciência.
- Não converse com ela se você e ela estiverem em um clima tenso. Acalme-se primeiro.
- Respeite o que a sua criança sente, mesmo que não concorde com ela.
- Não a ridicularize e nem lhe diga o que deveria sentir.
- Ajude-a a nomear aquilo que ela está sentindo: se está brava, triste, ansiosa, com medo etc.
- Não se sinta na obrigação de resolver todos os problemas nem se culpe por isso.

> **Quer ver como funciona na prática?**
>
> — Nossa! Como você está brava hoje! O que aconteceu para você estar assim? Foi porque a mamãe não deixou você comer chocolate antes do almoço? Eu entendo que você está com vontade de comer o chocolate e que é muito ruim a gente ter vontade de fazer uma coisa e o outro não deixar. Eu sei o que você está sentindo. Está com raiva. Mas a mamãe não proibiu você de comer o chocolate. Você vai comer, sim, só que primeiro tem de almoçar, porque isto é uma regra: a sobremesa vem sempre depois.

Mães nos tempos modernos

A entrada da mulher no mercado de trabalho e o impacto mundial desse acontecimento são encarados como a maior transformação social desde a Revolução Francesa (mas também como um grande ônus na vida das mulheres que têm de se equilibrar diante do papel de mãe e de profissional). E a pílula anticoncepcional fez mais pelas mulheres e pelo direito ao prazer que todos os movimentos sociais juntos.

Todas as mães querem que o filho obtenha sucesso na vida, e se exaustam nessa função. Sucesso, só existe um: ser capaz de viver a vida do seu jeito, e amar um filho é fundamental, mas é preciso que a criança saboreie esse amor.

Descanse um pouco.

Com a possibilidade de trabalhar de casa, com o home office, as mulheres se sobrecarregam mais ainda. Principalmente aquelas que não têm uma boa estrutura emocional e ambiental para poderem trabalhar de maneira saudável e produtiva.

Misturar filhos com cuidados da casa e trabalho é uma loucura. Ou você trabalha, ou você cuida dos filhos e da casa. Criança não entende que você está ali e não pode lhe dar atenção. Pare com isso.

Deixe para trabalhar quando dormem ou quando estão na escola. Caso contrário, saia de casa para trabalhar. Vá até uma cafeteria, até um *coworking*, monte a sua base lá e nada de não ter horários para iniciar e terminar suas funções. Você tem filhos. Se não montar uma boa estrutura para trabalhar, vai enlouquecer.

SEGUNDA PARTE

A minha mãe

"Há mulheres que dizem:
meu marido se quiser pescar, pesque,
mas que limpe os peixes.
Eu não. A qualquer hora da noite me levanto,
Ajudo a escamar, abrir, retalhar e salgar."

Adélia Prado[13]

---

[13] PRADO, A. Casamento. *In*: PRADO, A. *Terra de Santa Cruz*. Rio de Janeiro: Record, 2006.

QUERER É PODER

A minha mãe, como você pôde ver, não teve uma vida fácil, e introjetou um modelo de mulher muito forte e temperamental, que era a sua mãe, minha avó. Minha mãe foi uma lutadora. Não admitia que falássemos que algo era difícil. Respondia sempre: "Querer é poder" e "Difícil é mulher mijar na parede".

> Mamãe não podia sair de casa quando jovem. Meus avós e os seus filhos, meus tios ciumentos, faziam a vigilância sobre ela, pois era muito linda. Todo fim de tarde, mamãe, que vivia presa, ficava à janela, para ver a vida passar. Eis que, um dia, notou aquele que viria a ser o grande amor de sua vida.
> Os seus lindos olhos azuis se encontraram com os lindos olhos negros de um galante almofadinha muito elegante. Ele era um verdadeiro Clark Gable. Sucesso entre as mulheres e invejado entre os homens. O meu pai: um lindo e refinado português.
> Todos os dias à mesma hora ele passava, a cumprimentava tirando o chapéu e lhe dava um sorriso. Essa era a maior emoção da vida de minha mãe.
> Certo dia, meu pai tomou coragem e chamou a tia Iolanda (a caçula das irmãs de mamãe), que estava na rua a brincar, pedindo-lhe que entregasse um bilhete à sua irmã Felicia.
> Nele, estava marcado um encontro. Minha mãe o recebeu e o escondeu imediatamente entre os seios, para ler mais tarde, quando estivesse sozinha. Mas o danadinho do seu irmão, o tio Orlando, viu a cena e foi logo contar para a vovó:

— Mamma, a Felicceta está toda assanhada na janela. Acho que ela está de olho naquele português todo arrumadinho, o "Alfacinha".
— Felicceta! — gritou Pascoalina. — *Viene qui! Daí, daí...*
Mamãe saiu da janela, arrumando o bilhete entre os peitos.
— *Tu stai de olho naquele portoguese?*
— *Non, mamma.* Ele só me cumprimentou!
— *Orlando, olha bene.* Fica de olho nessa "sirigaita", *que non quero que se case com nessuno portoguese alfacinha.*
Minha mãe sempre lutou para ser ela mesma e, no dia marcado, arranjou um jeito de escapar da vigilância do irmão e foi se encontrar com meu pai, no Largo do Colombo. Foi um encontro rápido, mas o suficiente para se apaixonarem. Mamãe contava que num desses encontros, enquanto andavam e conversavam distraidamente, o meu pai estendeu a mão para ajudá-la a pular uma poça d'água e que justamente nesse momento o danado do tio Orlando chegou. Bem na hora em que a minha mãe dava a mão ao meu pai.
O que aconteceu? Isso mesmo. O céu foi ao chão, o caldo ferveu, a casa caiu e a Felicia acabou levando um safanão da mãe ao chegar em casa.
Como filha de calabresa e teimosa como uma mula, isso serviu de decisão para ela se casar com o meu pai e mudar com ele para o Rio de Janeiro. Capital do Brasil na época, ambos teriam maiores possibilidades de trabalho e de ganhos. A minha mãe era uma mulher vanguardista. Tenho a quem puxar (modéstia inclusa rsrsrs...).
Mamãe foi uma das primeiras mulheres do século 20 que abandonou os padrões tradicionais da mulher daquela época, que costumava se casar para ser mãe. Demorou nove anos para ter a primeira filha. Montou uma escola de corte e costura, tornando-se, mais tarde, a primeira estilista de moda (como se diria hoje) daqueles tempos. Atendia mais de cem clientes e alunas diariamente. Tinha até mesmo alunas internas que vinham aprender com ela, vindas de outros estados.
Era famosa, capa das revistas da época, lindíssima e elegante: a "Madame Nunes". O meu pai, um verdadeiro dândi, largou o trabalho e passou a administrar a escola. Assim, mamãe passou a ser a provedora do lar. Naquela época, a nossa família era a mais moderna e se assemelhava com as famílias de hoje, em que muitas mulheres têm autonomia financeira.
Meus pais fizeram uma verdadeira fortuna e ajudaram a família em São Paulo. Quando sentiram que dava para viver somente das rendas dos vários

imóveis que adquiriram, voltaram para São Paulo. Nessa altura da vida, com três filhos, meus irmãos mais velhos. Por trabalhar muito e não ter familiares que a ajudassem na criação das crianças, minha mãe pariu cada um dos meus irmãos com nove anos de diferença entre eles.

Aqui chegando, cheios da grana, logo foram envolvidos por pessoas oportunistas e o que aconteceu foi que se meteram em péssimos negócios, perdendo tudo o que tinham conquistado com muito trabalho. Na época da falência, eu tinha sete anos e, além de estarmos na miséria, fiquei seriamente doente. Tive uma glomeronefrite que me deixou oito meses de cama, sem poder me virar, sentar e, muito menos, levantar.

Mamãe tinha de fazer pão em casa e comprar leite vindo dos Estados Unidos. A "Madame Nunes" virou a "Dona Felicia". Lavava e passava roupa na mão, não tinha uma ajudante. Falidos aos sessenta anos de idade (sou filha temporã) e sem perspectiva nenhuma de sair desse lodaçal, voltaram a lutar para conquistar o pão de cada dia.

Lembro-me dos oficiais de justiça chegando à minha casa, e da minha mãe, aflita, lhes implorando que nos poupasse, pois ela estava com uma filha muito doente e precisava medicá-la. Lembro-me do meu pai fazendo a "xepa" na feira para nos trazer frutas e legumes. Foi um período duro. Eu tinha hemorragias nasais constantes e precisava tomar várias transfusões de sangue. As visitas chegavam e diziam à minha mãe:

— Você precisa se conformar, Felicia. A Elizabeth não nasceu para ser tua por muito tempo.

E minha mãe ignorava essas palavras de "consolo". Somente dizia "querer é poder". Lembro-me bem de um dia, um que para mim parecia não chegar nunca, o dia em que médico disse:

— Você está curada. Pode se levantar.

Não acreditei de imediato, nem tive coragem de obedecer. Precisei que meus três irmãos, bem mais velhos do que eu, viessem me dar forças. Papai, mamãe, Nair, Orlando e Rogério me ajudaram a sentar. Tentei colocar as pernas para fora da cama e vi dois palitos peludos: a primeira imagem de minhas pernas após nove meses sem ter contato com o meu corpo. Com ajuda, coloquei os pés no chão e tentei me levantar. Fiquei em pé, ainda com ajuda, mas não sabia como andar. O meu cérebro tinha desaprendido. Concentrei-me e pensei: preciso levar um dos pés à frente. E lá se foi um pé se arrastando e depois o outro. Vitória. Tinha ganhado a São Silvestre.

Até hoje, corro atrás do tempo que ficou perdido naquela cama. Acho que foi por isso que aprendi a sonhar e a fazer tantos projetos. Acho que foi por isso que aprendi a gostar tanto de brincar e saber transformar todos os momentos da minha vida em algo que me traga sabedoria, crescimento e maturidade. Aprendi a buscar a felicidade, mesmo nos piores momentos da minha vida, e a aceitar a minha impotência.

Minha mãe era como uma tarantela: muito alegre e dinâmica. Enfrentava as situações difíceis com muita aceitação. Amava a vida e as pessoas. Meu pai era mais para o fado: melancólico, apaixonado e sonhador.

Após a falência, ele se enfiou no nosso sítio e foi plantar uvas, na tentativa de se manter como agricultor. Minha mãe ficou em São Paulo, cuidando dos meus estudos e dos estudos do meu irmão Rogério, o único que ainda era solteiro.

A Nair, a filha mais velha, morava no Rio de Janeiro, casada com o Sergio, e já tinha três filhos: o Serginho, a Denise e a Patricia. O Orlando, meu segundo irmão, morava em São Paulo, era casado com a Dora e tiveram o Marcus, o Mauricio, a Monica e o Marcelo. Os meus sobrinhos tinham quase a minha idade, e foram os meus grandes companheiros de infância. Fui tia com três anos. Veja só!

Infância regada de liberdade com responsabilidade e pelas forças da natureza

Tenho alguns episódios deliciosos para contar sobre a minha mãe, e outros, nem tanto. Minha mãe se levantava de madrugada, quando a criançada ia para o sítio, e fazia pipoca para nós. Era um rebuliço danado, pois despertávamos e fazíamos guerra de pipoca durante a madrugada. Como se não bastasse, pegávamos leite em pó, colocávamos na boca e começávamos a falar de boca aberta, jogando o pó uns sobre os outros. Minha mãe deixava! Ela entrava na folia. Você acredita nisso?

Certa vez, implorei para ir fazer compras na cidade a cavalo, lá no sítio também. Ela me deixou ir sozinha, com apenas 10 anos, sabendo que eu não tinha juízo algum quando estava em cima da Faísca, a nossa égua. Cavalguei doze quilômetros e voltei com duas sacolas de compras, uma de cada lado da sela. Galopei tanto, mas tanto, que, num certo momento, com dó do pobre animal, parei para Faísca beber água em um riacho. A coitadinha estava tão cansada que se deitou na água comigo ainda montada, e as sacolas boiaram.

Bem, cheguei ao sítio me sentindo uma verdadeira "caubói". Entreguei as compras para minha mãe, esperando que ela fosse se orgulhar de mim e sabe o que ela fez? Pegou todos os tomates e bananas amassados e jogou na minha cara. Fiquei com cara de mico. O incrível é que até hoje a ficha ainda não caiu, não entendi a sua reação. Pensei que estaria fazendo um imenso favor a ela, evitando que fosse a pé até a cidade e voltasse carregando sacolas pesadas, mas veja no que deu...

Depois que papai faleceu, mamãe passou a morar comigo. Ela era poderosa e dócil ao mesmo tempo. Amava tudo o que era bom: amigos, festas, viagens, jogatinas e um bom vinho. Faleceu aos 104 anos, dizendo que a vida era linda e maravilhosa.

Anos antes de ela morrer, tive a incumbência de contar sobre o falecimento da sua melhor amiga, a Antonieta. Pensei: *Putz, que barra... Agora a minha mãe vai se abater*. E veja só a minha surpresa!

— Mãe — comecei, toda cheia de dedos e carinhos —, tenho de lhe dar uma notícia triste... A dona Antonieta faleceu. — Eu a abracei e segurei suas mãos.

Ela me olhou, deu uma longa pausa e disse:

— Que coisa... Fazer o quê, né? Antes ela do que eu!

Ela me ensinou que tudo passa se a gente não perde o desejo de vencer e superar as adversidades. É preciso, também, aceitar aquilo que não tem solução e rir, rir muito de nossos próprios erros.

Vou anexar aqui uma entrevista que a minha mãe deu para a escola de dois sobrinhos que cursavam o quarto ano do ensino fundamental, para um trabalho de classe sobre as gerações mais antigas:

> Eu me chamo Felicia Ruggiero Nunes. Nasci no dia 19 de maio de 1903, na rua do Gasômetro, em São Paulo, em uma casa que pertenceu à princesa Isabel. Hoje, tenho 92 anos.
> Sou católica. Antigamente, as pessoas iam todas à missa. Havia procissões, as Filhas de Maria, e as crianças se vestiam de anjinho.
> Fui professora de corte e costura durante cinquenta anos. Trabalhei dezessete anos no Rio de Janeiro, e outros em São Paulo. A minha escola era registrada pelo governo.

Na minha infância, brincávamos na rua de pega-pega, roda, esconde-esconde e diabolô. Tenho saudades das fogueiras de São João.
Na minha juventude, havia muitos bailes em casas de famílias e nos clubes. Os principais eram o Clube de São Vicente e Almeida Garret.
A época em que eu vivi era muito segura, não havia assaltos, assassinatos e sequestros, mas me lembro do Crime da Mala, do assaltante Bigodinho e do famoso Meneguetti. Ele roubava dos ricos e dava para os pobres.
Antigamente, a mulher vivia mais para o lar, e era muito submissa ao homem, mas eu sempre trabalhei. Não podemos esquecer da Theresa de Marzo, a primeira aviadora brasileira.
Atualmente, as mulheres têm mais liberdade. A mulher brasileira só pôde votar em 1932. Mas eu não gosto muito de certas liberdades que os casais solteiros têm hoje.
Todos os dias, os leiteiros, os açougueiros, peixeiros, padeiros e verdureiros passavam na rua para vender os seus produtos e tinha também o homem que vendia barras de gelo.
Tomávamos muito leite de cabra.
Andávamos de bonde puxados por cavalos. Não havia luz elétrica. Os lampiões nas ruas eram acesos todos os dias às 18h.
Sempre íamos assistir a óperas e peças nos teatros Colombo e Municipal.
As óperas que mais me marcaram, naquela época, foram: *A viúva alegre*, *Aída* e a *Tosca*.
No teatro brasileiro, tínhamos Dercy Gonçalves, Alda Garrido, Procópio Ferreira, Vicente Celestino e Bidu Saião.
As mulheres eram muito chiques, todas usavam chapéus, luvas, vestidos longos e salto alto. No frio, peles, plumas e botas. Usávamos espartilhos.
Dificilmente a mulher ficava sozinha com o namorado, havia sempre alguém para acompanhar o casal. Os homens respeitavam mais as mulheres. Havia mais romantismo.
A educação era muito rígida. As crianças respeitavam muito os mais velhos. As refeições eram um momento de reunião familiar, os pais gostavam de ver os filhos todos reunidos.
Algo que me marcou muito foi a Gripe Espanhola. As pessoas ficavam mortas nas casas durante semanas. Eram enterradas em valas comuns. Eu andava pelas ruas e via pessoas mortas nas calçadas. O remédio usado era limão e chá de canela.

Tenho "sangue azul" (risos...). O meu avô era barão (Bardari). Minha avó era princesa (Felicia Palumbo). Na cabeça dessa aristocracia estava Lucrécia Bórgia. A classe média brasileira trabalhava nas fábricas de tecidos. Era reconhecida pelo modo de se vestir: meias pretas, chinelos, saia longa de algodão e traziam uma tesoura amarrada à cintura. Existia muito preconceito racial e preconceito de classes sociais.

Havia a Igreja dos Biblianos, que era frequentada somente por negros. As crianças tinham medo de passar por lá.

O dinheiro da época era o vintém, depois réis, conto de réis, mil réis, dez tostões... Não havia inflação. Minha casa era para ser paga em dezesseis anos. Fui amortizando a dívida e paguei em oito.

Em 1924, houve um levante no qual o meu pai, Biasi Antonio Ruggiero, na época sargento da Força Pública, participou. Os separatistas e os legalistas eram comandados por Isidoro Dias Lopes e Armando Salles. Eles invadiram os estúdios da Rádio São Paulo, na Rua Libero Badaró. O meu pai também esteve acompanhando o General Rondon. Andou por todo o sertão brasileiro. No futebol, existiam o Corinthians e o Palestra Italia. Sou, até hoje, Palestra.

Lembro-me de que, quando eu tinha 7 anos, fomos morar numa casa que havia sido a Santa Casa. O lugar foi todo lavado com creolina, por causa da peste bubônica, mas era mal-assombrado. Eu acordava todas as noites e via um padre e um sacristão ao lado da cama da minha mãe. Logo nos mudamos de lá. Antigamente as pessoas tinham muito medo de assombração.

O que mais me chamou a atenção nesse tempo todo foi o aparecimento da televisão. Ainda me lembro do primeiro filme que vi na TV: *O amor nunca morre*. E, para terminar, quero dizer que fiquei muito feliz por vocês terem se lembrado dessa velhinha. Obrigada Ricardo e Rodrigo.

Adoro a juventude de vocês.

Então... Ninguém melhor do que a minha mãe para falar da minha mãe, né?

As mães exercem positiva e negativamente um poder enorme sobre as filhas. Uma força grandiosa na psique feminina. Por mais que não se queira, toda filha se vê imitando a mãe ou cometendo os mesmos erros que apontavam nelas. A maioria das jovens se infantiliza diante da mãe. E cada período do desenvolvimento da vida da filha desperta na mãe conflitos da sua própria vida. Se a filha é criança, a mãe revive a sua infância; assim é na adolescência, na juventude e na maternidade da filha.

Alguém já disse que "a maravilha da maternidade não está no fato de as mães gerarem filhos, mas no de filhos gerarem mães".

Só depois de muita guerra para crescer, adquirir confiança em si, amadurecer e se individuar é que a filha deixa de se infantilizar perante a mãe e, neste momento maravilhoso, ela pode ver a mãe como uma mulher.

Os meus pais eram idosos, e, como a minha mãe trabalhava muito, nunca fui uma caçula superprotegida. Ainda bem! Não teria me tornado a pessoa que sou hoje e enfrentado tantas situações difíceis se tivesse sido superprotegida.

Todos os pais devem proteger os filhos, mas isso é bem diferente de superproteção. A proteção é um dever, mas a superproteção é algo que vai para a esfera das patologias. Superproteção pode ser um grave sinal de rejeição e de culpa: a criança é rejeitada (inconscientemente) e, em consequência, os pais a mimam e superprotegem por culpa (inconscientemente).

A família é uma microssociedade na qual a criança adquire a aprendizagem para viver em um mundo maior. Os pais superprotegem os filhos quando os impedem de se machucar, correr riscos, cometer erros. Quando encobrem suas dificuldades e quando resolvem por eles as diversas situações que a vida apresenta.

Tem mãe fazendo a lição de casa para a criança, tem pai que tira o filho da escola porque recebeu uma bronca da professora, tem gente que se atola em dívidas para realizar os desejos dos filhos. Vai me dizer que você não sabe disso? Tem até mãe que vai discutir com o coleguinha que ofendeu seu filhotinho.

Os meus pais me ensinaram a *ética da responsabilidade*. Ela consiste em deixar que os filhos sofram as consequências dos próprios erros e que aprendam com eles. O que é muito diferente do tradicional castigo: *é educação*.

Se o seu filho faz manha ou enrola para acordar na hora de ir para a escola, em vez de gritar e ameaçar dizendo que ele vai perder a hora, saia e o deixe. Ele ficará em casa ou chegará atrasado. Se ficar em casa, não vai brincar e muito menos ficar no tablet ou no celular; vai ficar no tédio. Se chegar atrasado, vai ter de se explicar com a professora. A mesma coisa se não fizer a lição de casa.

Para ser uma boa mãe, não basta amar os filhos nem querer o bem deles; é preciso deixar que vivam experiências e aprendam com elas.

Isso vai mostrar a eles o que é necessário escolher e o que é necessário evitar na vida.

As crianças e os jovens ainda não sabem diferenciar o que é bom ou ruim para elas, é preciso que aprendam a ter prudência, e isso se ensina deixando que sofram as consequências dos seus atos.

Pais irresponsáveis, autoritários e superprotetores se tornam pessoas imprudentes; isso não é amor. Os pais querem o melhor para os filhos, mas ficam tão preocupados com isso que se esquecem de educá-los para a cidadania. É preciso ensinar o respeito às leis; educar de acordo com as regras e as normas de convivência.

Lei é lei, seja justa ou não; nenhuma democracia, nenhuma república seriam possíveis se apenas desobedecêssemos às leis que aprovamos. O que vemos frequentemente são pais negligentes que permitem que os filhos adolescentes e menores dirijam, bebam e falsifiquem seus documentos de identidade.

Então, que leis, justiça e educação caminhem juntas. A justiça não pertence a ninguém, a nenhum campo, a nenhum partido. Todos são moralmente obrigados a cumpri-la e defendê-la.

A MINHA INFÂNCIA

"Vai ter uma festa
que eu vou dançar
até o sapato pedir pra parar."

Chacal[14]

Os meus amigos de infância, como já disse, eram os meus sobrinhos: uma tropa de crianças de todas as idades, lideradas por mim e pelo meu

---

[14] CHACAL. Rápido e rasteiro. *In*: CHACAL. *Muito prazer*. Rio de Janeiro: Sette Letras, 2010.

irmão Rogério, quatro anos mais velho que eu. Meus pais eram rígidos, não me deixavam ter amigos. Eu vivia muito só. Mas, quando a galera chegava de férias, vinda do Rio de Janeiro...

A nossa infância foi de "arrasar", pois, como os meus pais eram mais idosos, não tinham saúde e paciência para ficar de olho na gente e dar limites. Passávamos as férias inteiras no sítio dos meus pais. Naquele tempo não havia TV e muito menos luz e água. Meus pais não tinham automóvel e nos divertíamos com aquilo que a natureza nos oferecia: animais, plantas, frutas, terra, chuva, sol e tempestades medonhas.

Aquele dia estava especialmente quente e escaldante. Dava moleza nos bichos e inquietação nas crianças, ávidas por um bom balde d'água na cabeça. Tínhamos de puxar a água do poço para o banho e para as necessidades da casa, de modo que a água era uma coisa racionada. O banho era de canequinha, e a água para a descarga era recolhida do enxágue das louças.

Fazia calor...

— Tive uma ideia! Vamos fazer limonada? — perguntei.

— Eba! — gritaram todos, pois sabiam que uma simples limonada poderia se transformar em uma grande aventura.

— Vâmu catá limão!

E assim fomos para o pomar catar limão-cravo, aquele limão vermelho parecido com mexerica.

Como cabeça de criança livre é "coisa do Diabo", logo arranjamos um jeito de unir o útil ao agradável. O limoeiro estava carregadíssimo de lindos limões vermelhos, e o chão repleto de limões podres. Que tristeza...

Ao avistarmos tal desperdício, resolvemos aproveitar aquilo que a natureza nos oferecia e começamos uma deliciosa guerra de limões podres. O Rogério era o mais forte, e todos nós nos unimos para enfrentá-lo.

Catapimba pra cá, catapimba pra lá, era limão na cabeça escorrendo para os olhos, era limão no meio da fuça, nas pernas, nos braços, cada porrada que dava vontade de chorar, mas ninguém podia chorar, pois se transformaria no "cagão", no "cagueta" e sofreria até o final das férias com a canção: "Fugiu de medo, cagou no dedo".

A gente aguentava o tranco. Doía, mas ninguém dava o braço a torcer.

Só sei que acabamos nos esquecendo da limonada e, cansados, voltamos para casa, loucos por um banho. Meu pai, também cansado, não topou buscar água

no poço, pois ficava no fim de uma ladeira e, para descer com os baldes vazios, todo santo ajudava, mas para subir...
— Vocês vão se limpar com um pano úmido — ordenou. — Está muito calor, e eu não vou buscar água debaixo desse sol quente.
— Mas, Nunes — minha mãe tentava explicar —, como é que eles vão dormir assim?
Mas o seu Nunes era teimoso e inflexível:
— Eu não vou buscar água. Trabalhei demais.
— Mas, vô! — Tentávamos argumentar.
— Nada de teima! Se virem — disse, sem culpa alguma.
Mas a gente tinha um santo muito forte.
Estávamos um caos: melados, malcheirosos, era terra misturada com limão, pelo de cachorro, esfolados, feridas arrancadas, machucados sangrando, cheirando a pau de galinheiro, quando o céu anuncia uma grande tempestade de verão. Raios e trovões de dar medo e de estremecer a terra, quando finalmente a chuva grossa começou a cair. A minha mãe, muito desencanada, inteligente e criativa falou:
— Corram para a calha do telhado. Vão se lavar.
Era raio e trovão pra todo lado. E nós lá, com os meus pais também na farra. Começamos a tomar banho com a água grossa e suja que escorria do telhado, mas, como éramos muito criativos e inquietos, passamos a dançar e correr na chuva de lá pra cá, escorregando no barro e fazendo guerrinha de lama. "Pior a emenda que o soneto."
Fomos dormir com lascas de barro por entre os dedos dos pés e entre os cabelos, mas felizes e de barriguinhas cheias, com a sopa maravilhosa e quentinha que minha mãe nos preparava todas as noites com as sobras do almoço.
À noite, sonhávamos que éramos heróis e nos preparávamos para a grande aventura que sempre aconteceria no dia seguinte e que superaria a aventura do dia anterior.

Nunca fomos maltratados, em nenhuma circunstância, mesmo quando acabava a paciência dos adultos.

Fomos criados numa família que sempre respeitou a individualidade e a individuação de cada um. Mesmo sem saber dos estudos de hoje, que mostram como os abusos e os maus-tratos na infância alteram a estrutura genética cerebral, os meus pais já acreditavam na força de um bom vínculo afetivo.

Veja, embora fossem rígidos e/ou permissivos e não fossem superprotetores, não eram ausentes. Nenhum de nós se sentia abandonado. Os adultos participavam de nossa vida, brincavam com a gente, estimulavam a nossa independência e autonomia. Sentíamos que eles nos queriam, nos desejavam felizes com aquele pouco de que dispúnhamos ao redor. E era esse desejo imenso de nos ver felizes que nos conferia um lugar no mundo e na vida deles, e, assim, nos construíamos enquanto sujeitos.

Desenvolvemos recursos para lidar com nossas emoções, aprendemos a nos comunicar com clareza, carinho e respeito, a esperar a nossa vez para comer, tomar banho, usar o banheiro, falar, brincar e a nos entender. Aprendemos a escutar o outro e a nos colocar no lugar desse outro. Aprendemos a dividir o que tínhamos, a economizar, a criar e a aceitar regras. A ter conflitos e resolvê-los.

Aprendemos a enfrentar os nossos medos, a entender que toda coragem é feita de vontade e que a coragem não é a ausência do medo, mas a capacidade de enfrentá-lo e superá-lo. Aprendemos, também, a compreender os nossos sentimentos, as nossas vontades e desejos, assim como os do outro. ==Aliás, só se ama o outro amando a si mesmo. E só se ama a si mesmo na proporção do amor recebido dos adultos que nos cercam.==

Cada um de nós recebia de acordo com a necessidade. Meus pais entendiam que quem precisava mais recebia mais, e isso mudava o tempo todo, pois éramos diferentes, e os meus pais eram avós diferentes para cada neto. E é o que os pais devem fazer com os próprios filhos: não se pode ser os mesmos pais para todos os filhos, nem os tratar da mesma forma.

BOM HUMOR

> Trabalhamos o dia inteiro na construção da nossa Casa da Árvore.
> Catamos pregos velhos e enferrujados que estavam espalhados pelo sítio ou presos a restos das caixas das uvas que o meu pai cultivava. Fizemos uma verdadeira operação "cata bagulho" para podermos construir a nossa casa, a sede do nosso clube, que ficaria em cima de uma grande e frondosa árvore Ficus.

Sobe criança, desce criança, sobe madeira, sobe martelo. Desce criança chorando com prego espetado no pé, desce criança com o dedo martelado, sobe limonada, cai criança da árvore, cai martelo em cima da cabeça de criança que está debaixo da árvore: um mafuá, e meus pais só na deles: "Que lindos, que amados!".

— Denise, me dá o martelo, que agora é minha vez de martelar — disse o irritadinho Serginho.

— Vai se catá, eu peguei primeiro! — respondeu Denise.

Já foi o suficiente para o Serginho ter um faniquito e querer morder a Denise. O jeito de contê-lo foi esticar o braço, colocar a mão sobre sua testa, mantendo-o afastado, mordendo o ar. Não conseguindo morder, ele começou a chutar, vermelho de raiva, porque, como estava sendo mantido afastado, os chutes também não atingiam ninguém.

O Rogério (Roger para nós, amantes do Roy Rogers, caubói de um seriado na TV), que gostava de ver o "circo pegar fogo", incitou a briga entre os dois:

— Vai, "Schneider, campeão alemão" — assim ele chamava a Denise, se referindo a um lutador de luta-livre que fazia sucesso entre as crianças. — Vai, Schneider, taca ele no chão.

E aí o resto da criançada se dividiu em dois grupos: um torcia para o "Schneider", e o outro, para o "Búfalo Bill" (que era o Serginho, porque ele ficava bufando de raiva). E a turma botou fogo nos dois irmãos.

Meus pais assistiam a tudo de longe e riam à beça, porque, na verdade, ninguém se machucava. Era mais uma encenação.

Serginho acabou desistindo e entregou a luta, para a decepção daqueles que torciam por ele, e a Denise saiu carregada nos ombros de sua torcida que gritava: "Schneider! Schneider!".

Quando nossos ânimos baixaram, meu pai inventou um martelo para o Serginho, feito de pedra e, assim, todos satisfeitos e felizes, voltamos ao trabalho.

A casa não ficou lá essas coisas, olhando hoje com olhos de adulto. Pra dizer a verdade, eu nem teria coragem de deixar os meus filhos subirem naquela árvore cheia de aranhas, formigas e taturanas, quanto mais pisarem naquele tablado de madeira velha, feita por pirralhos, tosca e com pontas de pregos enferrujados mal-assentados. Mas como sempre digo: nosso Anjo da Guarda era um verdadeiro super-herói.

Como se não bastasse toda a confusão e o trabalho da casa para nos satisfazer e nos cansar, resolvemos dormir no nosso "castelo" naquela noite.

Coitados dos meus pais, a gente não sossegava. Seria de se pensar que éramos todos hiperativos, mas, na verdade, constato que éramos somente crianças felizes e criativas, curtindo férias com os avós queridos, pacientes e saudosos, no meio do mato e dos bichos. Essa era a nossa verdadeira essência.

Como sempre, a "chefona" aqui, euzinha, teve uma ideia. Reuni a turma, imitando o toque da corneta do sargento do filme *As aventuras de Rin Tin tin*: Tarará! Tarará! (faço isso até hoje com os meus netos e sobrinhos-netos). Aquilo já significava grandes ideias, e, portanto, todos vinham correndo:

— O quê? O que é?

— Vamos acampar na nossa casa da árvore?

— Eba! Eba! Que maneiro! — Os meus sobrinhos, que vinham do Rio de Janeiro, sempre me atualizavam nas gírias.

O Rogério, como era o mais velho, e o mais sacana também, logo disse:

— Tô fora.

Isso nos desanimou um pouco. Como ficaríamos sem a presença segura do Roy Rogers? E o medo? E o "cagaço"?

Mas eu falei:

— Cês são muito cagões. — Torcendo para que todos ficassem também. — Eu vou ficar!

Como a coragem era para nós uma questão de honra, todos resolveram ficar: até a Patricia, que tinha uns quatro anos, e o Marcus, o filho mais velho do meu irmão Orlando, que devia ter uns três anos.

Pegamos travesseiros, almofadas, cobertores e puxamos tudo para cima da árvore, por meio de uma corda pendurada.

Enquanto víamos movimento na casa, pela luz amarelada do lampião aceso, sabíamos que estávamos protegidos. Mas, quando o lampião foi apagado e somente o brilho dos vagalumes nos servia de referência, começou o cagaço.

— Ai... Será que vai aparecer a loira do banheiro? — Naquele tempo ela já existia.

— Psiu. Escuta. Que barulho é esse? Será um lobisomem?

— Ai, eu tô com dor de dente — começou a Denise.

— Não vem, não, você vai aguentar, Schneider! Você não pode ir para casa! — eu respondia. Se ela fosse, todos iriam também. Até eu.

— Eu tô cum medo... — dizia o Marcus, chorando.

— Tá bom, você é café com leite, vai lá pra casa, vai.

E, assim, o primeiro a debandar foi o Marcus.

— Mas meu dente está doendo...
— Vai pôr pinga no dente que passa — respondi.
Imagine só! Quando a gente tinha dor de dente, meus pais nos faziam ficar com a boca cheia de cachaça para anestesiar o local. A dor passava, mas era por causa do "pileque". Acredito eu. Só sei que a cachaça não adiantou, e a Denise arregou. Enquanto a gente dormia, ela saiu correndo e foi para casa. Até hoje, não perdoo a Denise por aquela mancada. Que amarelada!
A noite avançava, e o medo aumentava. E eu comecei a ouvir uns gemidos.
— Serginho, acorda. Escuta... — Sacudi o Serginho.
— UUUUUUUUUUUUUU...
— UUUUUUUUUUUUUU...
— Cê ouviu? Será que é a alma penada daquela velha que o seu José (o caseiro) diz que vê?
— Eu quero a mamãe... — choramingou a Patricia.
— Betty, eu acho que é... Vou levar a Pat pra vó.
— Mas você volta, né, Serginho? Não vai me deixar aqui sozinha?! Olha bem, desce com cuidado.
— E se ela te pegar lá embaixo?
— Leva dois tocos de madeira, faz um crucifixo se ela aparecer. Reza também, que eu fico olhando aqui de cima.
Serginho desceu primeiro, tateando no escuro, e eu lhe entreguei a Pat lá de cima, que, coitadinha, chorava muito (aliás, ela era a manteiga derretida da turma).
Estando no chão, os dois pinicaram pra dentro de casa, e estou esperando o Serginho voltar até hoje.
Ficamos eu e a Alma Penada naquela árvore. Lembre-se: sou neta da dona Pascoalina. Não podia dar o braço a torcer.
Peguei todos os cobertores e me cobri. Transpirava demais e mal conseguia respirar, de tão ofegante que estava. Pensava em São Miguel Arcanjo, em Jesus Cristo, em Santa Rita de Cássia, no meu Anjo da Guarda, enquanto a alma gemia:
— UUUUUUUU...
— UUUUUUUU...
Mas como eu sairia de lá? Que situação... "Se eu ficasse o bicho me comia e se eu corresse, o bicho me pegava".
Estava com dor de barriga, dor de cabeça, enjoo, quando, de repente, ouço a minha santa mãezinha gritar:

— Rogério! Vem pra dentro! Para de atormentar Elizabeth! — Os meus pais sempre me chamaram de Elizabeth, tinha de ser igual à rainha da Inglaterra. Só virei Betty com 50 anos, quando me permiti ser quem eu era: uma rebelde enrustida.

O Rogério começou a rir de mim e de todos, eu morri de raiva dele, pois não tinha como atacá-lo. Ele era o mais forte. Tasquei uns pedaços de madeira na cabeça dele, xinguei e pedi à minha mãe que o pusesse pra dentro.

Continuei na árvore. Não dormi o resto da noite inteira, mas também não dei o braço a torcer pra ninguém. Aliás, o meu apelido era "Betty canivete, cai no fogo e não derrete". Até hoje, eu me guio por esse rótulo nos momentos difíceis da minha vida, e isso me traz força, segurança e confiança em mim mesma.

Quando os pais querem evitar a dor do aprendizado, privam os filhos do prazer de aprender. Quando os pais querem evitar que os filhos sofram a dor de suas primeiras desilusões e frustrações, privam os filhos do amadurecer que o sofrimento traz, e quando os pais impedem os filhos de enfrentar os obstáculos que o crescimento provoca, privam os filhos do orgulho que sentem ao superá-los e, assim, obter segurança e segurança em si mesmos.

Segundo o analista Carl Gustav Jung, cada mãe contém a filha em si mesma e cada filha contém a mãe, assim como cada mulher se vê recuando na mãe e avançando na filha. Para se individuar, a mãe de meia-idade deve separar-se da filha na adolescência e ainda se separar da sua velha mãe. Só quando mãe e filha crescem separadas é que ambas se tornam mulheres por inteiro.[15] Complicado, não? Pois é, essa sou eu!

Minha mãe foi uma mulher que nunca parou de crescer na vida, que se inventou e se reinventou muitas vezes, sempre que necessário, e foi isso que ela me ensinou.

Identifiquei-me com o seguinte trecho de uma leitura que fiz do diário de Käthe Kollwitz:[16]

---

[15] JUNG, C. G. *Os arquétipos e o inconsciente coletivo*. Petrópolis: Vozes, 2000.
[16] MOFFAT, M. J.; PAINTER, C. (orgs.). *Revelations*: diaries of woman. Nova York: Random House, 1974. p. 242-243.

> *Não quero morrer [...]. Não quero partir antes de expressar a maior parte do meu talento e de cultivar a semente com a qual eu nasci, até que brote a última vergôntea. [...] Não se trata só de que me permitam finalizar o meu trabalho – estou na obrigação de terminá-lo [...]. Parece que aí reside o sentido de todas as coisas [...]. A cultura só se manifesta quando cumprimos o nosso ciclo de obrigações, quando realizamos os nossos projetos.*

Agora que você já sabe de onde vim, que já me conhece um pouco, vou lhe contar algumas das minhas histórias como mãe, e você entenderá algumas das minhas atitudes.

No final de cada história, abordarei o tema trazido para a atualidade, com o tratamento científico que a psicologia exige. Você poderá compreender como e por que certos comportamentos e atitudes se estabelecem e encontrará algumas orientações para lidar com eles.

Lembre-se de que ==todos nós temos uma história pessoal, e que só dá para entender um comportamento dentro de determinado contexto cultural, social ou familiar.==

O que é "normal" num contexto, pode não ser em outro. Como odeio o termo "normal", prefiro dizer: o que é aceito dentro de um contexto, ou cultura, pode não ser aceito em outro.

TERCEIRA PARTE

Eu e minha família

"Eu sou como eu sou,
vidente
e vivo tranquilamente
todas as horas do fim."

Torquato Neto[17]

---

[17] NETO, T. Cogito. *In*: NETO, T. *Melhores poemas*. São Paulo: Global Editora, 2018.

UM BEBÊ! O QUE EU FAÇO AGORA?

Desde pequena, o meu sonho era ser mãe. Ter uma família grande e a casa cheia de crianças, barulho e bagunça. Imaginava ter uns cinco filhos, no mínimo. Aos 18 anos, ainda brincava de boneca e sonhava com uma filha que se chamaria Gabriela. Ao conhecer Ruy e nos casarmos, em 1971, ele encarou os meus sonhos e, seis meses depois, estávamos grávidos da tão esperada Gabriela.

Sempre fui aventureira, e um pouco inconsequente nessas aventuras. Sou intensa e me jogo de cabeça nas coisas que amo fazer. Gostávamos de pescar nas pedras, onde as ondas arrebentam, e lá ia eu de barrigão imenso, escalar aqueles morros que cercam as praias de Ubatuba, litoral de São Paulo.

Apesar de o medo fazer parte de todos os novos projetos, eu não sentia medo da gravidez. Tinha tanta confiança em Ruy, e nos amávamos tanto, que esse laço me deu uma segurança que durou a vida inteira e também suporte para enfrentar os tempos difíceis que viriam.

A maioria das pessoas quando engravida teme que os filhos não consigam obter sucesso na vida. Eu e Ruy tínhamos a coragem de pensar em fazê-los felizes. Afinal, éramos jovens (22 e 24 anos), e a vantagem de sermos pais ainda jovens consistia em nos sentirmos onipotentes. Todos os jovens sentem-se assim. Acham que não terão problemas e que, se eles vierem, saberão resolvê-los.

Gabi chegou em 1973, e aí começam as nossas histórias familiares.

Acordei de madrugada com os sinais de que ela estava querendo sair para o mundo. Corremos para a maternidade, e fiquei em trabalho de parto um tempão, até a médica optar por uma cesariana. Minha primeira surpresa, já que eu vinha de uma família de mulheres que eram verdadeiras "potrancas parideiras". Logo, me veio aquela primeira frustração em não corresponder ao estereótipo familiar, e a sensação de que as coisas não eram assim tão fáceis.

Nossa! Simplesmente as duas famílias inteiras estavam na maternidade. Parecia uma festa. Me levaram milk-shake, nhoque, orações e muitos bons votos, mas o que me marcou, e do que até hoje me lembro, foi a primeira visita extrafamiliar (uma prima da minha sogra), que me disse as seguintes palavras:

— Agora você vai ver uma coisa acontecer: esse bebê lindo vai crescer, ficar cada vez mais lindo, e você vai envelhecer e ficar cada vez mais feia. — *Eita porra!*

Naquele momento, senti que era uma coisa horrível de se dizer a uma primípara, mas, como eu era tímida e imatura, achei que talvez fosse um elogio que eu não estava entendendo. Deixei aquilo para lá, mas as palavras nunca foram esquecidas. A alegria da maternidade não me permitia perder o encanto daquele momento.

Ao receber alta e chegarmos em casa com uma criança, me bateu um desespero. *Meus Deus! O que eu vou fazer com esse bebê? Por onde começo?*

Naquele tempo, o corte da cesariana era imenso e na posição vertical. Eu sentia dores para me levantar, sentar, deitar e fazer tudo: lavar na mão aquela imensidão de fraldas cagadas e manchadas por creme para assadura, ferver e passar essas mesmas fraldas, esterilizar chupetas, peneira do chá, mamadeiras e cuidar das mamas que começaram a doer muito.

Eu me sentia uma vaca, tendo de ser ordenhada pelo Ruy, para o leite descer. E o que fazer com os mamilos sangrando? Ninguém havia me contado nada sobre isso! Fora o corte da cesariana que infeccionou e a *maledetta* da médica que não me deu assistência nenhuma. Ah, aí eu, que nunca havia chorado diante de alguém, caí no choro. Fiquei em prantos! Havia me desencantado com a maternidade e comigo. Surgiram as culpas.

A minha mãe já tinha idade, morava no sítio e não podia me ajudar. Ruy trabalhava o dia inteiro, e foi então que o meu leite começou a secar. Cansaço, medo, ansiedade, solidão e depressão pós-parto.

Ruy, muito amorosamente, acionou a família dele para me ajudar, e os meus sogros nos carregaram para a casa deles. Me enchiam de vitaminas de frutas, cerveja Malzbier o dia inteiro para o leite descer, chá de melissa e comida goela abaixo e repouso. Mordomias mil. Ufa!

Tudo deu certo, mas para que isso acontecesse foi preciso saber pedir ajuda.

Muitas mulheres sonham a maternidade como eu sonhava, mas poucas têm a sorte que eu tive. O puerpério e o que se segue são exaustivos. As mães sofrem, e sofrem caladas, porque sentem ser vergonhoso dizer que não se satisfizeram com a maternidade, algo que a sociedade pinta como feliz e recompensador. Falar dessa realidade é difícil, pelo estigma: "Ser mãe é padecer no Paraíso". Será?

Os desafios são muitos. Não somente em como lidar com a criança, mas também em como agir diante de mães aparentemente tão perfeitas. A gente se sente só. Um ser abominável, cheio de erros e de culpas. Como é possível a gente se sentir assim quando todas as outras mães são tão felizes e realizadas?

Muitas, como eu, largam o emprego e deixam todos os sonhos de lado para tentar ser uma boa mãe e, quiçá, a mais perfeita de todas. Afinal, se as outras conseguem, a gente também vai conseguir. Basta seguir o que todas fazem.

É justamente aí que mora o perigo: buscar modelo nas outras mães.

Sinta o drama: o que serve para uma família não serve para a outra. E é aí que está a questão. Siga seus princípios, acredite em seus valores e faça aquilo que funciona para a sua família.

É comum que surja uma ambivalência materna quando estamos grávidas. As pessoas dizem que você está linda, e você se sente como uma rolha de poço. Além disso emoções confusas habitam o seu ser: *Tenho de conseguir dar conta de tudo. Ser perfeita. Não terei dificuldades,* você fica repetindo para si mesma o tempo todo.

Até pouco tempo atrás, a mulher precisava ser mãe em período integral, e agora se espera que as mães façam tudo pelos filhos. Precisam trabalhar para dar a eles uma vida boa e educação, devem ter bom desempenho no trabalho e, além disso, ter uma vida social e sexual fantásticas.

Ser mãe sempre foi difícil, mas as pressões aumentaram porque, atualmente, as redes sociais não perdoam.

Recebo mães que me dizem amar incondicionalmente os filhos, mas, ao mesmo tempo, que os odeiam e gostariam de jogá-los pela janela do meu consultório. São muitos sentimentos ambivalentes e muita culpa diante disso.

"Amo os meus filhos, mas não amo ser mãe."
"Eu me transformei em uma coisa."
"Quero a minha vida de volta."

São emoções complexas, contraditórias. A ambivalência materna não significa falta de amor à criança, mas a culpa vem em decorrência disso. É preciso entender que para a maioria das mulheres a preocupação, o estresse, as cobranças e os medos que sente ao cuidar de um filho e todos os outros desafios que acompanham esse cuidado são os motivos dessa angústia.

Raiva, ressentimento, apatia, tristeza, ansiedade e até mesmo ódio são emoções que sentimos, mas que a sociedade censura. Como pode uma boa mãe sentir isso?

Como pode uma boa mãe viajar e deixar os filhos? Sair com o marido? Sair com as amigas? Como pode uma boa mãe ter prazer?

Como pode a sociedade questionar e culpar tanto as mães? E os maridos? E os homens que se tornam pai? Alguém aí ousa culpar o pai?

Quando uma mãe fica sem dormir a noite inteira e se queixa, as pessoas criticam e julgam essa mulher. Quando o pai fica sem dormir, ele é valorizado, elogiado, e a mãe continua a ser criticada. É ruim, hein!?

Ruy sempre dizia que minha memória era curta, pois, depois de jurar nunca mais querer filhos, engravidamos mais três vezes. Vieram Samuel (Dedé), Tarsila (Tatá) e Francisco (Kiko).

E, agora, você está convidada a acompanhar essa minha complicada, cansativa, mas esplendorosa e deliciosa jornada nessa vida familiar multiplicada por quatro, lembrando que a chegada de mais um filho sempre implica mudanças no espaço físico, no trabalho, na rotina, no financeiro e na dinâmica familiar.

ALIMENTAÇÃO

Amanheceu, e tudo se repetiu como em tantos outros dias. Dias em que temos de nos apressar para sair, levar as crianças à escola e ir para o trabalho.

— Manhê, vem me limpá! — gritou um filho, sentado no "trono".

— Manhê, ela se sentou no meu lugar! — choramingou outro, referindo-se à irmã, sentada à mesa no café da manhã.

— Manhê, eu não quero leite! E esse lugar é meu! — defendeu-se um ao mesmo tempo que o outro rejeitava o leite.

Ufa! Seis horas da manhã, e já estava estressada, mas fiz de conta que não era comigo e segui em frente.

— Manhêê, vem me limpááá... — repetiu Kiko, o caçulinha, esquecido no banheiro.

— Ruy, Ruy, cadê você? — clamei pelo meu marido, pedindo ajuda...

— Aqui no quarto, estou ocupado! Você não me pediu para desmontar o videogame? Pois é, eu estava desmontando. — Que desculpa esfarrapada.

Ai que raiva! Ele sempre tinha uma carta na manga, e aí eu que era a chata.

— Olha, eu sei que você estava jogando videogame. Não queira disfarçar. Você é o rei dos disfarces, e eu já estou cheia de ter de fazer tudo sozinha.

— Que que é, hein, vai querer brigar logo cedo? Vai começar a não acreditar em mim, é? — Claramente, ele queria virar o jogo e me fazer sentir culpada por ser ingrata.

— Manhêêê, vem me limpááááá! — gritou, impaciente e irritado, Kiko novamente.

— Manhêê, eu não quero leite! — choramingou a Tatá, empurrando a caneca pro Dedé.

— Manhê, olha a Tatá! — reclamou Dedé, empurrando de volta a caneca para ela.

— Cadê o lanche das crianças, Ruy? Você fica ligado nesse videogame, e eu aqui toda atrapalhada! Vai lá tirar o Kiko do banheiro. Por favor, me ajude! Depois faça uma mamadeira para ele, enquanto eu organizo a cozinha. — Então, me virei para Tatá. — Tatá, tome o seu leite, filhinha. — Tentando manter a calma.

— Não quero! Não gosto — respondeu, empurrando displicentemente a caneca, fazendo cara de nojo.

— Cuidado! Não faz assim. — Segurei firme a sua mão e gritei: — Você derrubou tudo na toalha! — *Ai meu Deus! Dê-me paciência!*

Nisso, escutei aquela vozinha vindo da minha consciência, que só aparecia para me deixar culpada: *Você é desorganizada, impaciente, uma errada. Coitados dos seus filhos.*

Cada vez que eu ouvia essa voz, lembrava-me de minha mãe me criticando. Parece paradoxal eu ter tido uma mãe tão evoluída e outra tão crítica. Acontece que eu tinha uma mãe nas férias, aquela maravilhosa que você conheceu, e outra no dia a dia: rígida, crítica e onipotente.

Nesses momentos, eu ficava extremamente angustiada, sentindo as dores que todas as filhas sentem quando percebem que não correspondem às expectativas da mãe.

— Tatá, quer saber? Dane-se. Não quer tomar o leite, não toma. Mas na hora que sentir fome... — Mal completei a frase, e o Dedé argumentou:

— Ah, ela você deixa não tomar todo leite, né? Eu também não quero!

Sentindo-me perdida, resolvi retomar a autoridade:

— Ah, não! Nada disso! Tatá, volte aqui! Tome já esse leite, senão te enfio goela abaixo. — Agarrando-a pelo braço, aperto sua boca, tentando fazer com que engulisse o leite, enquanto ela se esgoelava e se debatia.

— E você, seu Dedé, não vem que não tem. Vai querer me peitar também? — Dei-lhe uma encarada, com olhos faiscantes de ódio.

Esse voltou calminho para o seu lugar à mesa, sentindo que a situação podia pesar para o seu lado, e recomeçou a tomar o seu desjejum.

Tatá tentou engolir o leite que eu lhe enfiara goela abaixo, mas o devolveu em um jato de vômito. Olhei para aquela sujeirada toda e me dei por vencida. Muito bem, vocês venceram.

— Chega! Tatá, vá para o carro. E você, Dedé, faça como quiser. — Eu não mandava em nada mesmo.

Aí, então, chegou a Gabi, minha filha mais velha, toda apavorada:

— Xiiii, mãe! Eu não fiz a lição de casa. E agora? Você me ajuda?

— Oh, não!

A questão da alimentação infantil, na maioria das vezes, é uma das grandes armadilhas para pegar as mães ansiosas. A cultura e o marketing sempre exibiram bebês gorduchos e rosados. O alimento sempre foi a representação do afeto, e daí as mães se desesperam e se sentem fracassadas quando os filhos não comem.

Nesse contexto, o alimento pode se transformar em um instrumento de controle e manipulação. As coitadinhas das mães, que apenas querem ver seus filhotinhos bonitos e saudáveis, caem direitinho.

Os filhos sabem muito bem qual é nosso ponto fraco. Usam-no para fazer um jogo com a gente. Mas por que fazem isso?

Recomendo que olhe para dentro de si e busque a resposta. Geralmente, fazem isso para ter a sua atenção toda voltada para eles, para controlar o seu tempo, deixá-la preocupada, disputar o poder com você ou se autoafirmar.

Mas, acredite, algumas das vezes, até porque não gostam realmente do alimento oferecido (a Tatá não toma leite até hoje, já adulta) ou porque não estão com fome. (Eu até parei de cozinhar, porque a minha comida era horrorosa.)

Qual atitude tomar?

Em primeiro lugar: não entre no jogo da criança.

Não vá se estressar e estressar o seu filho. Deixe o prato dele feito. Comunique-o de que, quando ele tiver fome, o prato estará ali, à sua disposição.

Não mantenha guloseimas em casa. Existem mães que se queixam que os filhos não comem e, em compensação, o enchem de guloseimas nos intervalos das refeições. Daí que na hora das refeições ele não terá fome mesmo.

Criança também deprime, e isso é sério! Comer em excesso ou não comer é muito preocupante.

Investigue a causa do sintoma!

Faça pratos com boa aparência, permita que a criança arrume a própria comida. Deixe que a criança pequena coma com as próprias mãozinhas. Isso lhe dá um prazer imenso.

Acostume o seu filho a fazer as refeições com a família, sentado à mesa. Ensine-o a mastigar bem os alimentos, isso poderá controlar a obesidade.

Estudos recentes[18] mostram que uma alimentação balanceada estimula o desenvolvimento da inteligência infantil[19] e que determinados alimentos devem ser comidos ou evitados em determinados horários.

- Qualquer alimento com açúcar provoca sonolência. Portanto, não o sirva no lanche da manhã e da tarde.
- O carboidrato é excelente para a produção de energia. Deve ser servido na refeição que antecede a ida para a escola: desjejum ou almoço. Quando oferecido antes da hora de dormir, ajuda a produzir serotonina e, portanto, um bom sono.
- As proteínas são lentamente digeridas e se transformam em aminoácidos (excelentes para as funções de atenção e concentração). Se forem adicionadas aos carboidratos, darão um bom equilíbrio ao desjejum e ao almoço.
- A carne é indispensável, pois produz o ferro heme necessário na oxigenação do organismo e, principalmente, do cérebro (que, sem essa substância, torna lento o processo do pensamento).
- Leite, ovos, cereais, feijão, soja e legumes produzem o ferro não heme, de pior absorção que o ferro heme, portanto quem não come carne deve abusar desses alimentos e, ainda, complementá-los com muito suco de laranja, morango ou goiaba, para ajudar na absorção desse tipo de ferro.
- Carnes e verduras de cor amarela, laranja ou verde são ricas em vitamina A, indicada para evitar doenças infecciosas, gripes e viroses.
- Peixe é um alimento rico em proteínas e em fósforo, que é bom para ativar a memória.

---

[18] ZHANG, R.; ZHANG, B.; SHEN, C.; SAHAKIAN, B. J.; LI, Z.; ZHANG, W. et al. Associations of dietary patterns with brain health from behavioral, neuroimaging, biochemical and genetic analyses. *Nature Mental Health*, 2024;2:535-52. Disponível em: https://www.nature.com/articles/s44220-024-00226-0. Acesso em: 12 dez. 2024.

[19] VICTOR, J. A importância da alimentação na saúde e no desenvolvimento infantil: uma revisão integrativa. *Faculdade Multivix*, out. 2022. Disponível em: https://multivix.edu.br/wp-content/uploads/2022/10/a-importancia-da-alimentacao-na-saude-e-no-desenvolvimento-infantil.pdf. Acesso em: 26 mar. 2024.

Se você tem a mania de atochar comida nos outros, tome cuidado para não transformar o seu filho em uma criança obesa. A obesidade é uma doença que preocupa as autoridades de saúde de muitos países e que está se alastrando entre crianças e adolescentes, tomando proporções assustadoras.

A comida sempre teve uma conotação afetiva nas sociedades: recebemos um amigo e logo lhe oferecemos algo para comer ou beber. Comemoramos tudo com comida. As mães e avós chantageiam os filhos com comida: "Olha que gostoso que a vovó fez pra você" ou "Se você não comer, a mamãe fica triste".

As crianças que não fazem atividades físicas, que estão sedentárias diante das telas, solitárias ou carentes, muito provavelmente vão buscar na comida a complementação de suas insatisfações ou tédio. Preste atenção se o seu filho não está indo por esse caminho!

A criança precisa comer para matar a fome, e não porque tem vontade de comer (ou porque você acha que ela deveria estar com fome).

Pesquisadores das universidades britânicas de Glasgow e Bristol acompanharam o hábito de 9 mil crianças por dezessete anos e concluíram que, nos casos de obesidade infantil, o ambiente em que foram educadas teve tanta influência quanto a herança genética.[20]

Cientistas do Laboratório de Clínicas Médicas da Universidade Estadual de Campinas (Unicamp) descobriram que a gordura de origem animal atua diretamente no hipotálamo, região do cérebro responsável pelo controle do apetite e gasto energético, e concluíram que a gordura mata os neurônios encarregados de transmitir a informação de que o corpo já está saciado.[21]

As refeições devem acontecer em um clima agradável. Não transforme essa hora em um tormento familiar. A criança se organiza para a hora das refeições por volta dos 7 anos, e ela pode perder a fome pela obrigação de comer. Não coloque o seu estômago no estômago do seu filho.

---

[20] GAMA, G. Crianças que consomem alimentos ultraprocessados se tornam adultos mais obesos. *Jornal da USP*, 1 jul. 2021. Disponível em: https://jornal.usp.br/ciencias/criancas-que-consomem-ultraprocessados-se-tornam-adultos-mais-obesos/. Acesso em: 26 mar. 2024.

[21] TOLEDO, K. Estudo permite traçar o roteiro da obesidade. *Jornal da Unicamp*, 20 set. 2017. Disponível em: https://www.unicamp.br/unicamp/ju/noticias/2017/09/20/estudo-permite-tracar-o-roteiro-da-obesidade. Acesso em: 26 mar. 2024.

Fatores que levam à obesidade infantil

1. Mães que engordam muito durante a gravidez.
2. Bebês com peso e altura superiores à média, entre 8 e 18 meses.
3. O peso dos bebês ao completar um ano não deve ser superior a três vezes o que eles pesavam ao nascer.
4. O crescimento no primeiro ano de vida não deve ser superior a 25 cm.
5. Bebês que dormem menos de dez horas por noite apresentam cansaço diurno e, consequentemente, fazem menos atividades físicas.
6. Crianças com mais de 3 anos que ficam mais de oito horas semanais diante das telas.
7. Aparecimento de gordura localizada antes dos 4 anos de idade.
8. Filhos de pais obesos têm maior tendência à obesidade, até mesmo pela imitação de seus maus hábitos de comportamento e alimentação.

Contudo, veja também se você tem "mania de dieta". Algumas crianças e adolescentes criados dentro de um ambiente que tem preocupação excessiva com a manutenção de um corpo magro e com a beleza podem desenvolver anorexia.

Hoje, a anorexia e a bulimia são recursos utilizados pelos jovens para emagrecer.[22] A maior incidência desses transtornos está entre os jovens de 12 a 18 anos. Na anorexia, acontece a negação total em se alimentar, ou o consumo de apenas 400 calorias diárias. Na bulimia, há a alimentação seguida de provocação de vômito. A anorexia é a doença psiquiátrica que mais causa morte, geralmente por parada cardíaca, insuficiência renal e suicídio. As mulheres são as maiores vítimas desses transtornos.[23]

---

[22] GALVÃO, J. Aumento de transtornos alimentares entre os jovens pode ser considerado alarmante. *Jornal da USP*, 18 maio 2023. Disponível em: https://jornal.usp.br/radio-usp/aumento-de-transtornos-alimentares-entre-os-jovens-pode-ser-considerado-alarmante/. Acesso em: 26 mar. 2024.

[23] ASSUMPÇÃO, C. L. DE; CABRAL, M. D. Complicações clínicas da anorexia nervosa e bulimia nervosa. *Revista Brasileira de Psiquiatria*, v. 24, n. 3, p. 29-33, 2002. Disponível em: https://www.scielo.br/j/rbp/a/yq6pKcz6QLfkHpgvmYNmRsD/. Acesso em: 26 mar. 2024.

A vida sedentária está levando os jovens a doenças muito graves, como o diabetes e o aumento do colesterol no sangue. Aproximadamente 25% das crianças e adolescentes de até 19 anos apresentam altos níveis de colesterol, que é o acúmulo de gordura no sangue.[24]

Uma dieta saudável, à base de arroz e feijão, é o que falta para a geração atual dos hambúrgueres e das frituras. A prática diária de atividades físicas também é fundamental a todos: crianças, jovens, adultos e idosos.

Vamos lá: interrompa um pouco esta leitura e vá pular corda com seus filhos.

CULPA

Depois de muita confusão para colocar toda a bagagem no carro, inclusive a Pirulita, é lógico (Pirulita era a nossa cadela Fox Pelo de Arame), férias! Adeus, São Paulo!

Ah... já ia me esquecendo de contar da discussão para decidir quem iria sentado do lado das janelas. Quem ganhou foi a minha mãe, que após a morte de meu pai passou a morar conosco, e que também competia com as crianças por tudo, inclusive pela minha atenção.

— Manhê! A Gabi tá me cutucando — reclamou Tatá, queixando-se da irmã que a beliscava sorrateiramente.

— Gabiiii, você é a mais velha, não crie casos!

— Manhê! Ói ela — repetiu Tatá.

— Para! Gabriela Nunes Monteiro — repeti, chamando-a pelo nome inteiro e já gritando.

— É ela, mãe. Eu tô quieta — respondeu Gabi.

— É nada! É você, sua mentirosa — retrucou Tatá, mostrando-lhe a língua.

— Manhê, ela me mostrou a língua!

---

[24] FERREIRA, V. Mais de 25% das crianças e adolescentes têm níveis altos de colesterol. *SBT News*, 7 abr. 2023. Disponível em: https://sbtnews.sbt.com.br/noticia/brasil/244401-mais-de-25-das-criancas-e-adolescentes-tem-niveis-altos-de-colesterol. Acesso em: 26 mar. 2024.

— Chega, chega, chega! — Como se uma luz divina me iluminasse, tive uma ideia. Eu sempre tentava mudar o foco das crianças nas horas das teimas e brigas, e funcionava (por pouco tempo, como tudo).
— Vamos brincar de "Qual é a música?".
— Eba!!! — todos gritaram alegremente.
— Qual é a música que tem a palavra "balão"? — perguntei.
— Cai, cai, balão... — falaram ao mesmo tempo.
— Eu falei primeiro — disse Tatá.
— É nada, fui eu — retrucou Gabi.
— Fui eu, eu... — Tentou ganhar espaço, o Dedé.
Ai, meu Deus! Comecei outra encrenca. Pensei.
Tentando ser justa, me intrometo na briga.
— Quem falou primeiro foi a Tatá.
— Não, senhora, você sempre protege a Tatá — interferiu a minha mãe, indignada. — Você tem que favorecer o Kiko, que é o caçulinha.
— Mãe, por favor... Não comece outra confusão.
— A vovó só gosta do Kiko — choramingou Tatá.
O pai, como sempre distraído, aumentou o som do carro e gritou:
— Silêncio! Não consigo curtir a música.
— Manhê...
— Que foi, Dedé?
— Tô com sono!
— Dorme aí, encosta na vovó.
— Num quero, a vovó só gosta do Kiko.
— Não falei que o Dedé não vai com a minha cara? — queixou-se minha mãe.
— Mãe, o Dedé é uma criança, a senhora é que precisa chegar-se a ele!
— É... Estou sempre errada mesmo. Você só dá razão aos seus filhos.
— Mã... Quero dormir. Falta muito pra chegar? Tô cansada!...
— Mã... Tô com fome!
— Mã... Quero fazer xixi!
— Mã... Tá apertado aqui...
— Mã... Tô enjoada. Quero vomitar...
"Ai como criança enche!"

Eu tenho um respeito e um carinho enorme pelas mães. A sociedade sempre busca culpá-las pelos erros ou defeitos dos filhos. Ninguém busca o erro na figura paterna. Por isso, na sequência da primeira edição deste livro, *A culpa é da mãe*, escrevi e lancei o livro *Cadê o pai dessa criança?*.

Algumas mulheres perdem totalmente a identidade quando se tornam mães: deixam de fazer o que antes faziam e gostavam, algumas passam a se vestir de maneira diferente, deixam de ser as companheiras de seus namorados ou maridos e passam a exercer o papel de mãe trinta e seis horas por dia. Chegam a ser mães do próprio marido. O pior é que ficam chatas demais.

O peso dessa culpa é imenso.

— Nossa! Mas você não amamenta?
— Que horror dar colo a toda hora!
— Você vai trabalhar fora? E quem vai cuidar das crianças?
— Viu só como essa criança é nervosa? Também... Puxou a mãe!
— A culpa é tua, que não soube educar.

A pobre mãe vai se encolhendo, encolhendo, até se sentir pura bosta. Bosta mesmo. Deixa eu falar! A escola cobra e acusa, o marido aponta o dedo e cai fora, a sogra critica e compete com você. Por vezes, até mesmo a sua própria mãe fala mal de você para as amigas dela. O pior é que, quando os problemas ficam mais complicados, todos se afastam.

Mães que dão muito, também exigem muito. Mães que têm um superego muito forte, culpam-se demais. Geralmente todas as pessoas muito moralistas, religiosas e por vezes fanáticas, cheias de regras, com transtorno obsessivo-compulsivo (TOC) apresentam um superego torturador.

Mães narcisistas não sentem culpa, mas vivem culpando os outros, principalmente os filhos (exceto o "filho de ouro"). Aliás, a culpa é inerente ao ser humano. Só os psicopatas não sentem culpa. Infelizmente parece um hábito do ser procurar culpados. Coitadas das mães, são as prediletas dessa sociedade acusatória. Por isso, a solidão e o *burnout* materno são casos que estão preocupando demais os profissionais da saúde mental.

Costumo dar algumas dicas para as mães não se esquecerem de viver o seu lado mulher. Estas dicas também constam no meu livro *Criando filhos em tempos difíceis*:

- Fique linda para você, planeje o seu dia, deixe as crianças com alguém e faça somente aquilo de que gosta. Imagine-se a mulher mais feliz do mundo. Não permita que nada nem ninguém tire esse direito seu.
- Reúna-se com pessoas agradáveis e saia para um "bate e volta" numa curta viagem até a praia.
- Procure sempre se lembrar da criança que ainda vive dentro de você e se dê pequenos mimos.
- Olhe o mundo com os olhos de uma criança e você vai se surpreender diante de tanta beleza que ainda existe.
- Divirta-se como uma criança e deixe que seu filho tenha a infância dele.
- Separe o que é uma dificuldade sua do que é uma dificuldade do outro. Muitas mães se perdem porque acabam se enxergando em suas mães ou em seus filhos.
- Não espere a sua paciência se esgotar para dar limites. Se você age quando ainda está calma, corre menos riscos de errar. Lembre-se de que o castigo só é bom quando tem uma função educativa, e não meramente punitiva ou quando só serve para descarregar a sua raiva.
- Mais uma vez: não queira ser perfeita, onisciente, onipresente e onipotente. Aceite seus defeitos e limitações. Quando não exigir tanto de si, você será mais tolerante com os outros.
- Não tente impor as suas soluções para os problemas dos outros. Deixe que seu filho aprenda com os próprios erros. Permita-se também errar. Se você criticar menos a si mesma, será menos crítica com os outros.
- Não dê importância às críticas quanto à educação que você dá aos seus filhos. Olhe para dentro de você e veja se está sendo um bom modelo. Veja os seus sentimentos. Acredite naquilo que você pensa, acredite na sua escala de valores e eduque de acordo com ela.
- Não ignore as suas emoções nem tente dirigi-las. Pare e escute a si mesma com consideração. Em primeiro lugar, as coisas têm de estar bem para você. Escute as suas emoções para saber o que você realmente sente.

- Imponha-se certos limites, pois você não é obrigada a fazer tudo. Saiba dividir tarefas com os outros e priorizar tarefas.
- Esteja atenta aos seus desejos e procure satisfazê-los. Arrisque-se a sonhar mais. É a partir dos sonhos que tudo começa.
- Não esconda seus sentimentos, fazendo de conta que está tudo bem. Às vezes, é bom que os filhos vejam os momentos de "baixo astral" da mãe.
- Procure não sofrer a dor do outro. Você pode oferecer o seu ombro e o seu afeto, mas não deve se afundar na tristeza ou nos problemas daqueles que a cercam.
- Nunca tema as reações de seu filho. Enfrente-o sempre que necessário e confie na sua capacidade de contê-lo.
- Embora você sofra quando o seu filho sofre, não misture os seus sentimentos com os dele. Ambos, com certeza, são diferentes.
- Também não se sinta culpada nem na obrigação de solucionar os problemas das suas crianças. Às vezes, pode ser necessária a intervenção de outras pessoas da família ou até mesmo de especialistas. As frustrações e as decepções são fatores fundamentais para que se possa entrar na vida adulta.
- Quando você estiver muito para baixo, chame amigos de seus filhos para brincar em casa com ele, ou mande-o à casa de amigos ou parentes. Tire férias de filho, de marido. Não queira ser de ferro, nem mostrar que é uma heroína. Atualize-se. O amor materno não é incondicional.
- Pense sempre em seu bem-estar, até mesmo para poder estar bem e cuidar de tantas coisas.
- Não queira ser amiga de seu filho. Dessa forma você vai perder o seu papel, que é o de ser mãe. Você pode e deve ter uma *postura* amiga, o que é diferente de *ser* amiga.
- Esse negócio de deixar o filho dormir na cama do casal já acabou com muitos relacionamentos. Pense bem, pois é um recurso que muitas mulheres usam para evitar as relações sexuais. Não é aconselhável, o melhor é encarar o que você está sentindo e resolver o problema.
- Escutar as emoções e sentimentos inclui ter um tempo para meditar, orar, escrever, pintar, desenhar, cantar, tocar um instrumento, dançar, porque isso leva a um contato profundo

com o seu eu. Os sentimentos, muitas vezes, não têm lógica. Portanto, permita-se somente senti-los.
- Mães costumam chorar e choram muito quando se sentem fracassadas. Algumas mulheres precisam levar menos a sério a função de educar. É necessário lançar um olhar doce sobre um filho que brinca, é necessário rir das bobagens que eles falam, se deixar levar pelas brincadeiras. O bom humor cura, ajuda a viver, liberta.
- Esqueça a sua função de educar e, às vezes, olhe o seu filho com olhos de criança. Deixe-o faltar à aula para fazer um programa especial com ele. Não leve a vida tão a sério! Rir diante dos filhos a quem tanto amamos é amá-los duas vezes mais.
- Na vida, arrependa-se mais das coisas que você deixou de fazer do que das que fez. Corra mais riscos.
- Ofereça diferentes opções de vida a você mesma, não se coloque em um beco sem saída. Se um problema não tem solução, você não precisa se preocupar, uma vez que ele não tem solução mesmo. Agora, se tem... Não se preocupe tanto também, já que ele tem solução.
- Não se desespere com as exigências de seu filho. Estudos mostram que uma criança em fase pré-escolar faz três exigências por minuto.
- Não queira suprir a ausência paterna. Você só pode ser mãe, e o seu filho precisará aprender a viver com essa ausência ou com o tipo de pai que tem, seja lá qual for o problema dele.
- Quando a sua raiva ou ansiedade estiverem altas, vá arrumar os armários e gavetas. Dê um fim àquelas roupas que você não usa há muito tempo, jogue os trapos velhos fora, dê aqueles sapatos tortos, arranje espaço em sua vida para coisas novas, belas e atuais. Tome um banho demorado e cheiroso. Dê alguns minutos de paz a si mesma!
- Separe o lazer do trabalho. Quando faltar quinze minutos para o fim do expediente, escreva uma lista do que tem para fazer no dia seguinte e vá para casa, sem pensar mais nela. Saia do trabalho pensando em chegar em casa para curtir a sua família, e combine com todos que o momento da chegada da mamãe é o momento de contar só coisas boas.

- Não espere que os outros resolvam problemas por você. Espere somente aquilo que você sabe que não pode resolver sozinha, pois não depende de você. Só esperamos o que não depende de nós: só queremos o que depende de nós. Faça!
- Jamais perca a esperança. Ela fortalece a coragem, mas é preciso ter coragem quando se perde a esperança.
- Caminhe prestando atenção na sua respiração. Inspire e expire mantendo sempre o contato consigo mesma. Preste atenção também em seus passos, em seu pisar, no contato da sola dos seus pés com o solo. Mantenha sempre um ritmo que lhe seja confortável e harmônico para que não entre em ansiedade.
- "Rir é o melhor remédio." O humor vence o estresse e a depressão. Não leve as coisas tão a sério. Permita-se rir de seus erros. O bom humor atrai gente interessante. As boas risadas sempre ficam na memória. O bom humor nos preserva de nós mesmos. Ele nos faz humildes, lúcidos e leves. O bom humor nos torna sábios.
- A seriedade excessiva nos torna severos, mais desiludidos e agressivos. Pra que sempre acusar, gritar, corrigir? Essa é a moral dos tristes e dos fracassados.
- Atividades físicas regulares também são importantes para vencer o estresse e a depressão, elas liberam as endorfinas naturais do próprio organismo.
- Pense e faça mais sexo. Quanto mais fizer, mais desejo terá. O sexo relaxa, rejuvenesce, traz bom humor, vontade de viver e acima de tudo: dá prazer.
- Pratique o bem. O bem só existe na pluralidade das nossas ações.
- Seja doce. A doçura é o amor em estado de paz. É uma virtude do feminino (não somente das mulheres), é uma força tranquila, paciente e mansa. A doçura é o que mais se parece com o amor, porque ela se recusa a fazer o mal.
- As crianças e os jovens precisam de adultos atualizados, informados, de cabeça aberta, mas firmes, e que não temam cometer erros e que aprendam com eles.
- Para ser uma boa mãe é preciso, antes de tudo, ser feliz. Uma mãe feliz já é suficientemente boa, pois da sua felicidade dependerá a felicidade dos seus filhos.

- Você é a adulta da casa. Saiba tomar decisões, mantenha a calma e oriente os seus filhos.
- Procure sempre se redescobrir e reinventar. Renove o seu jeito de encarar a vida.
- Garanta a infância da sua criança.
- Entenda que o seu olhar adulto não é o único modo de ver o mundo.
- Saiba tomar decisões sérias. Toda decisão implica ganhos e perdas. Antes de tomar qualquer decisão, pense: "O que eu quero realmente?", "Pra que isso me serve?", "Isso me fará feliz?".
- Negocie consigo mesma. Aprenda a se desapegar daquilo que não lhe presta mais, pois todo fim de uma história é o começo de outra.
- Não tema errar e correr riscos. O risco é a chave do sucesso. Aprenda com os seus próprios erros.
- Não se deixe dominar por nenhum medo. Às vezes, o diabo não é tão feio quanto parece. Quando se enfrenta o medo, ele deixa de existir, e você se fortalece.
- Seja você mesma. Não queira ser o outro. Já é tão difícil ser o que se é! Imagina querer ser o que não é?
- Nunca decida nada se você estiver tensa ou triste. Acalme-se primeiro. Às vezes, é melhor deixar que o tempo nos mostre a solução, mas não adie eternamente as suas decisões.

Enfim, por mais que você faça e tente fazer certo, sempre vai ter um espírito de porco que tentará acabar com você, mas lembre-se de que sempre é tempo de ser aquilo que você deveria ter sido. Quer ver um exemplo? Então leia só o absurdo a seguir. Desconheço o "engraçadinho" do autor.

Tudo o que eu precisei saber, aprendi com a minha mãe.[25]

Minha mãe me ensinou a valorizar um sorriso:
– Me responde de novo e eu te arrebento os dentes!

[25] Estou revoltada! Cadê o pai desse garoto?

Minha mãe me ensinou a retidão de caráter:
– Eu te ajeito nem que seja na base da pancada!
Minha mãe me ensinou a ouvir:
– Abaixa o volume senão eu quebro esse aparelho!
Minha mãe me ensinou a apreciar e a preservar um trabalho bem-feito:
– Se você e a sua irmã querem se matar, vão para fora. Eu acabei de limpar a casa!
Minha mãe me ensinou a ter fé e esperança:
– É melhor você rezar para não ficar em recuperação.
Minha mãe me ensinou a lógica:
– Porque eu estou dizendo que é. Vai! Acabou e ponto-final.
Minha mãe me ensinou o que é motivação e fundamentação:
– Continua chorando que eu vou lhe dar uma razão verdadeira para você chorar!
Minha mãe me ensinou a lidar com a contradição:
– Fecha a boca e come!
Minha mãe me ensinou a ter força de vontade e perseverança:
– Você vai ficar aí sentado até comer tudo.
Minha mãe me ensinou a me proteger e defender:
– Se apanhar na escola ou na rua e aparecer todo machucado, vai apanhar em dobro quando chegar aqui em casa!

Obrigado, "mamãe".

É cada uma que a gente tem que ver! Mas não se deixe esmorecer. A vida, ainda mais a vida das mães, envolve perdas e ganhos e decisões impossíveis. E uma vez que se decidiu por algo, também não fique pensando naquilo que abandonou. Estudos mostram[26] que as pessoas sentem muito a dor da perda, mas que também se alegram muito mais com a grandiosidade de suas conquistas. Já é uma grande vitória perceber que, apesar de não termos alcançado aquilo que desejávamos, fizemos o melhor que pudemos.

---

[26] Para saber mais, ver: KLEIN, M. *Amor, culpa e reparação e outros ensaios* – 1921-45. Trad. André Cardoso. São Paulo: Ubu, 2023.

E nada de ficar remoendo tudo, pois, quando as preocupações se tornam crônicas, ou viram mania, uma forma de viver, o indivíduo desenvolve um padrão de pensamento que passa a dificultar a assimilação e o entendimento daquilo que o rodeia. Isso leva o organismo ao estresse ou a desenvolver um transtorno de ansiedade. Não sofra por antecipação. Deixe que as coisas aconteçam.

Anote tudo o que preocupa você. Depois coloque uma ordem de prioridades para resolver um a um os problemas e deixe para o final aqueles que não têm solução. Sabe por quê? Porque se não têm solução mesmo, então você não precisa se preocupar com eles, não é mesmo? E se os outros têm solução, você também não precisa se preocupar, pois ela virá. Estudos mostram[27] que pessoas muito preocupadas apresentam certa compulsão por controle, isto é, uma necessidade de manter o controle sobre tudo. São controladoras!

Victoria Stern aponta os seguintes conceitos-chave a respeito da preocupação excessiva:[28]

- A inquietação e as conjecturas sobre o futuro são tendências naturais e obedecem a processos cognitivos similares aos que o nosso cérebro usa para resolver problemas. Mas, para alguns, se transformam em um estado constante e indesejável de inquietação. Os preocupados crônicos têm compulsão por uma sensação de controle que parece nunca ser atingida;
- Muito tempo dedicado à aflição mina a capacidade de o organismo reagir ao estresse, enfraquecendo o sistema cardiovascular e perturbando a função emocional normal, o que causa problemas de sono e de alimentação;
- Em sua manifestação patológica, a "pré-ocupação" pode ser associada ao transtorno obsessivo-compulsivo (TOC), um distúrbio de ansiedade que pode ser incapacitante, mas que tem tratamento.

Acredite em si mesma. Isso é vital para conquistar uma vida equilibrada. Já dizia William Saroyan: "Gente boa é boa porque chegou à

---

[27] KLEIN, M. *Amor, culpa e reparação e outros ensaios* – 1921-45. Trad. André Cardoso. São Paulo: Ubu, 2023.

[28] STERN, V. Why we worry. *Scientific American*, 1 nov. 2009. Disponível em: https://www.scientificamerican.com/article/why-we-worry/. Acesso em: 27 mar. 2024.

sabedoria através dos fracassos".²⁹ Saiba que todas as mães do mundo, inclusive as mais pacientes, já tiveram momentos de querer largar a sua linda criancinha no meio do deserto do Saara, ou na porta de um convento para as freiras criarem. As mães se estressam, e sabe o que acontece nesse momento? A casa cai.

Fiz aqui um pequeno teste para você refletir sobre o seu momento atual. Faça um X nas alternativas que batem com o que você vive:

( ) Acordo cedo demais.
( ) Durmo tarde.
( ) Trabalho o dia inteiro.
( ) Tenho nenhuma ou pouca ajuda das pessoas.
( ) Vivo à beira de um ataque de nervos.
( ) Diariamente enfrento um trânsito infernal.
( ) Tenho medo de ser demitida do emprego.
( ) Não estou satisfeita comigo nem com o que faço.
( ) O meu companheiro é um ogro.
( ) Sexo? Nem pensar!
( ) Não durmo bem.
( ) Estou engordando demais.
( ) Estou muito magra.
( ) O meu dia precisava ter 28 horas.
( ) Tudo me irrita e impacienta.
( ) Não consigo ir ao banheiro sozinha.
( ) Ando esquecida e triste.
( ) Tenho muitas dores e adoeço com frequência.
( ) Estou sempre cansada.
( ) Tenho vontade de sumir.

Se você marcou mais de dez alternativas, a sua vida não vai nada bem. Você deve estar se sentindo um trapo. Está na hora de você parar tudo e começar de novo, sabendo fazer apenas as coisas que são prioridade. Faça isso *sem culpa*, antes que os filhos virem um problema, antes que o casamento termine ou antes que você mate alguém.

[29] SAROYAN, W. Thoughts on the business of life. *Forbes*. Disponível em: https://www.forbes.com/quotes/10170/. Acesso em: 27 mar. 2024.

BIRRA

Naquele dia, as crianças se danaram o dia todo: dia quente de verão, brincaram com água na frente de casa, com a piscininha de plástico, a barraquinha de armar, areia, argila, sujaram-se à beça. Deram banho no cachorro, fizeram piquenique na beira da piscina de plástico e, por incrível que pareça, não armaram nenhuma briga.

Estava um final de tarde maravilhoso. Eu tinha passado o dia cuidando da casa e olhando a brincadeira dos pequenos lá fora. Quando o sol estava mais baixo, chamei a turma:

— Ei, pessoal, que tal um banho e um passeio com direito a sorvete?

— Eba!!!

Eles largaram os brinquedos do jeito que estavam e, enquanto se enfiavam no chuveiro, recolhi a bagunça rapidamente, deixando tudo num canto do quintal para que, na volta, eles arrumassem direito. Vestiram-se sozinhos e fomos para a rua.

Acomodei Kiko, o bebê, no canguru em minhas costas. A filha número três, Tatá, no carrinho. Os dois mais velhos, Gabi e Dedé, me acompanhavam a pé. Ah! Faltou o cachorro: a Pirulita ia presa à guia e mijando em todos os postes. Morávamos em uma vila gostosa, próxima a uma rua de grande comércio e movimento, de modo que instruí os mais velhos a manterem-se próximos, porque não tinha as minhas mãos livres para protegê-los. Isso mesmo. Essa "pobre" mãezinha tinha quatro filhos e um cachorro malcriado para educar.

Lá ia eu, empurrando o carrinho com a Tarsila, o Samuel à minha esquerda, Gabriela à direita segurando a Pirulita, e o Francisco amarrado às minhas costas.

Era incrível a minha sensação de orgulho e plenitude. Sentia-me desfilando em meio a uma avenida, no alto dos meus trinta anos, com quatro filhos lindos e sendo aplaudida por uma multidão de pessoas.

Eu me sentia uma verdadeira rainha: não cabia em mim de tanto orgulho de minha família (até hoje me sinto assim quando eles se juntam). Não enxergava ninguém: só os meus filhos, os meus filhos.

Na verdade, quem me visse nessa situação, poderia pensar: *Coitadinha, tendo que dar conta dessa penca de filho, e ainda com a cachorrinha a tiracolo.*

Fomos conversando, observando as lojas, os cachorros da vizinhança, falando com os comerciantes conhecidos, cumprimentando as pessoas que mexiam com a gente.

Claro que, de vez em quando, eu tinha de dar um safanão no Dedé, que insistia em largar a mão do carrinho e correr pela rua. Claro, também, que eu precisava espantar os cachorros que vinham cheirar o fiofó da Pirulita. E as crianças morriam de rir. E lógico que eu tinha de dizer "não" a todos os pedidos de "compra, mãe".

E quanto à Tatá, eu tinha de brigar com a pequena, porque ela não queria que os irmãos segurassem em seu carrinho. Fora isso e o Kiko, que me pesava nas costas e insistia em me dar tapas na cabeça, estava tudo às mil maravilhas.

Tomamos o sorvete, não sem antes de as crianças brigarem sobre os sabores que escolheriam e se melecarem todos. Depois de uma sessão de lavagem de caras, roupas e mãos meladas, paramos em um bazar para comprar material para as crianças fazerem "artes". Como pôde perceber, eu era uma mãe aparentemente normal e muito dedicada.

Logo os filhos foram pedindo:

— Eu quero argila.

— Guache.

— Massinha.

— Cartolina.

— Canetinha.

E a Tatá, que estava presa no carrinho, começou a se alterar:

— Me tira daquiiii! Me tira daqui!

Diante de tanta insistência, tive de carregá-la no colo.

Como até essa hora não havia acontecido nenhuma alteração (já era de se estranhar), o circo começou a pegar fogo:

— Você não me pega, você não me pega!

Começa, então, o corre-corre entre Gabi, Dedé e a Pirulita dentro da loja.

Quando as crianças percebem que os pais estão ocupados, querem atenção, sentem-se seguras quando estão diante dos outros, pois sabem que os pais não têm coragem de brigar com elas, com medo da crítica. Deitam e rolam...

Sempre preocupada com as críticas, coloquei a Tatá no carrinho novamente, agarrei disfarçadamente cada um dos elementos pelos braços e disse entre dentes (olhando para os lados, para que ninguém me visse num iminente acesso de loucura):

— Se não pararem já, eu acabo com vocês e não compro mais nada!
Gabi grita:
— Ai... Não me belisca, sua bruxa. Você tá me beliscando! Foi o Dedé que começou... esse idiota. Você só briga comigo!
Olhando timidamente para os lados, procurei ver se tinha gente me criticando pela "maldade" e, disfarçando a minha insegurança, disse ao Dedé:
— Para! Você não vê que a sua irmã é pequena e quer imitar você? — Eu me referia à Tatá que já estava me pedindo chão para sair do carrinho novamente e se juntar aos mais velhos.
— Buááááá... — Tatá começou a chorar enquanto se debatia inteira, já nos meus braços, acertando pontapés no Kiko.
Ao mesmo tempo, os dois "maus-elementos" recomeçam as provocações e o corre-corre na loja.
— Parem vocês dois, que feio, vou contar para o papai! — Enquanto eles se jogavam no chão, diante da minha tentativa de segurá-los pelo braço, cometi o grave erro de dizer-lhes que ia contar o sucedido ao pai. Assinei o meu atestado de incompetência: "Eu não tenho autoridade com vocês". Aí, então, o domínio é deles.
— Chega! — gritei, desesperada, ao mesmo tempo que Gabi chutava o irmão que está largado no chão.
— Levantem! — ordenei, tentando levantá-los, mas sem conseguir, pois eles mais pareciam dois sacos de batatas.
As pessoas começaram a nos cercar e a olhar com reprovação. Senti-me exposta: ora tirana, ora tiranizada, por aqueles dois pequenos *aliens*.
Sempre havia criticado as birras dos filhos dos outros, dizendo: "Ah. Se eu fosse a mãe dessa criança...". E agora veja só quem estava naquela situação terrível!
Enfiei a Tatá no carrinho. Era hora de sair urgentemente dali, antes que em frações de segundos eu me enterrasse de vergonha. Ah! A Pirulita havia acabado de mijar na loja.
Desisti das compras, peguei os dois "delinquentes" pelos braços e fomos embora. Voltei pelo caminho, rogando pragas e ameaças:
— Vocês vão ver quando o papai chegar o que vai acontecer...
Quando estávamos chegando, ousei olhar para mim. Nesse momento me dei conta de que algo estava estranho. Faltava alguma coisa... Estavam me sobrando mãos.
— Céus! A Tatá!
— Gabi, Dedé, cadê a Tatá? — Procurei-a ao nosso redor.

— Xi, mãe, a Tatá ficou na loja! — disseram os dois.

Por via das dúvidas, olhei para trás para me certificar de que Kiko estava mesmo comigo. Ufa! Que alívio! Lá estava ele, presinho às minhas costas. E até agora calmo, babando o pirulito que chupava, em meus cabelos.

Voltamos todos voando para a loja.

— Manhê, mais devagar!

— Manhê, eu caí!

— Manhê, não aguento!

— Calem a boca! Se vocês não tivessem feito tanta bagunça, isso não teria acontecido! Vocês vão ver quando o seu pai chegar!

Nessa hora, eu não conseguia pensar em outra coisa a não ser no desespero da Tatá, no meio de pessoas estranhas, longe da sua mãe amada, única, querida e insubstituível.

Ela vai sofrer a angústia do abandono (Dentro da teoria do apego, traria danos irreversíveis ao desenvolvimento de sua personalidade). *Que crueldade! Que mãe desnaturada eu fui! Será que um dia este meu ato teria perdão? Será que um dia eu poderia reparar tamanha falha? Será que a Tatá não cresceria traumatizada?* Culpas e mais culpas.

Aliás, segundo Freud, isso só poderia ser um ato falho.[30] Sim, um ato falho. Vai ver que eu rejeito a Tatá e este tinha sido um ato de rejeição. E pensava pelo caminho em todas as formas de explicar tal ato desumano e de me culpar. *Nunca vou me perdoar. Isso não tem perdão.* Durante o curtíssimo trajeto de volta, me crucifiquei de todas as formas, buscando todas as teorias que havia aprendido sobre desenvolvimento infantil.

Ao chegar à loja, o que encontrei? A Tatá, sentada no chão, brincando com duas balconistas, rindo e se divertindo a valer. Na hora que ela me viu, se assustou com a minha atitude angustiada, que a abraçava e a beijava como se não a visse há um mês.

Ela se afastou, pois queria voltar às brincadeiras:

— Chega, mamãe vem brincá...

— Não, Tatá. Agora vamos pra nossa casinha, que já é tarde!

— Não, mamãe! Qué brinca mais. Senta qui, senta. — Batendo com a mãozinha no chão.

Filhos... Vai entendê-los!

---

[30] FREUD, S. *Obras completas, volume 13*: conferências introdutórias à psicanálise. São Paulo: Companhia das Letras, 2014.

Pois bem, a birra se inicia por volta dos 18 meses, como uma tentativa de autoafirmação. A criança pequena, até os 4 ou 5 anos, tem reações impulsivas. Ela é toda id. Lembra-se do Freud, lá no começo do livro? Mas não é só isso: hoje em dia, a neurociência atribui esse tipo de comportamento ao cérebro. Vou me ater um pouco e explicar isso sem grandes elaborações.

Segundo a neurociência, a criança pequena tem um "cérebro reptiliano". Um cérebro primitivo que ainda não está completamente formado: falta a ele o desenvolvimento do sistema emocional e o racional. O cérebro do ser humano só se completa por volta dos 25 anos.[31]

Criança dá trabalho e, dependendo da atitude dos pais, a birra se instala como um comportamento aprendido. Ela aprende que, ao fazer esses escândalos, os pais acabam cedendo aos seus desejos. Faz isso principalmente com os pais que temem suas reações e que temem ser criticados. Pais incoerentes, inseguros e inconstantes geram filhos birrentos.

A criança percebe que, diante dos outros, os pais se sentem inibidos de educar e, assim, os manipula. Portanto, não se envergonhe de educar seu filho. Ele se joga no chão para conseguir o que deseja, tem ataques de raiva ou choro, xinga, chuta, chega até a desmaiar.

Se o seu filho é birrento, o melhor a fazer é esperar que a crise termine, para depois interferir. Se você for se envolver durante a crise, sobrará pra você. Espere que ele se acalme (e que você também se acalme) para dialogar com ele.

Faça contratos com a criança antes de sair. Combine que, caso ela faça birra, o passeio se encerrará imediatamente. Cumpra os acordos estabelecidos. Crie regras usando a razão e a clareza. Quando as crianças não compreendem ou não concordam com o motivo e o significado das regras, não as assimilam nem as incorporam.

Evite todas as situações que você sabe que vão desencadear uma crise de birra, caso seu filho seja mesmo birrento demais. Esse comportamento é muito comum até os 5 anos, por isso guie-se mais pelas atitudes preventivas do que pelas reativas.

---

[31] ARIAS, M. A neurociência por trás do mau comportamento das crianças. *A Mente é Maravilhosa*, 12 nov. 2023. Disponível em: https://amenteemaravilhosa.com.br/a-neurociencia-por-tras-do-mau-comportamento-das-criancas/. Acesso em: 27 mar. 2024.

Lembre-se de usar o bom senso: existem lugares e passeios que não são próprios para crianças, portanto muitos dissabores podem ser evitados. Você não precisa nem deve levar o seu filho a todos os lugares que frequenta; isso é pedir para ser aborrecida.

Elogie o seu filho pelos bons comportamentos apresentados. Aprenda a ver coisas boas nele e a educar pelo sim. Muitos pais só conseguem apontar os maus comportamentos e são justamente estes que acabam fazendo parte do repertório da criança, pois foi aquele que chamou a atenção, ou aquele que teve um "reforço".

Reforço é o nome que damos à reação que o adulto tem diante de certos comportamentos, podendo ser positivo ou negativo. O reforço positivo é a atenção dada aos bons comportamentos, e o negativo aos maus comportamentos.

A birra, portanto, é um comportamento aprendido e, como todos, se instala através do reforço dado. Saia de perto da criança assim que ela iniciar uma birra. Não seja plateia. Uma vez que toda criança quer ser o centro das atenções, o comportamento a se instalar será sempre aquele que chamar mais a atenção para ela, seja positiva ou negativa.

Recomendo que você ignore o primeiro sinal de birra e que o casal parental seja aliado nesse processo. Quando os pais são aliados e coerentes, os filhos introjetam melhor as regras.

==Mantenha-se firme e lembre-se: a voz acariciante e modulada da mãe ajuda a criança em suas dificuldades.== Para negar ou proibir algo, não é necessário gritar. A suavidade não exclui a firmeza.

Para grande parte dos pais, o poder é alcançado através das ameaças, dos castigos, da humilhação e das surras, que muitos dizem tratar-se de palmadinhas educativas. Porém, o cérebro infantil é estruturado para receber segurança, compreensão, orientação, conhecimento e amor. A criança quer muito agradar os pais e acertar, pois precisa ter a certeza do seu amor e admiração.

Que tal quebrar o vício muito comum nas famílias, o de gritar para conversar, e começar a modular o seu tom de voz para que todos consigam dialogar e trocar experiências de maneira mais terna e respeitosa?

AGITAÇÃO

Véspera de feriado emendado, ânimos exaltados, crianças agitadas, estradas congestionadas. Coragem, muita coragem...
Carro cheio: mãe, pai, quatro filhos, avó, chiqueirinho, carrinho, fraldas (de pano!), comida, roupas de cama, mesa, banho, medicamentos, brinquedos, varas de pesca, nadadeiras, barraca de praia, cadeiras. Ah! Esqueci o cachorro! O passarinho! A ração do passarinho e a do cachorro! Acho que agora não falta mais nada.

— Acorda, pessoal! Vamos pra praia!
— Oba! — Todos se levantaram rapidamente.
— Manhê! Vem me limpááááá... — gritou o Kiko, logo cedo, sentado no troninho.
— Manhêêê! A Tatá se sentou no meu lugar! — reclamou o Dedé.
— Cadê o documento do carro? — perguntou o Ruy
— Manhêê! Quero levar uma amiga. — Chorou a Gabi.
— Manhê, cadê a minha bola? — perguntou o Dedé.
— Manhê! Vem me limpá... — gritou novamente Kiko.

Quando finalmente nos acomodamos e iniciamos a tão sonhada viagem para Ilhabela, paraíso que D. Pedro II presenteou à sua filha, a princesa Isabel. Chego a pensar: *Será que D. Pedro, alguma vez, limpou a bundinha de dona Isabel?*
A estrada estava infernal. Íamos em "fila indiana", seguindo lentamente os velhos caminhões que transitavam à nossa frente.

— Assim que chegarmos à casa que alugamos, vamos mudar de roupa e ir direto para a praia. O último a chegar é mulher do padre! — dizia eu, a pobre e sonhadora Betty... Mas "mulher do padre"? Que *catzo* é isso? Coisa mais sem graça!
E assim seguimos a viagem, fazendo pequenos planos, até que começou a exalar um cheiro muito ruim no carro. Era algo como... bosta mesmo. Eu diria até que era um cheiro daquelas diarreias das bem bravas: um misto de enxofre com ovo podre.
Imediatamente, Gabi grita apavorada:

— Manhê! O Kiko fez cocô! Que nojo! Vô vumitá!

Olho para trás e vejo Gabi com cara de desesperada, morta de nojo, ao lado do Kiko, que estava todo borrado. Os irmãos, aproveitando-se da situação, resolvem provocar a mais velha e o caçula.

— O Kiko é cagão! A Gabi tá cagada!

E foram cantarolando o refrão enquanto aquelas fezes moles e fedorentas escorriam pelas pernas do pequeno Kiko e para o assento da pobre da Gabi, que, àquela altura do campeonato, já estava aos prantos, sem saber o que fazer.

O pior é que tudo acontece muito rápido! Naquele tempo, as estradas eram péssimas (hoje não melhoraram muita coisa!), não havia acostamento, não havia como parar!

— Xiii... Agora não dá pra parar! Vamos trocar o Kiko aqui mesmo.

E com o carro em movimento, o Kiko começou a ser trocado pela minha mãe.

— Ai que nojo! Vô vumitá, manhê. — choramingou Gabi, afastando-se de Kiko.

— Calma, Gabi. Você é a mais velha. Segura as pontas!

— Como é duro ser a mais velha!

— Eca, mãe! Que cheiro! — disse a Tatá. — Porco!

— Eca! Mãe! Que nojento! — disse Dedé, remedando Tatá.

Nisso, Kiko começou a espernear e a espalhar merda pelo carro todo.

— Quieto, Kiko, assim a vovó não consegue te limpar!

O pai se virou e gritou:

— Olha o meu carro!

Imediatamente, e irritada, já respondi:

— O que você quer que eu faça? Vai você limpar ele enquanto eu fico dirigindo e reclamando! — E, pronto. Iniciou-se uma briga entre o casal.

— Mãe, por favor, segure as mãos do Kiko! — gritaram todos, em meio ao lamaçal.

— Chegaaaaaaa! Todo mundo quieto. Olha um posto!... — avisou o pai.

Paramos no tal posto, as crianças pularam imediatamente para fora do carro, enquanto eu e a minha mãe cuidamos do Kiko, que ainda era um bebê de quase 3 anos, em treinamento para tirar as fraldas.

Depois de tudo limpo e de todos limpos, seguimos viagem.

— Porco, porco, porco... — Iniciou-se um coro lá atrás.

— Manhê, ói eles! — reclamou Kiko, que até agora estava calado, sem entender muito bem o que acontecia.

— Para! Chega!

— Manhê, o Dedé tá encostando em mim! — queixou-se Tatá.

— Dedé, chega pra lá.

— Manhê, a Gabi pôs a perna em cima da minha.

— Olha, se isso continuar... — ameacei. Enquanto o Ruy aumenta o rádio do carro.

— Manhê, o Kiko soltou um pum! Socorro, ele vai fazer cocô de novo!

— Kiko, você está bem? Quer fazer cocô? — indaguei, preocupada com a nova e provável "erupção do vulcão".
Kiko faz que não com a cabeça. Ainda era muito pequeno.
— Mãe! Olha o Dé! — gritou Tatá.
— Se vocês não pararem de brigar, ninguém vai para a praia! — Finalmente recorri a uma chantagem.
Fez-se o silêncio...
Cinco minutos depois...
— Mãe, vai demorar muito?
— Não, duas horas.
— Quanto que é duas horas? — os três perguntaram.
— Ai meu Deus! Vai começar outro drama — sussurrou o pai entre dentes, aumentando novamente o som do carro.
— Manhê, fala pro papai mudar de estação.
Finalmente chegamos à fila da balsa para fazermos a travessia para a ilha.
Tchã, tchã, tchã, tchã...
I-men-saaa!
Já estávamos há três horas esperando, e finalmente as crianças tinham adormecido, quando o carro atrás do nosso começou a buzinar.
— Era só o que faltava! Um histérico a esta altura do campeonato! — Comentei e, ao mesmo tempo, fiz um enorme esforço para ignorá-lo.
Mas o homem insistia na buzina. Viro-me para o Ruy:
— Você não vai fazer nada?
— Deixa buzinar, oras — respondeu ele, como sempre, muuiito calmo.
E a buzina tocando...
— Eu não acredito! O que este infeliz quer? Que a gente voe? Por que você não manda passar por cima?
— Deixa ele, fica na sua... — Ruy tentou me acalmar.
Enquanto isso, o sangue da calabresa ia me subindo pela cabeça.
— Não, assim eu não aguento, eu vou fazer um sinalzinho bem feio pra esse homem — disse, já preparando o dedo médio.
Irada, virei-me para trás, pronta para comprar briga, e sem jeito fiquei quando ele me sinalizou com a mão, avisando para olhar para o bagageiro em cima do carro. Desci, e o que vejo? A Tatá. A danadinha havia saído pela janela e estava trepada no bagageiro do teto do carro.
Deus do céu! Viagens? Nunca mais!

Mas as mães têm memória curta, não é mesmo? A neurociência explica isso. Entre os diversos tipos de memórias que existem, está a "memória episódica", que explica o fato de alguns acontecimentos do dia a dia serem tão facilmente deletados.[32]

As crianças não param, essa é uma verdade, principalmente quando se sentem presas, ou quando percebem que não podemos lhes dar atenção. Elas acham que são as donas do mundo e que nasceram para serem admiradas e servidas. Dentro daquele carro, tinham cinco cérebros reptilianos (contando com a Pirulita).

O pior, ou o melhor de tudo, é que isso é sinal de saúde, pois a criança muito quietinha não sinaliza estar saudável. Desistiu de lutar para ser ela mesma. Hoje em dia, a queixa mais comum nos consultórios diz respeito à agitação infantil, e o diagnóstico mais popular para esse fenômeno é o de hiperatividade.

Mas acontece que a hiperatividade não é um transtorno tão comum como está dando a parecer, e muito menos de fácil diagnóstico. Ela acontece no lobo frontal,[33] portanto exige um diagnóstico profundo e preciso, feito por um neurologista ou neuropsicólogo, com base em tecnologias de retratação do cérebro, entre outros exames.

O maior problema do transtorno de déficit de atenção e hiperatividade (TDAH) não é a falta de atenção, e sim a rápida queda na capacidade de atenção contínua.

Segundo dados da Associação Brasileira de Déficit de Atenção (ABDA), o número de casos de TDAH varia entre 5 e 8% da população mundial, e 70% das crianças costumam apresentar outra comorbidade e 10%, três ou mais comorbidades. É denominado comorbidade outro transtorno que pode acompanhar o TDAH, como ansiedade, transtorno opositivo desafiador, depressão, síndrome de Tourett.

No Brasil, a prevalência de TDAH em crianças e adolescentes com idade entre 6 e 17 anos é de 7,6%. Essas crianças e jovens se mostram

---

[32] OLIVEIRA, M. G. M.; BUENO, O. F. A. Neuropsicologia da memória humana. *Psicologia USP*, v. 4, n. 1-2, p. 117–138, 1993. Disponível em: http://pepsic.bvsalud.org/scielo.php?script=sci_arttext&pid=S1678-51771993000100006. Acesso em: 28 mar. 2024.

[33] SZOBOT, C. M. et al. Neuroimagem no transtorno de déficit de atenção/hiperatividade. *Revista Brasileira de Psiquiatria*, v. 23, n. 1, p. 32–35, 2001. Disponível em: https://www.scielo.br/j/rbp/a/H7Yqm89FYGZB8gG49FXfFLy/. Acesso em: 28 mar. 2024.

impacientes, esquecidos, atrapalham a todos, não respeitam limites, não controlam impulsos, tomam decisões precipitadas, têm brincadeiras bobas, apresentam alterações rápidas de humor e agem muito sem pensar. Os sintomas podem perdurar até a idade adulta. Aliás, encontro muitos adultos com TDAH, que, quando se tratam, passam a viver bem melhor.

É importante que se saiba que as crianças são agitadas. Algumas mais, outras menos. Existem também as mal-educadas, já que criança sem atividade fica mais agitada ainda. Essas crianças precisam brincar muito, criar seus brinquedos e brincadeiras e se sujar. Atividades artísticas são excelentes calmantes.

Já criança com atividade demais também fica agitada. Não lhe sobra tempo para ficar sozinha, para curtir as suas coisinhas queridas. ==O excesso de atividades é tão prejudicial quanto a falta delas.==

Às vezes, a agitação vem acompanhada de ansiedade, o que incomoda muito o adulto. É aquela criança que apresenta vários sintomas físicos, como transpiração excessiva, falta de atenção, dor de barriga, enurese, taquicardia…

Essa criança parece viver em estado de alerta, quer saber o que vai fazer depois de um passeio que mal começou, sua fala é rápida, ela não consegue esperar a sua vez nas brincadeiras, sofre por antecipação. Costuma apresentar hábitos como roer unhas, enrolar os cabelos, piscar muito, masturbar-se excessivamente. Em geral, são filhos de pais ansiosos e perfeccionistas.

Crianças assim precisam de rotina e não devem saber com muita antecedência das novidades que as esperam. É muito importante também estabelecer limites precisos e firmes na educação: não é não e sim é sim. O talvez promove ainda mais ansiedade.

Alguns pais passam aos filhos a sua própria agitação: vivem correndo, apressados, querem fazer muitos minutos de um só minuto. Arre! Não há quem aguente ficar perto de alguém assim. Esquecem-se até de respirar!

Crianças criadas em lares onde ninguém tem tempo para parar e conversar, para se olhar, para ouvir o outro, aprendem que é assim que se deve viver, e adquirem esse ritmo agitado. E, resumindo: ninguém sabe por que correm tanto. Simplesmente se acostumam, e, quando se dão conta, percebem que não há razão para isso.

É importante que toda a família encontre um tempo para o momento do encontro. Aquele momento das refeições em torno da mesa ou de perguntar ao outro como foi o seu dia, como se sente, o momento das brincadeiras, das cobranças, dos diálogos, dos "ajustes de contas".

É muito difícil educar, mas, como responsáveis pela criança, os pais têm a obrigação de reservar diariamente um tempo para ela: saber de sua vidinha, contar-lhe histórias de sua vida, observar como ela pensa, o que sente e percebe do mundo, conhecer seus amigos. Ajudá-la a descobrir e ampliar o seu próprio universo, fazendo-a compreender e vencer seus temores, confiando em sua capacidade de enfrentar as próprias dificuldades. Faça com que ela veja em você uma figura de amor e proteção total. Perceba: a vida é um processo dinâmico que implica a troca afetiva entre as relações humanas. Faça com que seus filhos notem que vale a pena crescer na companhia de quem se gosta. Assim eles não se transformarão em seres individualistas, egocêntricos e solitários.

A família é uma microssociedade, na qual a criança vai aprender a se relacionar, socializar e a enfrentar os problemas de uma sociedade maior. Quanto mais os familiares se relacionarem entre si, quanto maior o número de amigos da família, mais modelos o seu filho terá como exemplo, e mais papéis ele poderá desenvolver na vida.

Abra as portas da sua casa, promova reuniões familiares e sociais, deixe a vida entrar com toda sua intensidade. Transforme a sua casa no melhor lugar do mundo. Ninguém sai de onde está bem, pense nisso. As crianças precisam ter histórias familiares para contar. Viva-as com os seus filhos.

Sei que ser mãe nos tempos de hoje é muito difícil, pois é necessário dizer muitos "NÃOS".

"Não saia sozinho."
"Não brinque na rua."
"Não vá à casa dos outros."
"Não fale com estranhos."
"Não estrague a roupa nova."
"Não suba aí."
"Não leve este brinquedo para a escola."
"Não saia de casa."

> Uma criança escuta dez vezes mais a palavra *não* do que a *sim*. Que tal reverter isso? Embora o *não* seja o primeiro organizador do psiquismo, eu prefiro educar pelo *sim*. Escolha as brigas que você vai comprar.

A falta de tempo dos pais é o maior obstáculo às brincadeiras e aos passeios infantis, e quem sofre com isso são os filhos. Largue esse computador, saia da Netflix, jogue longe esse celular. Os pais se queixam de que os filhos ficam encapsulados no celular, mas eles são o modelo, e os adultos estão extremamente dependentes dessa tecnologia.

Pare também com a sua mania de organização e limpeza. É muito difícil fazer uma criança ser ordeira antes dos 4 anos. Crianças pequenas precisam de uma bagunça pessoal, conforme indica Françoise Dolto, psicanalista francesa.[34] Limpeza e ordem não são prioridades para um bom desenvolvimento infantil.

A maioria das crianças agitadas e agressivas não verbaliza o que está acontecendo. Elas não estão dispostas a conversar, até porque não têm consciência daquilo que acontece com elas. A melhor maneira de lidar com a agressividade excessiva é utilizar o bom-senso e o diálogo, lembrando-se de esquecer os sermões. Pode-se usar alguns facilitadores:

- A pessoa mais indicada para conversar com a criança é aquela com a qual ela tem um bom vínculo afetivo. Qualquer pessoa que ela adore.
- Discutir as crises antes ou depois do seu aparecimento é sempre melhor do que durante o episódio em que a criança (ou você) se encontra descontrolada: em campo tenso não se discute.
- Quando for conversar, esqueça os sermões e procure ouvir o que ela tem a dizer. Os filhos não querem que os pais concordem com eles, querem ser ouvidos e entendidos.
- Você precisa ensinar a sua criança a descarregar a raiva: pular corda, correr ou socar almofadas.
- Atividades esportivas, artísticas e lutas ajudam a direcionar a energia para um objetivo mais socialmente aceito. Deixe que a criança escolha uma dessas atividades.

[34] DOLTO, F. *A causa das crianças*. São Paulo: Ideias e Letras, 2005.

- Na escola, é sempre bom colocá-la em grupos mais tranquilos e deixá-la conviver com crianças maiores e mais velhas.
- Brinque muito com a criança, propondo atividades corporais.
- Avalie a si própria e o ambiente em que a criança vive. O que pode causar tamanha agressividade? Toda criança tende a ser um pouco agressiva quando começa a se socializar. Essa atitude só se torna preocupante quando fica destrutiva, hostil ou perversa.

Famílias autoritárias ou superprotetoras estão sujeitas a criar filhos agressivos. A agressividade da criança está ligada à agressividade do adulto. *A questão não é reprimir essa agressividade*, isso não é bom. A criança precisa aprender a descarregar a tensão, canalizar a raiva e expressá-la da maneira menos prejudicial a si e ao outro. Certa dose de agressividade é importante na vida.

A agressividade que preocupa e incomoda é aquela descontrolada, sem limites, sem propósitos aparentes. Em geral, a sua presença pode indicar conflitos psicológicos, emocionais ou até certa psicopatia. Essas crianças assustam, porque parecem levar dentro de si uma carga de ódio imensa. Elas agridem outras crianças e adultos, quebram brinquedos, não toleram frustrações, provocam e desafiam a todos e também demonstram hostilidade em relação ao mundo.

É necessário estar atento ao significado desses comportamentos. Não procure culpados. Busque soluções. Sem culpa! Talvez a sua criança (e você) precise de ajuda psicológica. Não se obrigue a resolver sozinha todos os problemas da família.

LIMITES

Como já comentei, filho quer atenção o tempo inteiro. Um pequeno exemplo disso acontece quando você está conversando com alguém e eles ficam te interrompendo:

— Manhêê...
— Manhêê...
— Ô, mãe...
Até a hora que você, já irritada, resolve cessar a conversa com a sua amiga, sair do YouTube, fechar o Instagram, deixar de fuçar a vida alheia. Não adianta dizer a eles para esperar a vez deles de falar, porque entra por um ouvido e sai pelo outro. Até os 5 anos mais ou menos, a criança quer ser o centro do universo e vence pelo cansaço.

Quando eu era orientadora pedagógica na pré-escola onde meus filhos estudavam, estava (como de rotina) observando a hora da saída das crianças. Naquele tempo não existia celular, então eu e as professoras estávamos realmente de olho nas crianças. Meus filhos estavam junto a mim, pois em seguida iríamos embora.

Nesse momento, uma das mães se aproximou para queixar-se de algo que não ia bem com a filha. Não era uma boa hora para eu lhe dar atenção: já havia acabado o expediente, o local não era adequado, além disso, eu estava de olho na criançada que brincava alopradamente (naquele tempo as crianças corriam), e já no meu papel de mãe.

Essa senhora não parecia entender, ou não queria entender, que eu não estava disponível. E ela blá-blá-blá no meu ouvido... Eu, já tensa, porque, além de precisar olhar o pátio, a Tatá começava a puxar a minha saia e me chamar, tentava escutar a mãe e sossegar a minha filha.

— Espera, Tatá...
— Manhêê, me deixa falar!
— Espera, filhinha. A gente já vai embora.

E a mãe insistia em tomar a minha atenção.

— Mas a escola tem de tomar uma providência, dona Elizabeth.

Eu não conseguia mais escutar o que essa mãe me dizia, porque saída de escola é uma zona! O barulho é muito grande, e, para falar a verdade verdadeira, eu estava cansadíssima, louca para ver meus filhos, desligar a cabeça.

— Mãe! Manhê! Mãe! — choramingava a Tatá, cheia de razão.

Percebendo que nenhuma das duas desistiria de tentar obter a minha atenção, resolvi pedir um tempo à mãe e escutar a minha filha.

— Um momento, senhora...
— Fala, filhinha, o que você quer?

Com toda a nossa atenção dirigida a ela, a minha baixinha me solta esta:

— Manhê, vamu embora! Essa moça é muito chata!
No momento, morri de vergonha, e a mãe ficou muito sem graça. Apenas soltei um sorriso amarelo, querendo enfiar a minha cabeça no chão. Pensei em consertar o que ela havia dito, mas a emenda sairia pior que o soneto.
A mãe olhou para a minha filha de uma forma absolutamente desprezível e comentou o seguinte:
— A senhora precisa educar melhor os seus filhos!
Veja só que petulância! Fiquei irada. Engoli em seco e pedi que ela me procurasse no dia seguinte, durante o expediente (aliás, coisa que já deveria ter feito desde o primeiro momento).

Realmente, as crianças falam aquilo que pensam e sentem nos deixando de saia-justa. Mães que trabalham fora devem e precisam saber separar os papéis. Não adianta chegar em casa e querer dar conta de tudo quando o filho quer a sua atenção. Esse é o momento dele, e com toda a razão. Mesmo que você esteja cheia de afazeres ou louca para descansar, a prioridade é ele. Afinal, você vai ouvir muitas vezes a velha frase: "Eu não pedi pra nascer".

É a velha cobrança:

— Você tem de me amar!

É melhor você dar a ela um pouco de atenção e depois cuidar de seus afazeres. Mas quando digo dar atenção, digo dar *mesmo*, e não ficar fingindo que está gostando de estar com a criança.

Pior ainda é o home office. Coisa doida! A criança vê que a mãe está em casa, mas a ignora. Isso é muito difícil para uma "cabecinha reptiliana" entender. Ela só entende que a mamãe não gosta dela. E você aí, achando que ela tem a capacidade de te entender... A mesma coisa é colocar essa criança de castigo para pensar.

Veja estas duas descrições de crianças sobre as suas mães:

"A minha mãe brinca comigo só quando eu peço, e vai me ver jogar futebol, mesmo não querendo fazer isso de verdade." (10 anos)
"Algumas mães têm filhos, e minha mãe conseguiu um." (12 anos)

Os filhos percebem muito bem quando as mães não estão presentes na relação. Nessas horas, é melhor dizer que ele vá brincar sozinho, porque você não está em seus melhores dias. Lembre-se: pare de fingir ser aquilo que você não é, e pare de fingir sentir aquilo que você não está sentindo.

Veja esta:

"Mães sempre chateiam a gente. Eu acho que elas deveriam ser vendidas a R$ 100,00 cada uma." (7 anos)

Cada filho precisa, também, aprender a lidar e aceitar a mãe que tem. Se você realmente o ama, precisa arranjar um tempo para ele, tentar controlar-se, mas sei que ninguém é de ferro. É ou não é? Estabeleça um período do dia para brincar com eles, e marque um horário para a brincadeira terminar.

Em meu livro *Criando filhos em tempos difíceis*,[35] sugiro uma série de brincadeiras divertidas que você pode fazer em casa. Combine também que a hora que você chega em casa é o momento de dizer e fazer só coisas gostosas. Isso serve para acabar com a manha, a choradeira e as reclamações que transformam a sua chegada, às vezes, num inferno.

Por vezes, as mães é que chegam em casa e transformam a vida dos filhos num inferno. Lembro que em uma das minhas palestras, uma das mães presentes me perguntou o motivo de não conseguir ter um diálogo com a filha de 12 anos. Pedi que ela se esclarecesse melhor.

— É o seguinte, Betty, eu sou separada, e minha filha mora comigo. Trabalho fora o dia inteiro e dou um duro danado para dar tudo que ela quer, porque o pai só paga a escola. A pensão é uma mixaria e está atrasada, e ela ainda morre de amores por ele.

"Todo dia é a mesma coisa: dá um trabalho enorme pra acordar, se vestir, tomar café, esticar sua cama, para ir à aula. Tenho de deixá-la no colégio antes de ir para o trabalho e não posso me atrasar, mas parece que ela faz de propósito: tem prazer de me deixar nervosa logo cedo. 'Mãe, cadê meu livro de matemática?', 'Mãe, não tenho camiseta de ginástica! Esqueci na escola!'. É tudo em cima da hora, Betty. Eu já começo o dia brigando com ela. 'Anda logo, menina. Vou te deixar em casa e você vai ter de ir a pé.'

"Às vezes, eu tenho vontade de sair e deixar ela em casa, mas não tenho coragem. Aí, ela entra no carro e logo liga o rádio bem alto, naquelas

---

[35] MONTEIRO, E. *Criando filhos em tempos difíceis*. São Paulo: Summus Editorial, 2013.

músicas que me irritam e fala: 'Calma, mãe. Se liga! Que estresse!'. E eu tenho que responder que 'quando eu chegar a gente vai ter uma conversinha, viu?'.

"Ela vai calada até a escola e assim que vê as amigas se transforma: fica alegre, feliz, desce do carro saltitante e nem se despede. Eu me sinto uma idiota. Combinamos que ela deve voltar de carona com uma amiga, esquentar o almoço que deixo pronto na véspera, dar um jeito na louça e estudar durante a tarde. Volto lá pelas 19 horas, e, todos os dias, o que encontro: quarto bagunçado, louça suja, tarefa da escola por fazer... É sempre igual, tudo se repete.

"Assim que entro em casa, vou direto para o quarto dela: 'Oi, já vi tudo! Hoje você também não arrumou a cama. E essas roupas pelo chão: calcinha suja, meias, sapato em cima da cama, gavetas abertas! O que é que você está pensando, hein? Que sou sua empregada é?'.

"Vou até o banheiro: pasta de dente aberta, xampu esparramado, cabelos na parede do box, toalha no chão, aparelho de barbear no chão do box. Cozinha: todas as louças sujas. Sala: copos de água, garrafa de refrigerante, cadernos, livros, restos de sanduíches espalhados, TV e som ligados. E eu sou obrigada a perguntar: 'Escuta aqui, garota, cê tá pensando o quê?'.

"A essa altura, Betty, eu agarro minha filha pelos braços e tenho vontade de enchê-la de tapas. Aí, ela grita para o prédio todo ouvir: 'Ai, mãe, me larga! Você tá me machucando! Socorro!'. E, então, eu digo: 'Eu tô é cheia de ficar bancando você o tempo todo e nunca ser reconhecida. Não aguento mais, vou mandar você pra casa do teu pai e daquela vagabunda que foi morar com ele, pra você ver como ele é bom!'

"E eu tenho que ouvir: 'Eu não pedi pra nascer, tá ligada? Vocês ficam me jogando de um lado para o outro, eu quero morrer!'. É desse jeito que ela me responde, Betty. Não sei mais o que fazer com essa menina."

Sabe o que está acontecendo com essas duas? Pois eu te respondo: o vínculo afetivo delas está desgastado. Mas de que forma? Bem, a mãe não tem tempo para a filha. Chega em casa, e o tempo que tem é para fazer cobranças. A filha se sente abandonada e usada. O "pau começa a comer".

Meu conselho foi para que houvesse um investimento no vínculo, para que depois se passe a fazer cobranças de maneira mais adequada.

Mas como fazer isso? Partindo, primeiro, de um diálogo franco e amoroso. Por exemplo:

— Filhota, depois de nosso último "arranca-rabo", percebi que a nossa convivência está muito difícil. Pelo fato de trabalhar muito e arcar com várias responsabilidades sozinha, passei a cobrar muito de você também, esquecendo-me de cuidar de nosso relacionamento. Chegava em casa e queria ver se você tinha feito tudo, preocupava-me em educar você direitinho e me esqueci de conversar com você, saber de você e contar de mim. Vamos tentar mudar isso?

"Assim que eu chegar, conversaremos, faremos fofocas, sairemos mais, seremos mais cúmplices e parceiras, e dividiremos melhor as nossas funções. O que você acha? Quando você não puder fazer algo, avise-me com antecedência, para que eu não fique na mão e, pelo seu lado, peço a você que não se atrase pela manhã, porque realmente eu me desespero só de pensar em perder o emprego."

Quando as regras são combinadas, dificilmente são quebradas. Lógico que tudo não se resolve assim tão facilmente, mas é necessário que a mãe se disponha também a ouvir o filho e entender (não precisa aceitar) seus pontos de vista.

Vamos a outro exemplo:

— Entendo que você não goste de lavar a louça, mas não aceito que não o faça, porque temos de dividir as tarefas e não é justo que eu chegue do trabalho e precise limpar o que você sujou.

É importante que o filho se sinta entendido, compreendido. Muitas vezes, isso é o suficiente para ele apaziguar uma questão. Todas as crianças e todos os adolescentes são contraditórios, oposicionistas e negativistas. Vejo isso também como uma qualidade a ser desenvolvida. No mundo de hoje, não podemos criar cordeiros. O importante é que eles saibam como usar essas características.

Filho dá trabalho pra tudo mesmo: pra acordar, dormir, comer, não comer, estudar, tomar banho, fazer cocô, se vestir... Quando olho pra trás e vejo o caminho que já percorri com os meus, penso até que não fui eu. Nossa! Como foi que eu dei conta de tudo?

Tudo tem de ser questionado, discutido, regateado... quantos acordos! Quantas manipulações, de ambos os lados. Porém, de uma coisa eu tenho certeza: tem coisas que não se explicam nem se justificam ao filho. Basta dizer: "Eu não quero". É o seu limite. É o que justifica essa atitude. Em certas horas é preciso dar um basta no filho, somente porque é o seu limite.

Por exemplo, em outra palestra, uma das mães me perguntou se era certo a filha dormir com o namorado em casa. Perguntei o que ela pensava sobre o assunto, e ela me disse que se sentia incomodada, mas não sabia como dizer à filha, porque as mães das amigas dela permitiam esse tipo de namoro. Eu respondi que se ela se sentia incomodada, bastava dizer à filha. Esse já era o argumento mais importante, pois era o seu limite de tolerância, e a filha precisaria respeitar.

Portanto, acho importante que você se guie pela sua escala de valores, pelo seu sistema de crenças para educar e dar limites a seus filhos. ==Não busque modelos externos, olhe para dentro de você primeiro. Use seu bom-senso.== As crianças são diferentes umas das outras. Há aquelas que amadurem mais cedo e nas quais os pais podem confiar, e outras que são "cabecinhas de vento". Procure conhecer como é a cabeça de seu filho e de seus amigos. Há famílias mais atentas, mais preocupadas com a orientação de seus membros e outras que são desencanadas. Procure conhecer as famílias dos amigos de seus filhos.

Leia tudo o que puder, assista aos programas que seu filho assiste. Procure conhecer o universo em que ele vive. Faça com que o pai de seu filho exerça também algumas funções. O vínculo materno é sempre o mais forte, até porque é a mãe quem supre as necessidades básicas de uma criança, levando-a ao prazer. Quando o pai entra na relação, a criança cai na real.

Acredita-se que o estilo mais embrutecido do homem ajuda muito algumas crianças a entenderem as próprias emoções. As brincadeiras físicas mais excitantes que o pai tem com a criança são um verdadeiro parque de diversões. Estudos mostram que crianças que convivem com um pai compreensivo, brincalhão, amoroso e presente tornam-se adultos mais sociáveis, inteligentes e produtivos.

Saiba ouvir e se fazer ouvir: "Ah, largue esse celular!". Mas, antes de se queixar com seu companheiro ou seus filhos, procure saber exatamente o que você sente e deseja. Exponha tudo com calma e lucidez. Não dê uma de "louca" para ser levada a sério. Em vez de acusar o outro, fale de você. Fale como se sente diante do que os outros fazem a você. Em vez de dizer que o outro só se atrasa pra te provocar, diga que você fica muito ansiosa e nervosa quando acontecem atrasos e que isso faz com que você já saia irritada e estrague o passeio.

Tente conversar no momento certo. Não adianta puxar assunto quando o outro está ocupado, com sono, ou indisponível. Pare de se queixar ao telefone. Pare de falar, falar, falar e se justificar, interrompendo o outro enquanto este se dirige a você. Escute tudo primeiro e, se for o caso, concorde com o outro se ele estiver certo. Pare também de fazer cobranças; aprenda a conversar. Você não é Deus para julgar e criticar ninguém. Olhe para você antes de julgar qualquer pessoa.

Cultive sempre uma postura receptiva e carinhosa, multiplique sempre os momentos de intimidade e prazer com a sua família; isso promove o equilíbrio emocional e a socialização de todos. Porém, se você já chegou a um nível de saturação a ponto de dizer: "Tô por aqui, ó!". Se está a ponto de perder o controle sobre as coisas que acontecem, é melhor mandar todos saírem de perto antes de você começar a bombardear tudo.

As mães são cobradas (muito cobradas!), e você precisa dar limites, mas ninguém te ensina como fazer isso, e você acaba gritando, batendo e castigando seus filhos. Aí vem a culpa. A maldita da culpa, que acaba com a sua vida. Seguem algumas dicas para você dar limites mais firmes e precisos:

1. *Sim é sim. Não é não.* Mesmo que você esteja errada e arrependida. Lembre-se de uma regra básica: o "vou pensar", o "talvez", o "hoje, sim" e o "amanhã, não" são termos que não devem ser ditos para uma criança ansiosa e teimosa.
2. Se você errou, peça desculpas. Reconheça o erro, mas mantenha sua palavra. Da próxima vez, pense melhor antes de tomar qualquer atitude.
3. A disciplina deve ser imposta de acordo com o tipo de criança que o seu filho é, bem como com a idade dele. Se a criança for muito sensível ou pequena, cuidado com o que falar e fizer. Esqueça os castigos para pensar. Criança não elabora esse tipo de pensamento. Lembre-se de que a criança começa a adquirir o significado moral das regras a partir dos 6, 7 anos. Então, de nada adianta colocar o seu bebê de 3 anos para pensar sobre o próprio erro. Isso só faz você pensar que o está educando.
4. Deixe de se guiar pelo que os outros falam, cada família tem um modo de funcionar.
5. A criança pequena obedece para que você fique feliz com ela. Se você mostrar que determinado comportamento te deixa

triste, ou melhor, se você ignorar esse comportamento, isso pode ser o suficiente para que ela aceite o limite.
6. Nunca humilhe o seu filho na frente dos outros, porém sempre o repreenda na hora!
7. Seja um bom modelo: aceite limites e saiba lidar com as suas próprias frustrações.
8. Nunca coloque em jogo o amor que você sente pela sua criança. Diga a ela que você não gosta de certos comportamentos que ela apresenta. Aponte esses comportamentos, mostre que está brava e chateada, mas deixe claro que a ama.
9. Castigos punitivos e longos não servem para nada. Somente os castigos educativos funcionam. E eles devem ter coerência e ligação com o erro cometido. Por exemplo, se seu filho não quer fazer lição, deixe-o ir à escola sem a tarefa e sofrer as consequências do seu ato. A isso eu denomino ética da responsabilidade.
10. Castigos físicos, retirada daquilo que o seu filho gosta e ameaças só servem para você descarregar a sua raiva. Por isso é que depois vem a culpa. E você ainda passa a mensagem de que acredita no poder da chantagem e da agressão.
11. Dê uma olhada para dentro de si e para o ambiente em que vocês estão vivendo, antes de se queixar do seu filho. O que está acontecendo para ele estar assim?
12. Veja se não está também um pouco acomodada, nervosa e cansada, deixando as coisas acontecerem porque não aguenta mais os chiliques da sua criança.
13. Escolha as brigas que você vai comprar.
14. Não deixe para o pai resolver as situações na hora que ele chega. Dessa forma, você está afirmando a sua falta de autoridade.
15. Aja de modo coerente com aquilo que você pensa.
16. Não tenha medo de enfrentar a sua criança sempre que necessário e não chore se ela te chamar de chata e falar que te odeia. Filhos são assim. Diga apenas que você é chata, sim, e que ela te odeia sempre que você não a deixa fazer o que ela quer.
17. Dê limites, e faça isso *sem culpa*. Você está ajudando a sua criança a crescer. Confie no seu taco.

O trabalho a distância, embora tenha as suas vantagens, dificulta muito a vida de muitas mães e chega a adoecer o vínculo afetivo familiar. Quando a mãe tem uma boa estrutura montada em casa para poder trabalhar sossegada, o home office funciona muito bem. O que eu considero uma boa estrutura:

1. Ter um local isolado para trabalhar.
2. Poder trabalhar quando os filhos estão fora.
3. Ter horário para iniciar e finalizar a sua jornada diária.

Esses três itens são fundamentais para você realizar um trabalho produtivo e saudável. Agora, vamos ao que não funciona de jeito nenhum:

1. Trabalhar em casa com crianças pequenas, visto que elas querem a sua atenção e ainda não compreendem que você não pode estar disponível. Elas entendem que você não gosta delas. Você sofre, porque sente que não tem um bom desempenho e vem a culpa de não atender os filhos. Entenda: não é possível misturar papéis. Hora de trabalhar, trabalhar. Hora de estar com os filhos, estar com os filhos. Se não for assim, você não fará nem uma coisa nem outra.
2. É preciso ter um local próprio para trabalhar (um quarto, um cantinho), porque deixará o seu material fora do alcance das crianças, o que vai evitar muitas confusões.
3. Caso você não tenha escolha e precise trabalhar em casa com as crianças, procure fazer isso enquanto elas estão na escola ou dormindo. Se mora em um edifício e pode dispor de um local reservado no próprio prédio, deixe as crianças em casa com um adulto e desça para trabalhar.
4. Em último caso, se nada disso for possível, reze e tenha paciência.

Infelizmente, existem situações em que não se tem escolha. Para viver bem, é preciso decidir por aquilo que é melhor para você no seu dia a dia. O que funciona para uma família pode não funcionar para outra.
No final das contas, você será sempre a culpada, não é mesmo?

É impossível imaginar que as mães não cometam erros. Não sabemos lidar com um monte de situações e, além disso, somos feitas de emoções e sentimentos, que por diversas vezes nos fazem perder a cabeça.

EDUCAÇÃO

— Betty, os meus netos mais velhos não gostam de mim. Nenhum deles gosta de mim. Eles não me telefonam, não me visitam — queixou-se minha mãe, enquanto conversava comigo. — E os seus filhos não me fazem companhia.
— Mãe, os meus filhos são pequenos, eles querem brincar!
Sentindo-se incompreendida, ela mudou de assunto, mas o tema continuou sendo o mesmo: sua carência afetiva.
— Betty, por que você só comprou tiara para a Gabi? Você sabe que eu gosto de prender o cabelo... Podia ter comprado uma pra mim também! Eu penso em todo mundo e ninguém pensa em mim! — queixou-se mais uma vez.
Pacientemente, respondi:
— Mamãe, é porque essa tiara é de criança. Veja, está na moda para crianças... É toda de gatinhos, não é uma tiara de adultos! É uma tiara que as garotas do colégio usam. Eu não comprei nem pra Tatá!
— Mas eu podia usar! E daí que é pra criança? — retrucou minha mãe, muito chorosa.
— Tá bom, mãe, eu vou comprar uma pra senhora — respondi, me sentindo muito triste, pois estava notando que a minha mãe, antes poderosa e altiva, estava envelhecendo e se tornando muito frágil. Eu ficava muito angustiada diante da minha impotência em querer deter o tempo, mantendo-a sempre forte, brilhante, viçosa e produtiva.
— Não, agora eu não quero! — disse ela, muito brava, me fazendo me lembrar da *nonna* Pascoalina. Vendo a energia dela, pensei: *Não. Ela não está tão frágil assim*. Respirei fundo e, aliviada, disse a mim mesma: "Calma, Betty".
Passados alguns dias, ela novamente me interceptou.
— Betty...
— Sim, mamãe?
— Tem uma telefonista que implica comigo.
— Como assim? — perguntei, procurando entendê-la.
— Estou tentando ligar para o meu irmão e ela me diz que este número não existe!
— Provavelmente a senhora está ligando errado.

— Como! Errado? Eu estou ligando certo. Eu nunca erro! Ela é que está de implicância comigo! — disse ela, muito irada e inconformada.

— Mamãe, aquilo é uma gravação. — Procurei acalmá-la, ao mesmo tempo achando graça e me condoendo.

— Que gravação, que nada! Ela já reconhece a minha voz e, assim que eu falo, nem me deixa terminar. Já vai dizendo que o telefone não existe! Eu quero que você ligue pra Telefônica e faça queixa dela, Betty.

— Mas, mamãe... Eu já disse que é uma gravação e...

Ela não me deixou nem terminar de explicar, foi logo interrompendo:

— É sempre assim, eu sempre estou errada. Eu faço tudo pra todo mundo, e ninguém faz nada pra mim...

— Peraí, mamãe... Dá o número do tio que eu ligo pra senhora. — A essa altura do campeonato, era melhor simplificar o assunto, para não "embolar o meio de campo".

Nesse instante chegaram as crianças.

— Manhêêê, tô com fome!

— Peraí, mamãe, que eu vou dar lanche para as crianças e já ligo.

— Não disse? Eu estou sempre em último lugar. Será que as crianças não podem esperar um pouco? Deixa que eu faço o lanche e você liga.

— Eu não quero que a vovó faça. Quero que você faça! — queixou-se Tatá.

— Tá vendo? Eu não disse que a Tatá não gosta de mim? — reclamou a minha mãe. — Você é muito ruim, viu, Tatá? Me deixa fazer o lanche, porque avó é a segunda mãe.

— Peraí, mãe, não fale assim com ela — protesto, protegendo a Tatá.

— Você só defende os seus filhos. Eu não valho nada nesta casa. Sou uma encostada, uma pensionista. — E tudo se transformou num drama, ela já estava chorando.

— Mamãe, por favor... As coisas não são assim.

— Você vai chorar lágrimas de sangue quando eu morrer — praguejou ela.

Eu me senti a pior das pessoas: péssima filha, péssima mãe, tentando agradar todos e não agradando ninguém.

Lembrei-me de quando eu era criança e ela me dizia que eu ia "chorar lágrimas de sangue" quando ela morresse. Eu ficava desesperada só de imaginar que de meus olhos verteria sangue!

Olhei para as crianças, que me encaravam assustadas, e disse:

— A vovó está brava com a mamãe. Não se preocupem. Já, já, eu vou conversar com ela e tudo vai ficar bem. Tatá, você não é ruim. Não ligue para o que a vovó disse. Ela está de mau humor e às vezes quer a mamãe só pra si. A vovó já é velhinha, a gente precisa ter paciência com ela e não se chatear com algumas coisas que ela fala.

"Quando as pessoas ficam mais idosas, costumam não pensar muito no que falam. Não se preocupam muito se podem ofender os outros, inclusive os seus defeitos se acentuam. Mas eu posso dizer que a vovó adora todos nós e precisamos respeitá-la. Ela foi e é uma pessoa muito importante para todos. Precisamos seguir o seu exemplo de vida. Ela tem coisas chatas, mas tem coisas boas, não é mesmo?"

Todos concordaram, e aproveitamos o momento para falar das coisas boas e das coisas chatas da vovó. Resgatei a minha infância e contei da grande mulher que sobrevivia naquela frágil figura de seus quase 102 anos.

Apesar de ela ter sido uma mulher que soube envelhecer com dignidade e que mostrava a todos a beleza e grandiosidade da força da idade, eu não deixava de reconhecer que as crianças tinham razão de se queixar de que ela era implicante.

Meus amigos me perguntavam por que minha mãe vivia comigo, principalmente na época, quando ela estava bem mais velhinha iniciando uma demência senil e dando *muito* trabalho. Por que não a colocava em um asilo?

Pois vou contar um pequeno fato que aconteceu durante o jantar da noite anterior.

Estávamos à mesa eu, o Ruy, o Kiko (então com 24 anos) e a minha mãe.

Eu havia chegado do trabalho e, durante o bate-papo do jantar, perguntei à minha mãe:

— E aí, mãe, como é que foi o seu dia? A senhora jogou buraco com a Rita? — Rita era a acompanhante dela, que estava de pé ao seu lado.

— Joguei, mas ela perdeu de novo. Não ganhou nenhuma partida — disse ela, rindo. A minha mãe era uma mulher que gostava de rir.

Aí, Rita interveio:

— Mas a senhora roubou demais, dona Felicia. Assim não dá pra ganhar.

— Que nada! Você é que não sabe jogar! — respondeu a minha mãe, sentindo-se importante, no alto de sua idade.

Nisso, Ruy, percebendo sua alegria, perguntou-lhe:

— E a senhora está bem?

> Ela se cala diante da pergunta e, meditativamente, responde com a voz embargada:
> — Como eu posso não estar bem, se eu estou aqui com vocês? Sou a pessoa mais feliz do mundo. Tenho você, Ruy, que é um verdadeiro pai para mim, faz todas as minhas vontades e tenho você, Betty, que cuida de mim com tanto carinho e atenção. Que mais eu posso esperar da vida? Sou uma mulher muito feliz.
> Emocionada, segurei em sua magra e envelhecida mão e olhei para o Kiko e para o Ruy, num gesto de agradecimento pelo respeito e amor que eles tinham por mim e por ela.

Por que contei esse fato?

Porque acho importante cuidarmos de nossos familiares. O problema do idoso no nosso país é o abandono. Todos têm medo da velhice e da demência. O contato com ela é assustador e deprimente, pois escancara o futuro de todos nós.

Os governos deveriam se preocupar também com os idosos: segundo dados do Instituto Brasileiro de Geografia e Estatística (IBGE) de 2022, o total de pessoas com 65 anos ou mais no país é de 22.169.101. Em comparação aos dados de 2010, houve uma alta de 57%. Isso se mostra muito grave, devido ao despreparo e a estrutura e falta de investimento do Ministério da Saúde para atender e dar conta dos nossos idosos.

O que se vê, ao contrário, é o deboche com os idosos.

Quando morremos, ficamos sob a terra. O que os olhos não veem o coração não sente. Mas, enquanto velhos, ficamos muitas vezes vagando como mortos entre os vivos. A velhice é muito ameaçadora num mundo no qual só existe lugar para a beleza e a perfeição. Por isso ela é tão temida, e nossos velhinhos, tão rejeitados.

Temos de ser bons modelos para nossos filhos. O mundo precisa de gente que ame gente, de pessoas que respeitem seus semelhantes. Penso que o verdadeiro equilíbrio entre as pessoas acontece quando conseguimos integrar homens, mulheres, crianças e idosos, fazendo com que tudo funcione muito bem. Hoje em dia, o que se ensina é a busca do sucesso, do poder, da beleza, da juventude e do dinheiro. As famílias e as escolas se esquecem da educação para a cidadania.

Alain de Botton, filósofo suíço, afirma que nenhum país tem um sistema de educação dirigido para aproveitar o talento de seus alunos.[36] É uma grande verdade. Infelizmente, as escolas não aproveitam o lado mais energético, vivo e especial de cada ser; elas se queixam das famílias que não passam noções de cidadania, ética e moral a seus filhos. Funções da família, cabendo à escola apenas reforçá-las e complementá-las.

Mas o que aconteceu é que professores são desautorizados, e, por vezes, também faltam com o respeito aos alunos; os idosos, depreciados; as regras, desrespeitadas; as promessas, quebradas; os limites, rompidos; os valores éticos e morais, esquecidos; a política, corrompida; a hierarquia, desestruturada; a vida e a morte, banalizadas.

Para mudar o mundo, é preciso mudar os homens; e, para mudar os homens, é necessário que você comece a incutir em seu filho noções de amor e respeito ao próximo e à natureza, além de noções de espiritualidade e humanismo, lembrando-se sempre de que é pelo exemplo que se educa. Portanto, mais uma vez, aja de modo coerente com aquilo que você diz e seja um bom modelo.

Não deprecie a escola e o professor de seu filho, já que são eles que cuidam de sua formação. Você não pode desautorizar nem faltar com desdém quando se refere às pessoas que têm a responsabilidade de educar seu filho.

Existem pais que pagam a escola e, por esse motivo, sentem-se no direito de mandar no professor ou tentar mudar as regras do colégio. Que péssimo modelo! Estão ensinando que o dinheiro é quem manda e que não é preciso respeitar regras. Depois, esses mesmos pais se queixam da insubordinação dos filhos.

Faça seu filho amar e respeitar o ambiente em que vive, assim como tudo o que faz parte desse ambiente: as plantas, os animais, as pessoas que o cercam e que o servem.

Existem pais que tratam seus funcionários como idiotas, com total desconsideração e desprezo. Péssimos modelos também: estão ensinando aos filhos o exercício da tirania, da prepotência, do orgulho, da discriminação, do preconceito. Mais tarde, esses são os mesmos pais que se queixam da frieza como são tratados e dizem que os filhos só se aproximam para pedir dinheiro. Existem pais que tratam os próprios pais (avós

---

[36] BOTTON, A. *Religião para ateus*. Rio de Janeiro: Intrínseca, 2011.

da criança) com muita ignorância, grosseria, além de serem ausentes e negligentes nos cuidados com eles.

Escola e família se queixam da maneira como as crianças se relacionam: mordidas, socos, pontapés, cuspidas. Recorrem à violência como forma de ataque, ou defesa, até mesmo diante de suas frustrações. As crianças pequenas, até 3 anos, agem assim porque não desenvolveram totalmente a linguagem, mas como se explica tal comportamento em crianças maiores?

São crianças que não aprenderam a dialogar, que têm modelos agressivos em casa, que assistem a programações com muita violência física. É importante saber que o pior tipo de violência é aquele que a criança sofre dentro de casa, inclusive ao ver os pais brigarem. Antes de acusar o seu filho de algo que o incomoda, olhe para dentro de si mesmo e veja se está sendo um bom modelo.

Para vivermos bem em uma sociedade, precisamos desenvolver a *honradez*, que é a capacidade de ser fiel aos próprios princípios e ao próprio *eu*. Precisamos também ter *integridade*, não abusar do poder, não tripudiar. Desenvolver *boas maneiras*, porque a cortesia melhora a autoestima e os relacionamentos. Ter *tolerância*, pois ela faz bem para a sanidade mental. Obter o *autocontrole*, que é não se envolver com coisas ruins. Construir *civilidade*, sinal que damos aos outros de que sabemos viver em sociedade. Ter *honestidade*, porque quem trapaceia rouba um pouco de cada um.

A Editora Abril, com o apoio da Universidade Anhembi Morumbi e da Malwee, formulou um "Guia da Educação em Família", que veio como encarte na revista *Veja*.[37] Preste atenção:

1. **Converse com o seu filho**. Pergunte o que ele aprendeu no colégio e mostre-se interessado. A participação da família contribui bastante para o aprendizado da criança. Quando os pais participam da vida escolar dos filhos, as notas aumentam em torno de 20%.[38] Proponha que ele lhe ensine algo que

---

[37] VEJA. São Paulo: Abril, n. 2127, 2009.

[38] CHAN, I. Como encontrar tempo para tudo? *Colégio Notre Dame*, 29 abr. 2023. Disponível em: https://colegionotredame.g12.br/como-encontrar-tempo-para-tudo/. Acesso em: 1 abr. 2024.

aprendeu na escola. Essa é uma boa maneira de ele fixar o conteúdo, e não deixe de perguntar se ele tem dificuldade em alguma matéria.
2. **Cobre as obrigações do seu filho.** Garanta que ele vá à escola na hora certa, faça perguntas para ver se ele presta atenção nas aulas, ensine-o a respeitar professores, funcionários e colegas. Confira se ele faz a lição de casa diariamente, e não deixe seu filho faltar às aulas sem necessidade, faltas dificultam muito a aprendizagem de crianças e adolescentes. Quanto mais aulas um aluno perder, maiores serão as chances de ele tirar notas ruins e repetir de ano.
3. **Acompanhe a lição de casa.** Combine com o seu filho um horário para os estudos, separe um lugar da casa para a lição, e esse lugar deve ser o mais tranquilo possível. Ofereça sempre ajuda, mas não faça as lições por ele. Estudos comprovam que filhos estimulados pelos pais a estudar e a fazer as lições de casa têm um desempenho melhor.[39] Mas atenção: estimular não é executar a tarefa pela criança. Também de acordo com pesquisas, pais que fazem isso prejudicam o aprendizado. Estimule seu filho a investigar e descobrir as respostas por conta própria.
4. **Fique de olho no aprendizado do seu filho.** Veja se o seu filho está aprendendo o que deveria na idade dele: aos 8 anos, ele deve saber ler e escrever com facilidade; aos 10 anos, deve saber somar, subtrair, dividir e multiplicar; aos 14 anos, deve resolver uma equação de 1º grau com duas variáveis (X e Y) e interpretar textos com diferentes opiniões. Um dossiê do Departamento de Educação dos Estados Unidos constatou que o acompanhamento constante dos pais influi mais no rendimento escolar de uma criança do que a renda familiar.[40] Por isso, confira sempre

---

[39] PARTICIPAÇÃO dos pais vale mais que boa escola, diz estudo. *Veja*, 12 out. 2012. Disponível em: https://veja.abril.com.br/educacao/participacao-dos-pais-vale-mais-que-boa-escola-diz-estudo. Acesso em: 1 abr. 2024.

[40] APPLETON, J.; RESCHLY, A.; CHRISTENSON, S. Measuring and intervening with student engagement with school: theory and application, U.S. and international results, and systemic-level implementations. *In*: VEIGA, F. (org.). *Envolvimento dos alunos na escola*: perspectivas internacionais da psicologia e educação. Lisboa: Instituto de Educação, 2013.

as notas e o boletim do seu filho. Se forem ruins, pergunte ao professor como você pode ajudar; se forem boas, elogie-o para que continue assim.

5. **Incentive o seu filho a ler**. Leia sempre. É bom para você e excelente para o seu filho, que seguirá o seu exemplo naturalmente. Leia para ele desde bebê, com entonação e emoção. Várias pesquisas comprovam que filhos cujos pais leram bastante para eles quando pequenos têm desempenho melhor em sala de aula. A proximidade com o mundo da escrita facilita a alfabetização e ajuda em todas as matérias escolares, pois grande parte do aprendizado em história, geografia, matemática se dá por meio da leitura de livros. Dê livros e revistas de presente para seu filho. Deixe os livros ao alcance das mãos dele. Um dos fatores que mais influenciam positivamente a aprendizagem é a presença de livros em casa. Lares modestos com mais livros produzem melhores alunos do que lares mais ricos com menos livros. Ou seja, quanto mais livros em casa, melhor será o desempenho das crianças. Mas não basta ter, é preciso ler. Estimule atividades que usem a leitura: jogos, receitas, mapas. Faça da leitura um momento de prazer, você pode até estourar pipoca. Leve a criança para explorar as bibliotecas e livrarias próximas de sua casa e ensine-a a emprestar livros aos amigos, e também a pedir emprestado. E não se esqueça de sempre dar o exemplo e de ser coerente, pois suas atitudes refletem o que você pensa. Não se esqueça de mostrar que estudar é importante, e ler, divertido. Estude e leia sempre. Seja curioso: pergunte, questione, procure entender. Tenha sempre lápis e papel em casa. Escreva bilhetinhos para o seu filho. Assim, ele entenderá a utilidade da escrita. Brinque de palavras-cruzadas, caça-palavras, forca, stop, adedanha. Compre um diário e estimule o seu filho a escrever informações. Incentive-o a não mudar a grafia das palavras ao usar o computador. Peça ajuda para escrever a lista de compras, anotações em álbuns de fotografias etc.

Além de se comprometer com a educação de seu filho, comprometa-se com o seu país e ensine o seu filho a se comprometer também. O

Programa das Nações Unidas para o Desenvolvimento do Brasil fez uma pesquisa com a seguinte pergunta: "O que precisa mudar no Brasil para a sua vida mudar de verdade?".[41]

Quinhentas mil pessoas responderam a essa questão, e a conclusão foi a de que o país precisava de mais educação e cidadania. Infelizmente, o poder público não presta atenção às verdadeiras necessidades dos cidadãos e não vê que o país precisa mesmo é de civilidade.

Valores como respeito, justiça, ética, dignidade e amor ao próximo estão em segundo plano. Para melhorar este país, é preciso melhorar as pessoas que o habitam, é preciso lapidar as crianças e ensinar-lhes a escolher os futuros políticos e suas políticas.

Os pais precisam deixar de educar os filhos homens visando a que ele seja o "macho alfa". Quando o filho homem for educado para ser gentil, sensível e delicado, teremos menos mulheres abusadas, assediadas e estupradas. Teremos pais mais amorosos, participativos e famílias mais equilibradas.

Hoje em dia, a preocupação dos pais e das escolas com a educação das crianças e jovens é exponencialmente maior do que dez anos atrás. A internet, as redes sociais, o YouTube e os games escaparam do controle, e o ser humano adquiriu uma nova maneira de viver: *conectado*.

Criar filhos exige dedicação em tempo integral. Exige presença e controle dos sites que acessam, dos influenciadores que seguem, dos games que jogam, enfim, de tudo! É muita informação jogada em uma cabeça que ainda não amadureceu. Os pais têm sérios concorrentes na educação dos filhos, e não dá mais pra condenar tudo isso. É preciso reconhecer que boa parte da identidade dos nossos filhos é *digital*. Isso me assusta mais ainda quando vejo crianças usando o celular.

Não basta criticar os aparelhos se nós, pais, e as escolas não investirmos no formato da educação presencial. Sabe por quê? Porque o importante, hoje, não é o que eles sabem, mas a necessidade de mantermos vivo, em nossos filhos, o desejo de aprender, de conhecer, enfim o seu espírito epistemofílico.

---

[41] PNUD. *Relatório de desenvolvimento humano 2009/2010*. Brasil ponto a ponto: consulta pública. Brasília: PNUD, 2009. Disponível em: https://hdr.undp.org/sites/default/files/reports/15/nhdr-brazil-2009-10-br.pdf. Acesso em: 1 abr. 2024.

Eu escuto muitos absurdos das pessoas que são favoráveis às palmadas. Parece mentira, mas você sabia que 49% dos pais ainda são favoráveis a educar com palmada?[42] E olha só os argumentos dessas pessoas:

- *Se eu não bater, o meu filho vai apanhar é da polícia, então é melhor apanhar em casa.* Como se fosse normal apanhar da polícia.
- *A Bíblia manda usar a vara da disciplina.* Não sabem que essa vara é a que o pastor usa para conduzir as ovelhas.
- *Eu sempre apanhei e não tenho traumas. É assim que tem de ser.* Não tem trauma? Uma ova! E, como apanhou, repete esse mal e bate no filho. Ensinando que é assim que se resolvem os problemas (na porrada) e perpetuando um ciclo de violência que se repete de geração em geração.
- *Eu bato nele que é pro bem dele. É por amor.* Confundindo a criança e associando amor à violência, o que pode levar à normalização de crimes e agressões na vida adulta.[43]

Que bom seria se os pais não associassem o amor ao poder. Educar é um ato de amor, e amar um filho exige investimento no saber e no querer. Os pais precisam ler, buscar orientação, se atualizar. Se você apanhou e diz ter dado certo, foi pura sorte. Os presídios estão cheios de assassinos e psicopatas que foram abusados na infância. Sim, *abusados*! Abuso não é só o conhecido abuso sexual; abuso infantil é qualquer forma de violência contra a criança. Na minha vivência, vejo que falta a muitos pais qualidades que são imprescindíveis ao se criar filhos: paciência, sabedoria e respeito.

- Paciência: claro que parece mais fácil dar uma palmadinha educativa do que respirar fundo, manter a calma e orientar

---

[42] METADE dos pais acredita que palmadas são necessárias para educação dos filhos. *Edição do Brasil*, 10 jul. 2020. Disponível em: https://edicaodobrasil.com.br/2020/07/10/metade-dos-pais-acredita-que-palmadas-sao-necessarias-para-educacao-dos-filhos/. Acesso em: 2 abr. 2024.

[43] BIANCHINI, A. Vítimas de violência doméstica tendem a reproduzir a violência sofrida? Com a palavra a vítima. *Jusbrasil*, 9 ago. 2012. Disponível em: https://www.jusbrasil.com.br/artigos/vitimas-de-violencia-domestica-tendem-a-reproduzir-a-violencia-sofrida-com-a-palavra-a-vitima/121814066. Acesso em: 2 abr. 2024.

a criança. Bater é educar pelo medo, um ato de ódio e raiva. Não se queixe se um dia o seu filho o tratar com violência e falta de respeito. Você colhe aquilo que planta.
- Sabedoria: quem não sabe se impõe pela autoridade. É difícil mesmo ter bons argumentos para conversar com uma criança ou um jovem. É mais fácil "descer o braço" em cima de uma pessoa frágil e indefesa.
- Respeito: amar um filho implica respeitá-lo, mas você que bate não sabe o que é respeito, não é mesmo? É por causa de pessoas assim que o Estatuto da Criança e do Adolescente criou uma lei que pune pais agressores.

Como educar um filho sem castigos e sem agressões? Sendo firme, lembrando-se de que a firmeza não exclui a delicadeza. Diante de uma teima ou birra, espere a criança se acalmar e depois diga o seguinte:

— Eu não quero continuar a discutir isso. Eu não converso com você enquanto continuar chorando, gritando e chutando. Fique aí e, quando você se acalmar, nós resolvemos.

Dê um tempo, saia de casa, acalme-se também. Quando vocês estiverem calmos, retome a conversa. Leva tempo? Leva. Dá trabalho? Muito! Porém, quando a sua criança entender que é dessa forma que se deve resolver os problemas, você terá realmente educado o seu filho. E o mais importante: *sem culpas*.

BULLYING

— Manhê, me compra aquela calça "Red Pepper" que está na moda? — pediu Gabi, querendo ter a calça de marca que todas as suas amigas estavam usando.
— Xiii, Gabi, a situação "tá abacate branco". Vai dar não! Essa calça é um absurdo de cara!
— Puxa, mãe, todo mundo tem, e eu pareço uma nerd com essa calça que cê me deu!

— Que é que tem essa calça, Gabi? Ela é igualzinha à de marca. Não dá pra notar a diferença! — Esse nosso papo de mãe é completamente furado, você já deve ter percebido.

— Tá na cara que essa é falseta mãe, eu vou morrer de vergonha das minhas amigas.

— Escuta aqui, ô garota, cê pensa que dinheiro se acha na rua? — Outro papo de mãe.

— Só eu tenho de usar essas roupas ridículas! Todo mundo fica me esnobando: "Olha o tênis dela!", "Ai, o seu boné não é de marca!", "A minha mochila é melhor que a tua!". Tudo o que eu tenho, mãe, é fuleiro!

— Mas, Gabi — e me senti culpada por não poder lhe dar o que queria —, você acha que está certo gastar uma nota com essas coisas?

— Eu não acho, mãe, eu nunca pedi nada disso. Mas agora todo mundo tá me deixando de lado, e eu só ando com as meninas mais nerds.

— Gabi, esse problema é muito sério. Você sabe que não podemos comprar roupas de marca para você. Temos uma família grande. Além disso, não concordo com esse exibicionismo. Você tem uma coisa que suas amigas não têm e recebe elogios de todos por isto: é lindíssima, desenha e cria como ninguém da sua idade, é campeã paulista de esgrima, uma cavaleira de primeira, divertida, sensível e extremamente educada. Não existe uma pessoa que não se apaixone por você. Tem três grandes amigas, que não são as tais nerds nem as populares. Além disso, essas "nerds" são meninas maravilhosas. Pra que você tem que andar com gente que te discrimina? Com gente que vai te avaliar pela roupa? Nós temos de gostar de quem gosta da gente. Seja você mesma, assuma a sua beleza, um estilo só seu. Mande as outras se danarem e curta as suas amigas que te amam. Aliás, pare de rejeitar essas tais nerds, pois você mesma sabe como isso é cruel. Aproxime-se delas e descubra como são lindas, iguais a você. — Papo que não resolveu o problema dela, é claro!

Crianças e adolescentes sofrem muito, principalmente na escola, com um tipo de discriminação que hoje recebe o nome de bullying, uma palavra originária da língua inglesa que significa intimidar, zoar alguém, ameaçar, humilhar, isolar, discriminar, enfim: ofender alguém.

Amigos são pessoas muito importantes para os jovens, e tudo o que eles dizem é levado muito a sério. O grupo é quem dita quem eles são, e ficam extremamente angustiados quando se sentem rejeitados. Eles sofrem agressões físicas ou morais por parte da turma pelo fato de serem diferentes. Os tipos mais perseguidos são os obesos, tímidos, magros demais, orelhudos, cabelos eriçados, negros, míopes, atrapalhados, os que não se vestem de acordo, os de classe socioeconômica diferente...

Os grupos "no poder" são muitos cruéis. Colocam apelidos maldosos, difamam, perseguem, rejeitam, isolam, agridem fisicamente, estorcem, humilham. Fazem tudo de maneira dissimulada demais. Fingem-se de santos e, quando inquiridos, dizem que é apenas uma "brincadeira". Mas o fato é que dá muito status pertencer ao grupo dos populares.

Eles furam a fila da cantina, vivem cercados de amigos: os mais belos e perfeitos, usam o celular pra cá e pra lá, ditam a moda, as gírias, as expressões gestuais, estão sempre conquistando as pessoas, apresentam atitudes adultas, fumam, bebem, sentam-se no fundão da sala e ficam "tirando" a aula toda.

Como saber se o seu filho está sendo vítima de bullying?

A vítima apresenta alguns sinais, como não querer ir à escola, passar o recreio sozinho, se isolar na biblioteca, perder seu material, ser excluído das festas e reuniões de grupo, cabular aula, diminuir o desempenho escolar, ter vontade de trocar de escola, não receber amigos em casa, não sair com amigos nem ir à casa deles. Geralmente ficam com a autoestima baixa, deprimidos, angustiados e ansiosos. Costumam grudar-se na mãe, desenvolvem compulsão por comida e transtornos do sono.

O bullying está por trás de muitas tentativas de suicídio e de vingança contra os agressores. Nos Estados Unidos, são muito comuns as notícias de alunos que metralharam quase a escola inteira e se suicidaram por serem vítimas de bullying.

Como lidar?

O diálogo com o filho é sempre o primeiro caminho. Ouça com atenção e carinho o que ele tem a dizer. Pergunte se ele deseja sua ajuda e, se for o caso, vá até a escola comunicar o que está acontecendo. Converse de maneira civilizada com os professores, exponha o caso, buscando soluções e sem agredir também. Combine com o professor formas de lidar com a situação e mantenha contato com ele até que a situação seja solucionada; caso contrário, recorra à direção da escola.

Se necessário, faça uma consulta com um psicólogo.

Agora, se o seu filho é um dos que aporrinham a vida dos outros, você deve dialogar com ele. Agredi-lo só vai ensinar que as coisas se resolvem pela agressão. Converse com a escola, com ele e os amigos. Estimule seu filho a buscar novos relacionamentos, advirta-o do quanto ele pode ser prejudicado futuramente se continuar mantendo essa postura. Tente melhorar sua autoestima e, se necessário, busque a ajuda de um psicólogo.

Pesquisas descrevem os riscos em longo prazo dessa prática, mostram que tanto as vítimas quanto os provocadores são prejudicados pela negligência. As vítimas tendem a desenvolver depressão e pensamentos suicidas, e os provocadores têm menos possibilidades de concluir os estudos ou de se manter no trabalho.[44]

Como o bullying vem sendo tratado nas escolas

Os alunos estão sendo levados a perceber que o provocador é alguém com dificuldades em controlar o próprio comportamento, e a vítima é alguém que eles devem proteger. Essa medida pretende acabar com a baixa tolerância aos provocadores, que comumente eram expulsos. Também há um cuidado especial com as vítimas, e ambos, provocado e provocador, são tratados como pacientes.

O filósofo Thomas Hobbes tem um interessante conceito de homem. Para ele, o homem não tem um instinto natural de sociabilidade. Por isso, seu semelhante é sempre visto como ameaça ("O verdadeiro lobo do homem era o próprio homem").[45] Para controlar a brutalidade humana, ele diz que é preciso transferir ao Estado os seus poderes de governar a si próprio. No caso do bullying, a escola e a família têm a obrigação de buscar soluções. Porém, esse problema, assim como outros, cada vez mais nos escapa ao controle.

[44] WOLKE, D.; LEREYA, S. T. Long-term effects of bullying. *Archives of Disease in Childhood*, v. 100, n. 9, p. 879-885, 2015. Disponível em: https://adc.bmj.com/content/100/9/879. Acesso em: 2 abr. 2024.

[45] HOBBES, T. *Leviatã*. São Paulo: LeBooks, 2022.

É assustador o que acontece nas redes sociais com respeito às políticas de cancelamento. O bullying que acontece na internet é denominado cyberbullying, e ele cresceu muito no Brasil. Uma pesquisa feita pela Plan, uma ONG presente em 66 países, com mais de 5 mil alunos do Ensino Fundamental em todo o país, revela que 31% dos estudantes já se envolveram em agressões organizadas por grupos que utilizam redes sociais.[46]

Apresento a seguir dicas que ajudam a refrear a prática:

- Orientar os filhos a não aceitar convites de pessoas desconhecidas para fazerem parte de suas redes sociais.
- Mostrar a eles que não devem colocar fotos ou imagens que possam ser usadas ou montadas de forma maldosa.
- Monitorar os sites acessados por meio do histórico do navegador, na frente de seu filho, pela segurança dele.
- Instalar programas que controlem o acesso a alguns sites.
- Orientar a seu filho que lhe conte tudo o que possa tê-lo ofendido ou situações que o façam se sentir ameaçado.
- Tomar providências imediatas se perceber que o seu filho é vítima de bullying ou é um abusador.

Sou uma defensora ferrenha das mães. Quero que elas criem os filhos de modo leve e *sem culpa*, mas está difícil não julgar certas mães; tem uma galera aí totalmente sem noção. A gente sabe que as crianças se amam e se odeiam. Em questão de segundos brigam e fazem as pazes. Só que as mães... Ah, as mães! Como se metem. Transformam um pequeno incidente infantil em um verdadeiro inferno. Essas são as mães de WhatsApp.

Essas mães detonam todas as pessoas e as crianças com as quais não simpatizam, fazem complô contra a escola e os professores, comparam as notas da classe toda. São monstruosas e muito nocivas. Pelo amor de Deus, eu lhe peço: jamais faça isso. Resolva suas dúvidas ou problemas da maneira mais discreta possível.

E para terminar o assunto do bullying, fique atenta: o pior tipo de bullying é aquele que acontece dentro de casa. Não rotule o seu filho.

---

[46] CYBERBULLYING é mais frequente que prática ao vivo, informa pesquisadora. *Jusbrasil*, 2013. Disponível em: https://www.jusbrasil.com.br/noticias/cyberbullying-e-mais-frequente-que-pratica-ao-vivo-informa-pesquisadora/100583546. Acesso em: 2 abr. 2024.

SONO

– Manhê! Tô com medo. Posso dormir na sua cama?
– Manhê! Tá frio. Posso dormir na sua cama?
– Manhê! Não consigo dormir. Posso dormir com você?
– Manhê! Já que eu tô doente, posso dormir no seu quarto?
– Manhê! Já que o papai num tá, posso ir pra sua cama?

Você já deve ter ouvido um desses, ou todos esses pedidos, súplicas até, para ter seu filhotinho enfiado na sua cama. Algumas mulheres, ou mesmo alguns casais, usam o recurso para não ter que lidar com seus problemas sexuais. Isso mesmo: colocam os filhos para dormirem na mesma cama ou quarto. Outros vão dormir no quarto do filho. De qualquer maneira, toda criança tenta dormir entre os pais e cabe a eles dar-lhe o limite.

Para alguns casais, chega a ser conveniente o filho ali, no meio. Para a criança é sempre prejudicial: retarda o desenvolvimento da liberdade e da independência e pode causar sérios conflitos na esfera de sexualidade. Não aconselho "cama compartilhada", mas faça aquilo em que você acredita. Tem um lado muito gostoso, que é o dormir com a criança. Uma delícia que se soubermos equilibrar, só dará boas lembranças.

> Todos os dias ao amanhecer, quando Ruy saía para o trabalho, a galera ia para a minha cama. À medida que iam acordando, eu os ia acolhendo. Certa manhã fria de inverno, chegou Gabi e se aconchegou pertinho de meu peito. Logo em seguida, Dedé e Tatá. Senti seus corpinhos molinhos de sono e as respirações quentinhas junto à minha. Cobertos, formávamos uma só unidade. Notei, apalpando-os, que ainda faltava o Kiko. Virei-me de lado, procurando ajustar-me melhor e deixando um lugarzinho para o Kiko que logo, logo deveria chegar.
> Nossa, que frio estava fazendo! Puxei a coberta ajeitando o cangote e relaxei. As crianças ressonavam e me deixei ninar pelo ritmo de seus ronquinhos. Após certo tempo, senti um corpo subindo com cautela na minha cama e se ajeitando delicadamente junto às minhas costas. Esse corpinho macio se

alongou junto ao meu e se aproximou cada vez mais, como se quisesse se incorporar ao meu próprio corpo. Cheguei a sentir uma sensação muito boa de corporeidade. Em seguida, ele suspirou e adormeceu.

Preocupada com seu bem-estar, puxei o cobertor e, como ele estava às minhas costas, virei o braço para cobri-lo. Em seguida, passei a mão por baixo do cobertor, para acariciar o seu pequeno corpo. Quando o toquei, senti algo diferente. Teria Kiko trocado o pijama durante a noite?

Ué! Mas o Kiko não tem nenhum pijama com esta textura. Pensei, ainda bêbada de sono, enquanto o acariciava e tentava reconhecer algo familiar naquele corpo.

Isso aqui é um negócio que tem pelo, será flanela? Não! Ainda o tateando penso: *Acho que é pelo mesmo. Pelo? Pijama de pelo?!.*

De repente, tive um insight: *É a Aia!.*

— Aia! — Despertei num sobressalto. — Sua fedida! Sai já daqui, sua malandra! Joguei as cobertas para cima e me levantei assustada. As crianças acordaram mais assustadas ainda com a minha atitude.

Aia, a nossa cadela boxer, saiu correndo, com o toco de rabo abaixado, fazendo xixi pela casa, e foi para o jardim.

— Não é possível! O papai saiu e deixou a porta da sala aberta! — disse eu, àquela altura já rindo da espertreza da Aia.

— Que foi mãe? — perguntou Gabi.

— Danadinha, a Aia... — E contei para as crianças o que aconteceu.

Mas a história não acabou por aqui... Teve o estresse com o Ruy, pelo telefone, porque ele saiu e largou a família com a porta aberta. Onde já se viu?...

Muitas crianças têm o hábito de ir para a cama dos pais. Como já disse, os motivos são inúmeros: doenças, pesadelos, medos, transtornos do sono, os próprios pais a colocam lá e, às vezes, ela tem interesse em saber o que se passa sexualmente entre o casal. Concluindo: em nenhum caso é recomendável que se concorde com a permanência da criança fora de sua própria cama. Esse negócio de cama compartilhada é muito gostosinho, mas não aconselho.

Aos 2 anos, mais ou menos, a criança começa a apresentar uma série de rituais para dormir: quer água, que lhe contem histórias, que a cubram etc. Dão um trabalhão a seus pais! Querem exercer poder sobre o adulto, e isso passa por volta dos 5 anos.

O primeiro sinal de independência infantil é o hábito de a criança dormir em seu quartinho. Nenhuma mãe, em sã consciência, deveria reter esse desenvolvimento. Às vezes, a má qualidade de sono pode ser sinal de transtornos neurológicos ou emocionais, caso em que é prudente consultar um psicólogo ou neurologista.

A criança que dorme bem, durante as horas suficientes (dez horas), apresenta mais êxito em seu processo de aprendizagem. É durante o sono que os neurônios se repolarizam e o hormônio do crescimento é liberado.

A duração do sono se reduz conforme a criança cresce. O recém-nascido dorme em média dezessete horas diariamente. Com 1 ano, o tempo reduz para catorze horas. Aos 4 anos, chega a dormir entre onze e doze horas, e com 16 anos deve dormir por oito horas.

Meus filhos sempre estudaram no período da tarde. Acho uma grande violência interromper o sono de uma criança. O soninho da tarde também é muito importante até os 4 anos. Facilita o repouso diário, para induzir ao sono da noite. Crianças que vivem uma vida muito agitada, com excesso de atividades, que se levantam muito cedo, brincam pouco e são muito cobradas, não conseguem atingir um relaxamento adequado que as leve ao sono.

A criança passa a sonhar a partir dos 2 anos aproximadamente. Seus sonhos dizem respeito às situações que ela viveu durante o dia, aos seus desejos e à sua vida afetiva. Lembro-me bem de uma passagem muito linda de nossa vida com respeito aos sonhos. O sítio de meus pais foi o Paraíso na Terra para a minha infância e a infância de meus filhos. O Kiko tinha 3 anos e certa manhã, ao acordar, fez o seguinte comentário:

— Mamãe, eu fui dormir e o meu quarto virou o sítio!

Achei tão lindinha a forma como ele expressou que havia sonhado. As crianças apresentam teimosia em ir para a cama a partir dos 8 ou 9 meses, quando ela já é capaz de se distinguir da mãe e sofre de intensas angústias quando tem de se separar dela: a angústia de separação. Por isso mesmo recorrem à chupeta, ao paninho, ao bonequinho: o objeto transicional, que representa a figura materna.

Para solucionar alguns problemas de sono mais comuns, vão aqui algumas dicas:

- Ambos os pais devem estar de acordo quanto ao horário que os filhos devem ir para a cama.

- Distribua bem as atividades durante o dia para garantir o cansaço à noite. Não lhes dê atividades muito excitantes próximas ao horário de dormir.
- Se o seu filho não consegue ficar sozinho, dê-lhe um boneco bem macio para lhe fazer companhia. Assegure-o de que você está ali perto, em seu quarto.
- Não estique a hora da despedida, mas assegure seu filho de seu amor.
- Mantenha o quarto iluminado, com uma luz suave e indireta.
- Se a criança for para o seu quarto durante a noite, reconduza-a para a cama. Ela tem fortes curiosidades com respeito à sexualidade dos pais.
- Caso chore, procure acalmá-la, respondendo de seu próprio quarto. "Mamãe está aqui, não precisa se preocupar. Volte a dormir."
- Procure não se levantar imediatamente, caso a criança a requisite.

De modo geral, o brasileiro dorme muito mal. Acordamos cedo, trabalhamos, saímos tarde do trabalho, academia, tarefas domésticas, filhos, família, subordinados, cursos...

O Instituto do Sono (Unifesp) relata que 15% das pessoas sofrem de insônia e que 32,9% têm apneia.[47] O estresse é o vilão da história, mas não só ele: trabalhar longe de casa, usar o período da noite para dar conta das tarefas do dia, uso prolongado da TV ou do computador, do celular, excesso de barulho e de luminosidade. Patologias como a apneia, a depressão e a ansiedade tiram o sono de muita gente.

Para um bom sono, é preciso ter rotina: dormir e acordar sempre no mesmo horário, não comer e não beber na hora de dormir, cortar o chá, o café e as bebidas alcoólicas, não se exercitar à noite. Ah, ia me esquecendo: não levar problemas para a cama já ajuda muito.

Uma pesquisa mundial patrocinada pela Johnson & Johnson avaliou o perfil do sono de crianças até 3 anos e mostrou que a insônia dos bebês se deve mais aos pais do que às possíveis patologias.[48] Problemas detectados:

---

[47] EPISONO. *Instituto do Sono*. Disponível em: https://institutodosono.com/pesquisas/episono/. Acesso em: 2 abr. 2024.

[48] SONO dos bebês. *PsicoOnline*. Disponível em: https://psico-online.net/psicologia/sonobebes.htm. Acesso em: 2 abr. 2024.

- Pais que colocam os filhos para dormir tarde, após 21h.
- Falta de rotina antes da hora de ir para a cama.
- Exigência da criança em ter os pais por perto até adormecer, ou para ser alimentada durante a noite.
- Criança que dorme na cama ou no quarto dos pais.

Os especialistas que participaram do estudo concluíram que o sono é aprendizado, e indicaram alguns truques para a criança dormir bem:

- Estabelecer uma rotina simples que possa ser repetida todas as noites: banho, massagem e mamadeira, por exemplo. Iniciá-la por volta das 20h, para aproveitar a ação do hormônio melatonina, responsável pelo sono e que atinge o seu pico por volta da meia-noite.
- Encerrar as atividades agitadas um pouco antes de a criança ir para a cama.
- Deixar que ela aprenda a pegar no sono sozinha, pois, se acordar à noite, não precisará de você.
- Se for amamentá-la durante a noite, não acenda a luz.
- Durante o dia, deixe que ela durma no meio do barulho e da claridade. À noite, escureça o quarto e mantenha o silêncio.

A falta de sono é fator de risco isolado para diversas doenças, afirma o biólogo Rogério Santos da Silva, pesquisador do Instituto do Sono da Universidade Federal de São Paulo. Segundo ele, as noites em claro estão associadas a alguns dos mais comuns e perigosos distúrbios da modernidade, como a hipertensão, o infarto, o derrame e a depressão.[49]

No caso das doenças metabólicas, como a obesidade e o diabetes, dormir mal é tão perigoso quanto não se alimentar de maneira equilibrada e não praticar exercícios físicos. A redução do sono também aumenta a vulnerabilidade a doenças infecciosas e a dores crônicas. Dormir oito horas seguidas de um bom sono ainda é a condição ideal para a saúde física e mental da maioria das pessoas.

---

[49] MAGALHÃES, N. Muito além da sonolência. *Veja*, 2 set. 2009. Disponível em: https://www.tecconcursos.com.br/questoes/897876. Acesso em: 2 abr. 2024.

IRMÃOS

— Manhê! Acorda!
— Ah, não, Dedinho! Hoje é domingo. Vá dormir, ainda é cedo. Deixa a mamãe dormir mais um pouco — respondi, sonolenta, virando-me para o outro lado.
— Mãe, acorda! — repetiu, gritando e me balançado aflitivamente. — O Kiko botou fogo na casa!
— Como?! O quêêêê?!!
Eu e Ruy pulamos imediatamente da cama, com o coração batendo na garganta e logo vimos a fumaceira tomando conta da casa.
— Cadê ele, Dedé? — gritei. — Corre, Ruy, vá apagar o fogo! — gritei novamente, muito aflita, chamando pelo Ruy enquanto procurava o Kiko.
Àquela altura do campeonato, a casa toda já estava acordada.
— Éca, que cheiro é este mã? — perguntou a Tatá.
— Mã... Cê viu a Pirulita? — Gabi corria pela casa, em busca da cachorrinha querida.
— Betty, o que houve? Cadê o Kikinho? Você também não cuida dele! Cadê o meu caçulinha? — disse minha mãe, sempre me criticando.
— Fica quieta, mãe! Tô procurando ele!
— Ai, meu Deus! Onde será que ele se meteu? Ai, minha Nossa Senhora!
— Calma, mãe. Não assuste as crianças! Dedé, cadê o Kiko?
Nisso, Ruy já tinha descoberto onde estava o foco do incêndio: no lavabo. Após apagar o fogo, quem estava encolhidinho lá dentro? Sim, o nosso Kikinho. Com a carinha toda vermelha e suja de fuligem, os olhos cheios de lágrimas e muito assustado.
— Oh, meu amor! Vem aqui no colinho da mamãe e do papai. O que aconteceu com você?
Após os primeiros cuidados, fomos investigar o que houve.
— Dedéééé!!!! — gritamos em uníssono, e ele chega cabisbaixo, com cara de anjo.
— Conta direitinho pra mamãe e pro papai como foi que tudo aconteceu.
— Eu tava vendo televisão, aí o Kiko acordou. De repente eu vi o fogo!
— Déé... foi isso mesmo? — perguntei, com cara de dúvida. — Você sabe que a mamãe é muito compreensiva. Prefiro que você me diga a verdade. A

bronca é bem menor do que saber que você está me enganando. E eu sei que a história não foi bem assim.

Silêncio...

— Você foi brincar com fósforos com o Kiko, não foi?

— Foi. Eu acendia e ele soprava.

— E aí... como foi que vocês puseram fogo no lavabo?

— Eu queria ver o que acontecia se jogasse um fósforo na lixeira.

— E daí?

— Aí eu mandei o Kiko jogar.

— E você viu só o que aconteceu, Dedé? O fogo subiu, queimou a gaiola de madeira do passarinho, o bichinho, coitado. As cortinas... O Kiko ficou quase sufocado! Você viu que perigo? Por isso que a mamãe diz que só pode brincar com fogo lá no sítio, ao ar livre e perto de um adulto. Promete pra mamãe e pro papai que nunca mais vai fazer isso?

— Sim.

— Podemos confiar em você?

— Sim.

— Então tá bom, filhão. Vem tomar um copo de água com açúcar para passar o susto e vamos dar um jeito nesta sujeira depois do café da manhã.

Ele ficou tão assustado com o que aconteceu que uma repreensão ou um castigo não teria espaço. O susto foi suficiente.

O Dedé sempre foi muito obediente, mas tinha um porém: ele sempre era o "autor intelectual" da bagunça. Uma "carinha de anjo" numa "mente de diabinho"!

Os filhos mais velhos costumam usar os mais novos de cobaias em suas experiências e os usam também como dublê, escudo, arma, álibi e saco de pancada. Em contrapartida, os mais novos também manipulam certas situações, porque sabem que os mais velhos são acusados de maltratá-los e, às vezes, os provocam, só para que os pais briguem com eles.

Por isso é que digo que em briga de filhos não se toma partido, não se mete a colher. Eles brigam para provocar. Quando você não está, ninguém briga, porque eles sabem que você não está ali para defender e proteger a nenhum deles. É só você chegar que começa a confusão.

Saia dessa! É um jogo, e você, mais uma vez, cai direitinho. A velha Pascoalina dizia: "Quem pode mais, apanha menos". Assim sendo, os menores não provocavam. E quando um não quer, dois não brigam, não é mesmo?

É muito difícil julgar briga de filho, porque a gente acaba tomando partido, e geralmente não testemunhou o acontecido. Quando toma partido, favorece um filho e desfavorece outro. Como explicar isso? Falar ao mais velho que ele é maior e tem de entender o menor? Nas questões emocionais, não existe diferença de idade. O maior se torna tão bebê quanto o menor!

E tem outra coisa, não quero desanimar você, mas essa questão de brigas entre irmãos vem desde Caim e Abel, o primeiro grupo fraterno da humanidade. Dizem que se encontra de tudo na Bíblia, todos os conflitos da humanidade. E a verdade é que poucos irmãos convivem bem.

Geralmente o irmão que tem a maior carga de raiva é aquele que inicia as discussões. Os pais não devem obrigar um filho a gostar do outro. Isso provoca mais rivalidade ainda. A forma de lidar com esse problema é não impor que eles se amem, é não impor que dividam tudo, que não se desgrudem.

Entenda: quando você faz isso e exige que um carregue o outro pra todo lugar que vai, só cria animosidades e mais conflitos. Deixe que cada um construa a sua individuação. Tem mãe tão sem noção que até chega a vestir os filhos de modo igual. Ah, para com isso!

Tratar os filhos da mesma maneira também é inadequado. Eles são diferentes, e você precisa ser uma mãe diferente para cada um também. Saiba que não existe imparcialidade na criação dos filhos. O amor é o mesmo, mas sempre tem um filho com quem é mais fácil de lidar e o outro que é o "ó do borogodó".

O importante é deixar claro que está proibido todo e qualquer tipo de agressão física. Aliás, é bom que você também pare de usar esse recurso para mostrar a sua força e poder. Isso é abuso, como já vimos, uma atitude que só serve para descarregar raiva e mostrar autoridade. Você é uma autoridade, mas não precisa usar de autoritarismo nem de violência para afirmar isso nem para se autoafirmar.

O ciúme entre irmãos está muito ligado ao egocentrismo. Cada filho quer toda a sua atenção voltada só para ele. Eles disputam tudo, e disputam você, principalmente. Saiba lidar com isso não se metendo nas brigas e fazendo seus filhos conviverem com muitas pessoas, assim o ciúme se dilui. Relacionamentos vividos na infância com os pais, tios, primos, avós e amigos vão determinar os relacionamentos futuros.

As pessoas falam muito dos problemas hierárquicos que os filhos apresentam: "Ele é assim porque é filho único, ou então é o primogênito, o "sanduíche", o caçula...".

Olha, não cabe ao filho único o rótulo de egoísta que a sociedade dá a ele. Qualquer criança pode ser egoísta ou mimada dependendo de como é educada. Geralmente o segundo filho costuma ser mais independente, porque os pais não estão mais ansiosos como estavam com o primogênito. O do meio ou o terceiro costuma ser mais provocativo, afinal é a maneira dele de chamar a atenção. E o caçula?

Geralmente, o caçula se sente meio que um peixe fora d'água nessa família que já está formada e funcionando quando ele chega. Como os pais sabem que ele será o último bebê, acabam tratando-o sempre como criança. Os pais do caçula costumam subestimar o quanto ele sabe e é capaz de produzir. Muitas vezes, o caçula acaba escondendo tudo o que ele é, e você sabe o motivo disso? Os pais não lhe dão a oportunidade de se mostrar.

Todos os filhos têm conflitos característicos da idade ou da posição familiar. Isso provoca atritos e um comportamento disfuncional entre os seus membros. Como já dizia Hegel, "aconteça o que acontecer, cada indivíduo é filho de seu tempo".[50]

Os amigos dos filhos ajudam muito a dissipar as brigas. Como tão bem nos ensina o provérbio africano, para a gente poder educar uma criança, é preciso uma aldeia inteira. Chame os amigos para brincar em sua casa ou divida um pouco os irmãos. Mande-os para a casa dos amigos. Voltarão saudosos. Também é bom sair com cada um separadamente, dando-lhe atenção exclusiva. Todo filho precisa ter o seu "dia do filho único".

Faça-os respeitar a privacidade um do outro. Os filhos mais velhos odeiam quando os mais novos mexem em suas coisas ou invadem seu espaço, e eu aposto que você também não gosta disso.

---

[50] HEGEL, G. W. F. *Linhas fundamentais da filosofia do direito*. São Paulo: Editora 34, 2022.

Não compare os irmãos nem os trate da mesma maneira. Já disse isso, mas é sempre bom repetir: os filhos são diferentes e não podemos ser a mesma mãe para todos.

No ano de 2002, houve um caso de assassinato muito chocante em São Paulo. Uma jovem de classe média alta, Suzane von Richthofen, foi cúmplice do assassinato de seus pais, cometido pelo seu namorado e o irmão dele, a golpes de barras de ferro, enquanto dormiam.

Segundo depoimento do único irmão de Suzane, quatro anos mais novo que ela, esta o manipulava demais. Ele cresceu a admirando e eram confidentes, porém ele discordava dela quanto à austeridade dos pais.[51]

Esse caso nos mostra que temos de considerar as características individuais de cada filho. Tem aquele filho que exige mais delicadeza ao falar, já o outro tem um temperamento mais forte. Um entende brincadeiras; o outro, não. Um que pode apresentar uma psicopatia. Por isso temos de conhecer cada um, e também respeitar a sua individualidade, para que possam se individuar. Temos, ainda, de estar atentos para tratá-los se percebermos que algo não vai bem.

Esse papo de tratar todos os filhos da mesma forma já feriu muita criança.

— Por que ele ganhou isso, e eu, não?
— Porque, neste momento, ele é quem mais precisava.
— Por que você dá mais atenção pra ela do que pra mim?
Basta responder com a verdade:
— Porque ela está triste e precisa de um pouco mais da minha atenção.

Viu como é simples? Não se sinta culpada!

---

[51] LIMA, P. Atualmente: irmão de Suzane von Richtofen fala pela primeira vez sobre morte dos pais; veja o que ele disse. *Rádio Jornal*, 30 out. 2023. Disponível em: https://radiojornal.ne10.uol.com.br/entretenimento/2023/10/15627216-andreas-von-richthofen-atualmente-irmao-de-suzane-von-richthofen-fala-pela-primeira-vez-sobre-morte-dos-pais-veja-o-que-ele-disse.html. Acesso em: 2 abr. 2024.

EMOÇÕES

O ponto alto dos passeios no sítio eram as idas ao aterro do terreno onde seria o futuro cemitério da região. Era uma delícia!

Havia montanhas e montanhas enormes de terra vermelha para a gente escalar, e um terreno enorme para a gente correr à vontade. Quando chovia, o lugar se transformava numa enorme lagoa de barro, onde pisoteávamos a lama, enterrávamos as pernas até onde dava, e fazíamos guerra de lama mole e vermelha. Para você ter uma ideia, quando voltávamos desses passeios, a Pirulita tinha de tomar um relaxante muscular, pois voltava cheia de dores, estropiada e passava a segunda-feira acamada. Bom, no fim de semana em questão, a coisa foi um pouco diferente.

Durante a semana, Gabi teve um acidente no treino de handball na escola e quebrou o dedo do meio da mão esquerda. Foi para o pronto-socorro e o engessou. Não satisfeita, na mesma semana, caiu e quebrou o braço esquerdo. Voltou ao pronto-socorro e engessou também o braço. No final da semana, fomos para o sítio.

— Mãe, vamos ao cemitério? — A criançada veio pedir.

— Não, a Gabi tá engessada... Este fim de semana vai ser light. Vocês vão se divertir por aqui mesmo.

Eu sei que eles acabaram se danando com os sete primos que, como sempre, também iam para lá, andando de bicicleta, pulando corda, subindo em árvore, fazendo guerrinha de frutas podres, brincando de pega-pega, jogando futebol, cartas, fazendo churrasco de milho verde, pendurando-se nas cordas que pendiam das árvores.

No sábado à noite, choveu muito, e o pensamento de todos se voltou para o cemitério:

— Nossa, amanhã o cemitério vai estar o maior barato! — comentei inadvertidamente.

— Eba! Vamos lá, mãe?

— Vamos, tia?

— Ia ser uma boa, não ia? — disse eu, esquecendo-me do caso da Gabi. — Se não chover, a gente vai!

Eu estava tão animada que não me lembrei da Gabi, e eles... bico calado.

O domingo amanheceu resplandecente.

— Mãe, acordaaa!

— Acordaa, tiaaa!

— Vamos pro cemitério!

Pensei comigo: *Onde é que amarrei meu burro? Ai que sono!*

— Peraí — disse eu. — Me deixa dormir mais um pouco!

Todos saíram do quarto, desanimados.

Comecei a me virar de um lado para o outro. Quem disse que eu conseguia dormir? Promessa é dívida! Eu me levantei, capengando (odeio acordar cedo). Passado o primeiro impacto, logo me animei ao vê-los tão contentes.

— Vamos lá, criançada! Tomar café! Quero todo mundo alimentado.

Quando todos estavam à mesa, eu me deparei com Gabi.

— Xiii, Gabi! E o seu braço? — perguntei.

— Que que tem, manhê? — As crianças se entreolharam com medo e cumplicidade.

— Você não vai poder escalar as montanhas de terra nem fazer guerra de lama!

As crianças responderam imediatamente, já assentindo com a cabeça:

— Ela fica só olhando, né, Gabi? — sugeriu Letícia, minha afilhada.

— É, mãe. Eu fico só olhando!

— Óh, cê promete? — perguntei, como se já não me conhecesse e não conhecesse a Gabi.

— Claro, mãe! Olha, eu posso até embrulhar o braço neste plástico, pra não correr o risco de sujar nem um pouquinho!

— Ói, Gabi, não é só o caso de sujar. Se você cair, pode machucar mais ainda o seu braço! Acho melhor você ficar aqui com o papai — falei, mas louca para que ela fosse, pois Gabi era uma das mais animadas.

— Ai, não, mãe, por favor... Deixa eu ir. Eu fico só olhando.

Eu não poderia deixar a Gabi perder a excursão; aquilo era uma verdadeira viagem ao mundo da fantasia.

— Tá bom! Vamos lá! Todos prontos? Quero ver... Botas de borracha?

— Táqui, tia.

— Armas? — (Bastões de madeira, pedaços de pau).

— Aqui!

— Água?

— Aqui!

— Ótimo! Em fila, batalhão! Atenção para a chamada.

E, assim, comecei a chamar as crianças uma a uma, que confirmaram orgulhosamente a própria presença. Durante o trajeto, fui dando um tom da aventura:

— Cuidado! Ao pisar vejam se não existem minas. A região está cercada de inimigos. Falem baixo! Psiu!

"Agora, vamos pelo mato. Passem por cima deste tronco, pois embaixo dele existem serpentes venenosas.

"A região está cercada de leões, empunhem as armas e fiquem atentos.

"Cuidado: Abaixem-se! Ufa... Escapamos de uma bala perdida!"

E logo que avistamos o cemitério, do alto do morro que lhe dava acesso, foi dada a ordem:

— Debandar! O último a chegar é um ovo podre! — E, assim, soltamos toda a ansiedade promovida pela espera.

Descemos o morro sem freios nas pernas, e só paramos quando chegamos exatamente no meio do cemitério, sem forças para continuar correndo.

— Ufa, ufa... Essa valeu, hein, tia!

— Manhê, quero colo! — Chegou Tatá, toda manhosa e atrasadíssima, com ciúmes, querendo atenção.

— Oi, Tatá. Aqui não tem mãe, não! Hoje, eu sou a chefe. — E a empurrei para a brincadeira.

A Gabi se aproximou, e eu comentei:

— É, Gabi, que legal que táqui, hein? Olha só o lamaçal!

— É, mãe! Será que não dá pra ir lá só um pouquinho?

— Não, Gabi. Você prometeu!

— Tá bom, mãe!

— Ei, Gabi, olha só que legal! — gritou Dedé, com as pernas enterradas até as coxas na lama, ao mesmo tempo que iniciava uma guerra de lama com o Kiko, suas primas e primos.

— Ficaí, que eu já vou! — eu disse.

Cheguei devagarinho, de surpresa, por trás da turma da lama, junto com a Tatá, e ataquei todo mundo.

— Aí, seus malandros. Cês querem lama? Lá vai lama!

E chulapa, chulapa!

Lama pra cá, lama pra lá. Eles revidaram o ataque. Dedé resolveu vir pro meu lado. Gabi começou a não se conter. Aproximou-se do grupo e levou uma chulapada. Em contrapartida, começou a atacar também.

> Só sei que, no final, nem a Pirulita escapou. Parecia que éramos personagens de um filme de ficção científica. Algo como: "Do barro ao barro"; "O homem lama"; "O levante dos mortos"; "O cemitério maldito".
>
> Quando parei um pouco para tomar fôlego, vi o braço de Gabi: imundo, com o gesso todo farelento e desmanchado.
>
> *Minha nossa! Que mãe desnaturada! Como pude deixar acontecer uma coisa dessas! Como pude ser tão desmiolada?* – comecei a me culpar. E se ela tivesse se acidentado?
>
> Às vezes, me pergunto se não deveria ter dado mais limites à Gabi naquele dia. Ter sido mais mãe e menos criança. No dia seguinte, tive de levá-la ao pronto-socorro novamente.
>
> Mas, até hoje, ela se lembra do quanto valeu aquele dia glorioso. Nunca mais o lamaçal esteve tão bom, até mesmo porque, após aquele fim de semana, o terreno foi cercado e não pudemos voltar mais lá. Sem saber, aquele domingo foi muito especial, porque foi um dia de despedida.

Por isso, eu digo: será que ser mãe precisa ser uma tarefa tão pesada e cheia de responsabilidades? Como dizia Osho: "se você souber ser flexível, poderá permanecer absolutamente jovem até o momento de sua morte".[52] Por que a gente não pode ser criança junto com os filhos e abandonar de vez em quando a função educadora?

Ser mais flexível e mais tolerante é saber aceitar aquilo que seria condenável. É entender que os momentos são únicos, e que você não tem direito e poder total sobre o outro. Isso fortalece os vínculos afetivos, aproxima os filhos da gente, cria uma relação de confiança e intimidade. Além disso, gera aquilo a que me referi e que chamo de "postura amiga". Se a gente não criar esses momentos, nossos filhos não terão lembranças, pois o que permanece na memória são as emoções.

O neurocientista português Antonio Damásio conclui, em seus estudos, que a emoção modula constantemente a maneira como os dados e os acontecimentos são guardados na memória e que não há memória ou

---

[52] OSHO. *Everyday Osho*: 365 meditations for here and now. Nova York: St. Martin's Publishing Group, 2022.

tomada de decisão neutra, sem emoção.[53] Com o avanço das neurociências, os sentimentos e as emoções estão ligados às condições neurológicas. Entenda um pouco mais:

1. O ciúme é um sentimento muito comum numa relação afetiva, mas, quando traz sofrimento, pode ser uma doença. Talvez seja consequência de uma falta de equilíbrio na química cerebral, sintoma de depressão, de TOC, de síndrome do pânico. Pode ser também sinal de alguma afecção neurológica, doença de Parkinson ou alcoolismo.
2. A alegria também está vinculada à química cerebral. Quando excessiva, pode ser sinal de doença: transtorno bipolar, quando a pessoa alterna períodos de extrema depressão, com períodos de extrema euforia.
3. O amor é produto da oxitocina, substância que ativa as áreas cerebrais responsáveis pela afetividade. Quanto maior a sua produção, mais fortalecidos serão os vínculos afetivos.
4. A desconfiança está ligada ao excesso de testosterona, hormônio sexual masculino. É patológica quando sintoma da esquizofrenia e da dependência química.
5. A compaixão abrange as estruturas cerebrais que nos permitem reconhecer o sofrimento dos outros e a capacidade cognitiva de entender a expressão do sofrimento que o outro apresenta.
6. A indignação está muito próxima da raiva. Nela, o sujeito precisa ter assimilado os valores de sua cultura, o que torna o sentimento um pouco mais complexo que a raiva.
7. A inveja é inerente ao ser humano. Temos a inveja boa – que está ligada à ambição –, querer ter o que o outro tem; e a inveja má – que está ligada à destruição –, não basta ter o que o outro tem, é preciso acabar com o outro. "Fulano é rico, mas, coitado, é infeliz". Ou então: "Ela é loura, mas é burra".

---

[53] MEMÓRIA: cientistas descobrem mecanismos cerebrais que nos fazem lembrar e esquecer. *Marcio Candiani*. Disponível em: https://marciocandiani.site.med.br/index.asp?PageName=memoria-as-novas-descobertas-da-neurociencia. Acesso em: 2 abr. 2024.

Mulheres lidam muito melhor com as emoções do que os homens. A educação do menino não lhe permite expor o que sente: "Homem não chora". E a raiva é uma emoção muito prejudicial. Ela mata, e é preciso que se aprenda a lidar com ela:

- fique atenta aos sinais que o seu corpo emite: taquicardia, rubor, tom de voz, rigidez no pescoço;
- pare para verificar o estopim da raiva;
- respire profundamente, caminhe, adie suas decisões até que ela passe. Em campo tenso não se discute.

==A felicidade depende da nossa capacidade de nos emocionarmos com as coisas simples e belas.== Da nossa capacidade de aceitar as coisas e de amar profundamente. E, também, da nossa capacidade de nos divertir até mesmo nos momentos difíceis e de podermos pensar com liberdade.

Quando você ama o seu filho, e sabe que ele está pronto para aprender e crescer sozinho, você o liberta e estará se tornando, enfim, uma mãe desnecessária. E, nesse exato momento de felicidade, se reconhecerá como uma mãe perfeita.

VIOLÊNCIA

As mães se acham onipotentes demais, e foi isso que aconteceu no episódio que vou relatar agora.

> — Manhê?
> — Que é, Dedé?
> — Sabe aquele relógio Casio que dá pra mergulhar que o Maurício tem? — Maurício é mergulhador, mais um de meus sobrinhos.
> — Sei.
> — Cê me dá um?

— Pô, Dedé! Ele é muito caro, filhão...
— Eu ajudo, mãe. Tiro da minha poupança.
— Mas é isso mesmo que você quer, Dedé?
— É, mãe! Cê sabe que eu adoro mergulhar. Já tenho 10 anos, já sou grande, sei cuidar direitinho dele.
— Ai, Dedé, mas é tão caro! Cê levou tanto tempo para juntar esse seu dinheirinho... Vai ter coragem de dar tudo por esse relógio, e eu ainda vou precisar completar?
— Tá bom, mãe. Se você não puder, deixa.
Fiquei muito pensativa e penalizada, porque Dedé sempre foi um garoto muito sensato e cordato, tanto que ele tinha uma "bolada" guardada.
Enquanto os irmãos torravam toda a mesada, que nunca foi muito, Dedé sempre guardava. Além disso, sempre pensava em tudo o que dizíamos a ele. Nessa ocasião, ele queria muito o relógio, e tinha uma razão para isso: adorava mergulhar com o pai. Realmente, o acessório teria uma função importante para ele.
— Dé! — chamei-o. — Vem cá, filhão. Amanhã vamos ver o relógio, tá bom?
— Legal, mãe! Cê pode mesmo?
— Posso.
— Mas não vai te fazer falta?
— Não, Dé.
— Mas antes você não queria...
— Não é que eu não queria, Dé. Eu tava pensando.
— Mas, se você tava pensando, é porque não pode — respondeu ele, preocupado.
— Dé, para de se preocupar. Isso é problema meu! Se eu disse que posso, é porque eu posso e tá acabado!
Chacoalhei a cabeça dele, pegando-o pelo pescoço, como se o estivesse estrangulando, e rimos. No dia seguinte fomos comprar o relógio. Percorremos três shoppings para encontrar o tal modelo igual ao do Maurício.
— É esse, mãe — disse-me ele, apontando um relógio que estava na vitrine de uma relojoaria.
Pensei: *Té-quin-fim!*
— Por favor, o senhor me mostra este relógio? — eu me dirigi ao balconista.
— Pois não. É para a senhora?
— Não, é para o meu filho — respondi, orgulhosa, olhando para o meu pequeno e lindo mergulhador, que estava todo empinadinho, com a franjinha caindo sobre a testa, piscando com força e sorrindo de orelha a orelha.

O vendedor já foi colocando o relógio no pulso do Dé e o ajustando. Dedé sempre foi tímido, e naquele momento percebi o quanto era difícil para ele conter o seu sorriso de alegria. Ele apenas piscava muito e me olhava com seus olhinhos muito, muito brilhantes.

— E aí, Dedé? É esse mesmo? — Ele assentiu timidamente, sem tirar os olhos do relógio, mexendo nos muitos botões. Bem, pagamos e saímos da loja. Fora das vistas do vendedor, pude comemorar com ele: — Cara, olha só que relógio, meu! Parabéns! — falei, abraçando-o. — O papai vai adorar, vai ficar maluco! Já pensou quando você puder mergulhar? Que legal, hein?

Dedé nem respondia. Procurava entender o funcionamento daquela supermáquina.

Fomos para o carro e, durante todo o trajeto de volta, ele me mostrava as coisas que descobria que o relógio fazia. Em casa, com os irmãos, a mesma coisa. Na hora do banho, outra farra: encheu a banheira e mediu a profundidade dela. Ligou para o pai, para o Maurício e combinaram um mergulho para o próximo fim de semana.

Naquele dia, ele foi para a escola hiperfeliz. Quando voltou, ainda era cedo: horário de verão. Como sempre, resolvemos dar uma volta no bairro com os cachorros.

— Vamos, pessoal. Antes que fique tarde! — gritei.

— Peraí, mãe! Vou tirar o relógio — falou Dé.

— Que nada, Dé, vai assim mesmo! A gente volta logo. Além disso, estamos com os cachorros, e cê tá comigo. Tá comigo, tá com Deus! — respondi, autoconfiante. E fomos lá.

Vira aqui, vira ali, para aqui, para ali, entra aqui, entra ali, vê isto, vê aquilo, fala com este, fala com aquele; de repente, uma voz:

— Passa o relógio, senão eu atiro! — falou imperativamente um sujeitinho loiro, que parou diante do Dedé, que conduzia as duas cadelas boxers.

— Como? — perguntei, sem entender.

— O relógio. — Ele apontou uma das mãos para o braço do Dé, e a arma na cintura com a outra.

— Dá o relógio para ele, Dedé — ordenei.

Dé ficou um tempo parado, sem entender o que se passava. Enquanto isso, as duas cadelas boxer cheiravam o bandido, que apontou novamente o revólver na cintura.

No mesmo instante, peguei no braço do Dé e solto o relógio, dizendo:

> — Dê o relógio a ele!
> Dé entregou o relógio, e o sujeito saiu correndo.
> Ficamos parados, eu e as quatro crianças, sem entender o que tinha acontecido. Quando caiu a ficha, me dei conta de que o imbecil havia levado o relógio do meu garotinho amado. Fiquei irada! Corri até em casa, peguei meu carro e percorri rua por rua atrás do gatuno, rogando todas as pragas que conhecia, prometendo ao Dedé que se pegasse o larápio, o trucidaria.
> Imagine! Que onipotência a minha, mais uma vez! Mãe é muito metida à poderosa: só ela protege, só ela cuida, só ela sabe... E foi assim que meu filhotinho perdeu o seu relógio. Até hoje, ele não tem um relógio de mergulho. Até hoje, quando saímos juntos à noite ou passamos por lugares perigosos, eles me zoam:
> — Não precisam ter medo: tá com a mamãe, tá com Deus!
> Onde eu estava com a cabeça?

Muitos pais me perguntam como lidar com a violência. Se eles devem proibir os filhos de ver programas violentos, sair para baladas, lugares, proibir determinadas amizades, se devem estabelecer horários... Costumo aconselhar a não proibição de nada, mas o uso do bom senso, dos diálogos e dos contratos.

Quanto à violência da internet e da TV, é bom saber que a violência que a criança presencia, muitas vezes dentro da própria casa, é muito mais prejudicial do que a virtual. Existe uma estimativa da Unicef, de que, no Brasil, dezoito mil crianças e adolescentes sejam espancadas diariamente.[54] Crianças são rejeitadas pelos pais, tratadas de modo hostil e autoritário. Lares baseados em relações de poder são muito prejudiciais à infância.

A violência aparece também em modo de humilhação, na indiferença com relação ao que o outro sente, nas pequenas provocações. Na ausência de um gesto delicado, de um pedido de desculpas. É preciso saber perdoar para acabarmos com a violência. "Não importa o que fizeram a você. O que importa é o que você vai fazer daquilo que lhe fizeram".[55]

---

[54] LEAL, M. Violência doméstica contra a criança na sociedade brasileira. *Jusbrasil*, 2016. Disponível em: https://www.jusbrasil.com.br/artigos/violencia-domestica-contra-a-crianca-na-sociedade-brasileira/373908280. Acesso em: 2 abr. 2024.

[55] BRETT, R. *God never blinks*. Nova York: Grand Central Publishing, 2010.

Vai ficar a vida inteira culpando os outros e se vingando de quem não tem culpa da sua infelicidade? Oras! Acorda para a vida! Faça algo de bom com o que lhe fizeram de mau. Cuide das crianças, principalmente das exploradas por adultos, que têm seus direitos básicos negados: afeto, carinho, alimentação, respeito, aprendizagem, proteção. A falta disso desencadeia uma forte tendência à violência.

Geralmente os pais se preocupam com a saúde física e não com a saúde emocional de seus filhos. Quando a escola encaminha a criança para uma avaliação psicológica, são poucos os pais que chegam até nós. Justificam-se da seguinte forma:

— Os psicólogos são todos loucos.
— Meu filho não tem problema, o problema é da escola.
— Eu também era assim...

Para lidar com a violência externa, acho que prevenir é sempre o melhor remédio. Aconselho que os pais assistam à televisão com os filhos, para que os ajudem a elaborar as cenas de violência e morte. Os pais me perguntam sobre os heróis, monstrinhos, sobre até que ponto eles não levam à aprendizagem da violência.

Respondo o seguinte: esses desenhos trazem sempre como tema uma turma de crianças que vive determinadas aventuras. Nossas crianças, atualmente, têm uma vida muito limitada pela falta de brincadeiras e possibilidades de espaço amplo para criarem as próprias aventuras. Muitos programas as fazem viver seus desejos e extravasar suas necessidades, seus conteúdos afetivo-emocionais, através da personagem com a qual se identificam. Acho isso bom.

Tem outro aspecto interessante: na maioria das vezes, o que um adulto considera violência, não o é para a criança, porque ela se atém mais à questão da luta entre o bem e o mal e à necessidade de ver o mundo salvo. Ela não presta muita atenção nos meios utilizados para chegar a esse fim.

Com respeito à proibição de TV, games, redes sociais ou internet, entendo que o seu uso deva ser dosado, mas você precisa oferecer algo para a criança fazer em troca do tempo que estaria dedicando a essas atividades. Se o seu filho já está na idade de sair com amigos, o que é muito bom, marque horários que devem ser respeitados, sob pena de não sair da próxima vez.

Leve-o, se puder, aos lugares que ele desejar. Procure saber com quem ele está saindo, os lugares que frequenta, e peça que se mantenha em contato. É muito bom que você aprenda a receber os amigos do seu filho em sua casa, pois assim estará no controle. Seja receptiva, mas mantenha-se em seu lugar. Não seja invasiva. Deixe-os à vontade. Não faça o seu filho pagar mico.

Ensine a ele que se estiver se sentindo perseguido na rua, deve entrar em uma loja e fazer contato com você. Dê a ele todas as orientações que você deve ter recebido de seus pais: não fale com estranhos, não aceite nada de ninguém, não deixe ninguém tocar o seu corpo. Não trate seu filho com violência e agressividade. Violência doméstica gera violência social. Filhos agressivos e violentos geralmente são tratados com agressividade e violência. Lembre-se sempre: ==você é um modelo, e o seu filho vai procurar segui-lo.==

Acostume-se a viver sem brigas, e viabilize esse costume em sua casa. O costume, o hábito, pode servir de grande guia para você. É um princípio que torna útil as suas experiências e que a faz esperar, no futuro, uma série de eventos semelhantes àqueles que apareceram no passado. Portanto, é também uma faca de dois gumes. Fique atenta. Crie bons hábitos de vida e de relacionamentos.

A Rede Não Bata, Eduque faz muitas campanhas de conscientização contra a violência doméstica e elaborou um conjunto de sugestões que os pais devem observar:[56]

1. Acalme-se. Respire fundo antes de chamar a atenção do seu filho. Evite discutir os problemas sob o efeito da raiva, pois dizemos coisas inadequadas nesse momento, que prejudicam a aprendizagem das crianças e as magoam tanto quanto nos magoariam se fossem dirigidas a nós.
2. Lembre-se de como você era e de como foi tratada pelos adultos. Uma boa conversa pode ser melhor que um castigo.
3. Acompanhe de perto a vida de seus filhos. Fazemos coisas sem pensar quando somos surpreendidos. Ouça o que eles têm a dizer antes de tirar suas conclusões "no escuro".

[56] ESTRATÉGIAS de educação positiva. *Papo de Mãe*, 9 dez. 2010. Disponível em: https://www.papodemae.com.br/noticias/estrategias-de-educacao-positiva.html. Acesso em: 2 abr. 2024.

4. Se a criança mereceu uma bronca, você deve dizer claramente o porquê. Mostre a ela como fazer diferente nas próximas vezes.
5. Vá devagar com seu filho. As crianças levam tempo para aprender as coisas. Não dá para conseguir tudo de uma vez.
6. Mostre à criança o comportamento mais adequado dando o seu exemplo.
7. Jamais recorra a tapas, insultos ou palavrões. Como adultos, não queremos ser tratados assim quando cometemos um erro, então não devemos agir assim com os nossos filhos. Devemos tratá-los de maneira respeitosa, como esperamos ser tratados por nossos colegas, amigos ou pessoas da família quando nos equivocamos.
8. Valorize e faça observações sobre os aspectos positivos do comportamento deles. Elogiar o bom comportamento nunca é demais.
9. Prevenir é melhor que remediar, sempre. Gerar espaços de diálogo com as crianças, desde pequenas, colabora para que dúvidas e problemas sejam resolvidos antes do conflito. Integrá-las nas atividades do dia a dia evita que tentem chamar a atenção por outros meios.
10. Se você sentir que errou e se arrependeu, peça desculpas à criança. Elas aprendem mais com os exemplos que vivenciam do que com os nossos sermões.

Algo muito sério vem acontecendo com as escolas em tempos pós-pandêmicos. A ausência do convívio presencial entre as crianças e jovens parece ter provocado um atraso na esfera social. Os alunos desaprenderam a conviver coletivamente.

Tempos de muito isolamento e aumento da violência doméstica, da violência contra a mulher, causaram um efeito desastroso nessa geração. Os números de depressão e suicídio aumentaram assustadoramente.

Do ponto de vista político e governamental, a desigualdade social também agravou os casos de violência. O Brasil vive um problema estrutural no que diz respeito à violência. Esse problema está relacionado com a corrupção, a falência dos órgãos públicos e a crise nas esferas da educação, da saúde e da economia. Esse Brasil ainda sofre com o analfabetismo estrutural, o racismo, o desemprego, a fome e com grandes extremos socioeconômicos.

PRIORIDADES

Segunda-feira, hora de dar almoço para as crianças irem para a escola, e eu, para o trabalho. A casa estava toda bagunçada do fim de semana, para a minha funcionária arrumar à tarde. Pia cheia de louça, roupa para lavar e passar. Isso lhe é familiar?

— Criançada, chega de brincar. Vamos tomar banho para almoçar e ir para a escola. Vamos, vamos! — disse eu, já recolhendo os brinquedos, como sempre.

— Logo agora, mãe, que a gente ia começar a brincar? — protestou Kiko.

— Xiii, mãe, esqueci de fazer a lição de casa — disse Gabi, procurando consolo e solução.

— Ninguém mandou você não fazer lição na sexta-feira, quando chegou da escola — respondi cinicamente. Aliás, da forma como minha mãe falava para mim, e eu não gostava. — Se tivesse ouvido os meus conselhos... Agora, se entenda com a sua professora!

(Não tem coisa pior do que mãe que fala "eu bem que avisei", "eu não falei?", "se você tivesse me ouvido". Como somos poderosas! Mas continuando...)

— Vamos, vamos! Não tem brincadeira, não.

— Eu não quero ir à escola, tô com dor de barriga! — disse Kiko, com carinha suspeita.

— Tá com dor de barriga, é? Então a mamãe vai dar umas injeções pra essa dor passar, e você fica em casa. Tá bom, filhinho? — respondi. Nesse dia já tinha acordado de mau humor.

— Já passou, mamãe — retrucou ele, com uma carinha de santo.

— Mãe, cadê meu uniforme? — perguntou Tatá.

— Espera que eu vou ver. Não tá na sua gaveta?

— Não!

— Nem na gaveta da Gabi? — gritei lá da sala, enquanto ela estava no quarto.

— Não!

— Vê nas gavetas dos seus irmãos!

— Não tem camiseta nenhuma, mãe!

Dirigi-me a Oneida, a minha funcionária:

— Oneida, cadê as camisetas das crianças?

— Sei não...

— Como assim? — indaguei. — Você não lavou nem passou as camisetas das crianças?

— Ah, num deu tempo, não!

— Oneida, não acredito! Você saiu sábado de manhã e não lavou as camisetas das crianças, conforme lhe pedi?

— Esqueci!

E foi aí que a situação começou a azedar. Naquele sábado, eu tinha liberado Oneida para ir embora mais cedo, contanto que ela cuidasse da roupa das crianças. Ela disse que esqueceu, eu não acreditei. E a Oneida acabou se demitindo. Ah, a arrogância da juventude! Lá estava eu, achando que seria fácil substituí-la, e tudo por causa de um erro bobo, sem levar em consideração o quanto eu precisava dela. Como vamos ver, não foi bem assim.

As crianças acabaram não indo à aula, pois não tinha uniforme limpo. Houve certa comoção, pois todos gostavam muito dela, mas, por fim, nos juntamos e fomos fazer as tarefas.

— Criançada, vamos ajudar a mamãe: arrumar camas, recolher lixo dos banheiros, lavar louça, passar aspirador na sala, recolher roupa suja e levar para a lavanderia, passar pano na cozinha.

— Ainda bem que a vovó está passando uns dias na casa do tio Rogério, senão a gente ia ter de fazer jantar, porque ela não come McDonald's — comentou a espertíssima Tatá.

Preciso urgentemente arranjar alguém, pensei. Casa com três cachorros, quatro crianças e dois adultos que trabalham e uma avó de 94 anos não podia ficar à deriva. Liguei para o mundo: "SOS, preciso de empregada!".

Já era tarde da noite quando *ding dong!*

— Campainha a esta hora? Quem será? — perguntou Ruy.

Já estávamos deitados, vendo TV na cama, e nos levantamos, preocupados. Ele foi até o portão, e eu corri até a sacada de nosso quarto. No escuro da noite, vi o guarda-noturno acompanhado de alguém. Resolvi descer até o portão e acompanhar o Ruy.

— Pois não, seu José?

— Desculpa o avançado da hora, seu Ruy, é que fiquei sabendo que a dona Betty precisa de uma empregada, e eu trouxe a minha cunhada que acabou de chegar do Norte.

— Nossa, seu José! — respondi. — Mas assim tão de repente! Tão tarde! — Olhei de soslaio para a mulher, que devia ter uns 40 anos.

— É que ela está em casa, né? Chegou do Norte esses dias, pra ajudar o meu irmão que tá desempregado. E sabe como é, né? A gente precisa arranjar emprego logo.
— Mas ela já trabalhou em casa de família, seu José?
— Diz aí, Nêga! Fala com a mulher! — E cutucou a cunhada.
— Já, sim, senhora. Lavo, passo, cozinho, arrumo. Sei fazer as comidas daqui não! Isso eu não digo que sei. Mas se a dona me ensinar...
— Bom, seu José. Está tão tarde, o senhor não pode trazer a sua cunhada de novo amanhã, pra conversamos com calma?
— A senhora tá é louca! A dona sabe onde é que a gente mora? E como é que eu vou levar ela embora agora, dona? Tô pegando no serviço. Tem jeito da dona ficar com ela agora, não? Mó de que ela vai passar a noite na rua mais eu!
— Olhei para o Ruy com cara de "e agora?" e ele me retornou com cara de "pois é!".
— Tá bom, seu José. Ela pode ficar — falei, contrariada. — Como é seu nome?
— Dirigi-me a ela.
— Eucrácia.
— Como? Eu...
— Eucrácia, mas todo mundo chama ela de Nêga. Pode chamar também.
— Por favor, pode entrar, dona Eu... crá-cia. Vou levar a senhora até o seu quarto. Não repare. Ele está um pouco desarrumado porque a moça que trabalhava aqui saiu hoje, e a senhora me pegou desprevenida. Por favor, por aqui.
Levei dona Eucrácia (não passei a chamar pelo apelido que me havia sido sugerido) até o quarto na edícula. Fui dormir, e logo me lembrei de que não havia soltado os cachorros, então voltei lá para fazer isso. No outro dia, acordei no susto, com ela gritando desesperadamente. Fui correndo a seu socorro e vi que os cães a tinham encurralado no quarto. Eu os prendi de novo e fui mostrando as coisas da casa para ela. Antes de sair para o trabalho e levar as crianças para a escola, pedi a ela que arrumasse, cuidasse das roupas e picasse para mim as coisas do jantar.
Enfiei as crianças no carro e fomos para a escola. Naquela época, eu era orientadora pedagógica da mesma escola em que elas estudavam. Trabalhei a tarde toda preocupada com a minha casa. Assim que deu o sinal, saí correndo com as crianças. Quando chegamos em casa... Silêncio... *Cadê a dona Eucrácia?*
Eu não estava com um bom pressentimento, por mais que ela tivesse sido recomendada por uma pessoa conhecida, de confiança, ainda era uma estranha

lá dentro. Entrei pela cozinha: tudo desarrumado, exatamente como eu havia deixado. Na sala, os quadros estavam todos no chão, e os móveis, fora de lugar. Olhei para as crianças:

— Mãe, o que aconteceu?

— Sei lá! É melhor vocês ligarem pro papai enquanto eu continuo a olhar a casa.

— Manhê, tô com medo! — falou Tatá.

— Calma, filhinha... — "Tá comigo, tá com Deus". *Ops*... Desculpe! — Eu também tô com medo. Fica aqui pertinho, vamos pegar umas vassouras pra nos protegermos.

Subimos, e todos os quadros da casa estavam no chão, encostados na parede.

— Manhê, cadê a dona que ficou aqui? — perguntou Kiko.

— Não sei, filhão. Vai ver que está lá atrás, no quarto dela. Eu vou até lá.

— Não, mãe, não vai sozinha! — disse Dedé. — Eu vou com você.

— Eu também vou! — falou Gabi.

Cada um de nós pegou um cabo de vassoura e fomos até lá.

— Tatá, você fica trancada aqui com o Kiko, qualquer coisa, liga de novo pro papai!

Quando saímos no jardim, ele estava inteiro destruído: plantas arrancadas, mesas e cadeiras jogadas... Até as árvores estavam no chão. Parecia que havia passado um furacão lá. Não dava nem para atravessar o terreno e chegar à edícula onde ficava o quarto da mulher.

— Crianças, fiquem aqui que eu chego lá — ordenei, vendo que a coisa era mais séria do que pensava. Bati na porta do quarto dela, ninguém respondeu. Tentei abri-la: trancada. Bati mais forte. *Tum, tum, tum*, e gritei: — Eucrácia, você taí? Por favor, abra a porta.

Nada! Dei a volta até a janela e vi que ela dormia docemente, igual à Bela Adormecida. No que eu vou até os fundos do quarto, o que vejo também? Sete garrafas da coleção de pinga do Ruy, totalmente vazias. Fiquei irritadíssima, mandei a criançada para dentro e soltei os cachorros, que ainda estavam presos. Quando pisei em casa, Ruy já estava entrando:

— O que foi? O que foi? — perguntou ele, assustado.

— Olha só... — Levei Ruy a todos os lugares para ver o acontecido.

— Mas por que ela fez isto?

— E eu vou saber? Agora venha ver o pior. A coleção de pinga...

— Não! As pingas que compramos na nossa lua de mel? Como é que você põe uma estranha dentro de casa? E se ela ficasse com nossos filhos? E se ela roubasse algo de valor? E se ela nos matasse? Você... Você... — Escutei um monte.

Ruy quis chamar a polícia, mas eu fui contra, queria ouvir a dona Eucrácia antes de tomar qualquer providência. E lá estava eu, bancando a onipotente de novo! Nisso, demos um jeito na casa, jantamos e, na hora de dormir, nos armamos das facas que temos para churrasco, caso fôssemos atacados. Não preguei o olho a noite toda. Na manhã seguinte, chamei o Ruy para irmos falar com a mulher antes de ele ir trabalhar.

— Bom dia, dona Eucrácia — disse eu, tímida e seca.

— Sim, senhora.

— O que foi que aconteceu ontem? — perguntei.

— Eu matei uns monstros que subiam em mim. Parecia taturana, era imenso. Vinha do jardim, se escondia... — A mulher estava apavorada. — Me subia pelas pernas, pelos braços...

Enquanto ela falava, ia tocando o corpo, mostrando as regiões por onde as taturanas andavam, fazendo cara de horror, com os olhos vermelhos arregalados e a voz rouca e estridente revelando medo. Pedi que ela se acalmasse, que tudo já tinha passado e que ela estava em segurança. Então, perguntei pelas pingas.

— Esses *marafo* é pra Exu me proteger.

— A senhora tomou tudo?

— Não tomei, não, senhora, foi Seu Caveira que tomou.

— Ah! Seu Caveira tomou? Tá bom, então. — *Quem seria esse tal de Seu Caveira?*, pensei. Anos mais tarde, estudando as religiões, constatei ser uma entidade do Candomblé e da Umbanda.

— Sabe, dona Eucrácia, eu vou ligar para o seu José vir buscar a senhora hoje, porque eu já tinha tratado com uma moça pra ficar no seu lugar, e a senhora veio de repente, né?

— Sim, senhora.

Liguei para o seu José e expliquei tudo para ele. Fiz com que entrasse e visse o que ela havia feito.

— Sabe, dona, é que de vez em quando ela bebe e fica assim, né?

— Pois é, seu José. Eu não posso ficar com uma pessoa que bebe, porque de vez em quando preciso deixar as crianças sozinhas com essa pessoa, e não vou ficar tranquila com sua cunhada. De qualquer maneira, muito obrigada por tê-la trazido, pena não ter dado certo.

Uma questão de predileção

Depois do episódio com a dona Eucrácia, resolvi que não colocaria mais ninguém em casa. Havia ficado traumatizada, ainda mais pensando no que poderia ter acontecido de pior. Eu havia escolhido ter filhos, e eles estavam em uma idade que exigia de mim muita flexibilidade de tempo, horários e disposição interna para conseguir organizar a vida de todos, inclusive a minha. A minha preocupação maior sempre foi a harmonia e a felicidade familiar, e, para isso, eu não poderia me esgotar tanto. Pensei: *Se nos Estados Unidos as mulheres não têm empregadas, por que eu preciso de uma?* Mais uma vez, estava sendo onipotente.

Resolvi me organizar e dar conta de tudo sozinha. Naquela época, eu trabalhava meio período e estudava à noite. Contratei uma faxineira e pronto. Quanto à comida, era só a gente se virar com congelados. As tarefas de casa seriam divididas com as crianças, afinal, tinham de assumir pequenas responsabilidades, como arrumar a cama, guardar as roupas, recolher roupa suja e levar para a lavanderia, tirar o lixo dos banheiros, enxugar a louça, colocar e retirar a mesa, me ajudar com supermercado, passar um aspirador e tirar pó.

Nos primeiros dias, foi uma farra! Todos queriam passar o aspirador, mas ninguém queria guardá-lo. Eu passava as roupas pela manhã, mas eles as guardavam de qualquer jeito, de modo que nem parecia que haviam sido passadas. Na hora de enxugar a louça, o chão da cozinha ficava encharcado, pois eles jogavam o excesso da água da louça no chão e depois pisavam em cima. Ficava aquela papocha imunda!

Quanto ao lixo dos banheiros... não quero nem falar! Era resto de papel higiênico espalhado pelos cantos da casa inteira, pois eles não tinham habilidade para amarrar os saquinhos de lixo. Suas caminhas, antes tão arrumadinhas, tinham pequenos e grandes calombos daqui e dali. O pó ia se acumulando e se avolumando. Mas o problema começou mesmo e estourou com a minha mãe.

— Eu não como comida congelada! — disse minha mãe, abruptamente durante o jantar. — Já estou cheia destas comidas horrorosas. Eu não vou comer!

— Mãe, procure compreender! Eu não tenho tempo de cozinhar — respondi, tentando manter a calma.

— Não custa fazer uma comidinha fresquinha — pontuou ela, com cara de nojo.

— Não é só o tempo de fazer, mãe. É a sujeirada que fica na cozinha e também o supermercado que preciso fazer para poder cozinhar. A senhora precisa compreender!

— Que nada! Não custa nada! Deixa que eu faço.

— Mãe, a senhora já tem muita idade para fazer esses serviços. Sofre de dores na coluna. Depois fica doente, e quem é que vai cuidar da senhora?

— Aí você manda me internar! — Brava, como sempre, e dando uma de vítima.

— Mãe, a senhora não entende mesmo, não é? Tá bom. Já que não quer comer congelados, amanhã eu cozinho. Mas, hoje, coma isto.

— Não! Eu vou fazer mingau.

— Está bem. Faça como quiser.

Fiquei muito aborrecida. Estava perdendo o controle das coisas. Não falei ainda da cachorrada! O quintal, o jardim e o canil... quanta merda pra recolher todos os dias! Eu perdia praticamente a manhã inteira só lavando o espaço dos cachorros. A irritação estava tomando conta de mim, e eu começando a matar "cachorro a grito". Já gritava com a criançada, controlava a bagunça, a limpeza. Estava entrando numa neura sem fim.

— Não pisa aí com o pé sujo, eu acabei de limpar!

— Não se senta aí, que vai amassar as almofadas que afofei!

— Lave o copo que usou!

— Use a mesma toalha de ontem!

— Tire os sapatos!

Comecei a me achar insuportável até para mim. Tadinhos dos cachorros! Passaram a ficar presos no canil só para eu não ter de lavar o quintal. Toalhas de banho, rosto, lençóis não eram mais passados a ferro. Ah, pijamas também não. As crianças não saíam mais para passear pelas manhãs e levavam bronca cada vez que erravam as lições. O maridão encontrava uma mulher cheirando à água sanitária e mal-humorada. Certo dia, a casa caiu.

— Peraí, assim não dá! O que eu quero? O que é mais importante para mim? — Parei para me questionar.

O mais importante, em toda a minha vida, sempre foi a minha família e, naquele momento, pude perceber que eu estava prejudicando justamente aquilo que para mim era o mais importante. Pois, além de tudo, eu ainda tinha um trabalho estressante e à noite largava todos para ir ao curso de especialização em transtornos de aprendizagem, e só voltava para casa depois da meia-noite.

Chega! Não dava mais. Eu precisava estabelecer prioridades. E foi assim que, sem culpa e sem arrependimentos, parei de trabalhar e de estudar até meus filhos ficarem mais crescidinhos e independentes. Foi, sem dúvida, a atitude mais sábia e sensata que já tomei em toda a minha vida. Os momentos que pudemos estar juntos foram muito importantes para nós. Momentos que nunca poderiam ser recuperados, revividos, retomados.

Do meu lado, pude retomar minha profissão, me especializar, fazer outra faculdade, mas em outro momento. Dar aquela parada foi muito importante. Por isso, digo, repito, aconselho: sempre na vida, temos de estabelecer prioridades. A infância de nossos filhos passa rápido demais, e é nela que estabelecemos um vínculo de amor e confiança com eles.

Cuidar dos filhos é uma guerra, a gente ocupa vários postos: motorista, enfermeira, professora, cozinheira, passadeira, faxineira, babá, domadora, palhaça, mágica... Nossa! Quantas mágicas precisamos fazer para que eles comam, façam a lição de casa e nos obedeçam.

Sexo e erotismo? Nem pensar! Cada vez que o casal quer dar uma namorada, os filhos parecem perceber. E como! Você já notou? Eles não querem ir para a cama, acordam a noite inteira, querem dormir com a gente, ficam doentes e chegam a ter insônia. A noitada acaba se transformando numa maratona e quando, enfim, os filhos sossegam, o casal exausto já desistiu da grande noite de orgia e prazer e se entregou aos braços de Morfeu. Conforme-se: você não é a única, e isso vai looonge!

Caso você não queira nem possa parar de trabalhar para cuidar dos filhos, deve arranjar um jeito de equilibrar a vida profissional e a familiar. Não levar trabalho para casa já é uma dica, e não levar problemas de casa para o trabalho é outra. Não dá para misturar papéis.

As mulheres lutam há muito tempo para conciliar família e trabalho. Lutam por horários mais flexíveis, creches, empregos de meio expediente, melhores salários e cargos, licenças familiares... Mas sabemos que não existem soluções definitivas, simplesmente porque os filhos precisam da mãe, e ter um pai presente e participativo ajuda muuuito!

John Gottman, autor de *Inteligência emocional e a arte de educar nossos filhos*, ressalta a importância do pai:[57]

> Os pais podem influenciar os filhos de algumas maneiras que as mães não conseguem, especialmente no que diz respeito ao relacionamento da criança com os colegas e seu desempenho na escola. Pesquisas indicam, por exemplo, que meninos com pais ausentes têm mais dificuldades em encontrar o equilíbrio entre a afirmação da masculinidade e o autocontrole. Consequentemente, têm mais dificuldade de aprender a se controlar e adiar a gratificação. Habilidades que adquirem importância cada vez maior à medida que o menino cresce e procura amizades, sucesso acadêmico e ascensão profissional. A presença positiva de um pai também pode ser fator significativo nos desempenhos acadêmico e profissional da menina, embora aqui a evidência seja mais ambígua. Porém fica óbvio que as meninas cujos pais são presentes e interessados são menos propensas a cair precocemente na promiscuidade sexual e mais propensas a estabelecer relacionamentos saudáveis com os homens quando se tornam adultas.

Estudos nos mostram que a melhor aprendizagem é aquela que acontece em casa, junto aos pais, antes de a criança entrar para a escola. Além disso, o nível mais alto de aprendizagem está entre 0 e 6 anos de idade. Fase em que as crianças aprendem a pensar.[58]

Aproximadamente aos 4 ou 5 anos, começam a perceber que existem coisas que devem ser feitas (despertar do senso moral), período em que começam a aprender regras e princípios.[59] As regras dizem o que pode ou

---

[57] GOTTMAN, J. *Inteligência emocional e a arte de educar nossos filhos*. Rio de Janeiro: Objetiva, 1997. p. 170.

[58] NÚCLEO CIÊNCIA PELA INFÂNCIA. *O impacto do desenvolvimento na primeira infância sobre a aprendizagem*. Disponível em: https://www.mds.gov.br/webarquivos/arquivo/crianca_feliz/Treinamento_Multiplicadores_Coordenadores/IMPACTO_DESENVOLVIMENTO_PRIMEIRA%20INFaNCIA_SOBRE_APRENDIZAGEM.pdf. Acesso em: 4 abr. 2024.

[59] TAILLE, Y. O despertar do senso moral. *Mente & Cérebro*, v. 19, n. 230, p. 32–37, 2012.

não ser feito, não precisam de esclarecimento. Os princípios morais são a matriz que dão origem às regras e, para serem aprendidos, demandam maior trabalho intelectual. Somente entre os 8 e 9 anos é que as crianças os entenderão.[60]

A maioria das famílias necessita deixar os filhos pequenos em creches, berçários e escolinhas maternais, para cumprir uma jornada dupla de trabalho. Se não existem boas creches e escolas maternais, a desigualdade de oportunidades educacionais existe e continua. Os mais estimulados sempre serão os mais favorecidos. As desigualdades social, econômica e cultural serão sempre a origem dos grandes problemas da sociedade brasileira.

REALIDADE

Houve uma época que a nossa situação financeira ficou caótica: a nossa empresa passou por uma fase péssima, junto com outras pequenas empresas que lutavam para se manter no plano Collor. Passamos a fazer uma economia danada! A contenção de despesas era grande, e, apesar do corte de muitos supérfluos, não conseguíamos manter os compromissos financeiros. Tudo o que o Ruy ganhava ficava na empresa, e eu havia parado de trabalhar. Nessa época, aconteceram cenas engraçadas e traumáticas...

> — Criançada, hoje nós vamos comer pizza — falei, animada. Fazia um tempão que não saíamos e havia sobrado um "troquinho" de grana.
> — Oba! — todos gritam, felizes.
> — Posso levar o Tuco? — pediu Kiko.
> — Não, seu bobo! — repreendeu Gabi. — Você não vê que a mamãe não tem dinheiro?

[60] DESENVOLVIMENTO nos anos iniciais do ensino fundamental. *Instituto Ayrton Senna*, 16 nov. 2023. Disponível em: https://institutoayrtonsenna.org.br/fases-do-desenvolvimento/. Acesso em: 4 abr. 2024.

Olho para ele sem jeito e, concordando com a Gabi, lhe expliquei:
— É, filhão... Se levarmos amigos, vai sair mais caro. É melhor irmos nós hoje e, quando a situação melhorar, a gente leva o Tuco, tá bom?
— Tá bom. — Ele acabou concordando. Agradeço sempre a Deus por ter me dado filhos tão bons!
— Ah! E tem mais uma coisa: não pode pedir sobremesa, senão encarece muito a conta.
— Nem suco, né, mãe? — continuou a sempre esperta Tatá.
— Nem suco — concordei.
— Ê, Kiko, vê se lembra de não pedir sobremesa, hein! — recomendou Tatá, preocupada. — Não vai fazer a gente passar vergonha!
E assim fomos para a pizzaria.
— Eu quero muçarela.
— Eu quero margherita.
— Eu não gosto de manjericão!
— Eu gosto de portuguesa!
— Eu não gosto de ovo!
— Eu quero suco de laranja! — gritou Kiko.
— Cala a boca! Você não ouviu a mamãe falar que não pode pedir suco? — sussurrou Gabi no seu ouvido.
— Manhê, é verdade que não pode pedir suco? — gritou Kiko, em alto e bom som. Samuel, sempre muito preocupado com regras sociais e muito tímido, abaixou-se na cadeira, envergonhado.
— Fica quieto! — sussurrou entre dentes a Gabi, enquanto o garçom esperava o pedido.
— Pode, sim, Kiko — respondi delicadamente, sorrindo envergonhada diante dos olhares dos outros fregueses e angustiada com a conta.
Naquela época, eu também era tímida e me preocupava com o que os outros pudessem pensar. Olhei para Samuel, buscando identificação com seus sentimentos, respirei fundo e me acalmei.
— Seu idiota, olha o que você fez a mamãe fazer! — disse Gabi ao Kiko. Como sempre preocupada no lugar da irmã mais velha.
— Calma, filhinha! Ele ainda é pequeno para entender essas coisas. Não se preocupe. Só o suco dele não vai pesar na conta.
— Ê, Kiko, vacilão! — falou Tatá, que aproveita a confusão para acentuar a rivalidade com o irmão.

— Chega, Tatá. Vamos aproveitar o passeio.
Talvez você me pergunte: "Cadê o Ruy?". O Ruy, como na maioria das vezes, estava preocupado e pensativo, tentando resolver os problemas da empresa. Presente, porém distante em seus pensamentos. Chegada e devorada a pizza, foram ver o pizzaiolo "manobrar a massa", enquanto eu e Ruy conversávamos um pouco, e aí, quando retornaram:
— Manhê! — Bem alto, todos olharam novamente.
— Fala, Kiko.
— Pode pedir sobremesa, ou você também não tem dinheiro?
— Pode, filhão — respondi, sorrindo, tentando disfarçar o mal-estar. Olhei para os lados.
— Pode mesmo? — perguntou Tatá.
— Pode, filhinha — consenti, olhando ao redor. Reparei em um monte de rostos me olhando, como se eu fosse uma megera. Tentando disfarçar a vergonha, perguntei ao Samuel educadamente e sorrindo:
— Você quer sobremesa, filhão? Peça o que quiser!
— Oba!
— Eu quero banana split — falou Gabi.
— Eu, um sundae — respondeu Samuel.
— Milkshake. — Foi o pedido de Tatá
— Sundae! — Foi a vez do Kiko, que mal sabia o que aquilo era.
Só sei que, como era o esperado, a sobremesa saiu muito mais cara que o jantar, e nós demos um cheque sem fundos. Saímos de lá direto para a casa de meu sogro, para pedirmos dinheiro e cobrirmos a conta. Tudo porque fiquei com medo de educar meus filhos na frente dos outros.

Lembro-me de outra passagem da mesma época, essa tragicômica. A geladeira vivia vazia. Um dia, durante uma reunião na escola do Kiko, com 4 anos na época, a professora me chamou:
— O seu filho tem muito senso de humor, Betty.
— É mesmo? O que foi que houve?
— Eu estava explicando a noção de conjunto e pedi para a classe um exemplo de conjunto vazio. O Kiko levantou a mão e disse que sabia o que era um conjunto vazio.
— Ah, é? E o que ele disse? — perguntei.

— Ele disse que era a geladeira de casa! Olha que graça! Que piada, não? — falou ela, com cara de quem ouviu uma gracinha de criança.
Pensei comigo: *mal sabe ela que essa é uma triste realidade*.
Ainda nessa época, eu e uma prima ganhamos uma estadia para um fim de semana num hotel de luxo em Ubatuba. Fomos com a família. Essa prima é muito engraçada e, enquanto nossos filhos brincavam e os maridos jogavam bilhar, ficamos nós duas na beira da piscina e resolvemos pedir um champanhe com camarões no bafo.
— Vamos fazer uma loucura? Afinal, não estamos pagando estadia, e nós merecemos, não é mesmo? — disse eu. Aí veio aquela frescura toda e eu complementei: — Quem nos vê aqui, nesse babado todo, vai pensar que somos duas "dondocas".
Ela fez a maior pose de rainha e me respondeu uma coisa que até hoje não me esqueço e da qual rio à beça.
— É mesmo, Betty: "Pobre, sim, mas aparentar, nunca!".

Concluo que a vida é assim: cheia de surpresas, de altos e baixos. E nós devemos vivê-la de acordo com aquilo que somos, pensamos e acreditamos. Se estamos no alto, ótimo! Vamos aproveitar tudo que for possível. Tudo passa. Somos somente aquilo que nos permitimos ser. Não fingir traz tranquilidade e paz de espírito. Quanto mais vivo, mais dou valor às pessoas que têm senso de humor.

Quanto à educação dos filhos, é necessário fazermos isso de acordo com a realidade em que vivemos. Existem pais que se viram do avesso para dar aos filhos aquilo que não puderam ter. Outros que, para aliviarem a culpa pela ausência, enchem os filhos de presentes ou não sabem dizer um *não*, diante de um pedido absurdo. Aparentam aquilo que não são, levando os filhos a crer que aquela é a sua realidade de vida.

Fazem um sacrifício danado para colocá-los na escola mais cara, na maioria das vezes, apenas por questão de status. Só que têm de bancar tudo o que há por trás disso: mensalidades, passeios, material, aulas extras e praticamente o mesmo padrão de vida que os colegas de seus filhos levam, com direito a celular, viagens internacionais, hotéis, roupas caras, carro de luxo, casa de luxo, acessórios, brinquedos etc. Passam o modelo de que é preciso *ter* para *ser*. Nada melhor do que *ser* o que se *é*. Viver dentro de nossas possibilidades e limites.

A frustração é a entrada no mundo adulto. Sei que você quer proteger o seu filho da melhor forma que pode. Mas isso não é bom, porque evita que sua criança aprenda a lidar com as dificuldades próprias e inerentes da vida. Crescer envolve esforços da parte dela, a persistência, a capacidade de lidar com a frustração, a responsabilidade, com certeza resulta em amadurecimento.

Mostre para seu filho qual é o mundo dele, faça-o desfrutar dele como o mais maravilhoso dos universos, tornando tudo viável dentro das possibilidades de ser feliz onde ele vive. Deixe que ele faça por si, que lute para conseguir o que deseja e acredita. Dê a ele chances de conquistar autonomia, individuação e liberdade. Não lhe ensine falsidade, dissimulação, mentira, insatisfação, ou, pior ainda: a sentir vergonha de si mesmo.

Mostre ao seu filho a importância do trabalho, da conquista pelo trabalho, pois é por meio dele que o ser humano é capaz de moldar e mudar a si e o seu universo. O trabalho lhe permite manter-se e manter o outro, e, assim, a vida e a sociedade. Não diga que você trabalha para dar aquilo que a sua criança pede. Na verdade, o importante para a criança é ter você em casa. Portanto, diga que você trabalha para contribuir com o progresso do país.

O seu filho precisa saber que metade da humanidade morre de fome, não tem onde morar, que é totalmente desamparada no que diz respeito à saúde e educação, e que há uma pequena parcela da população mundial que consome de tudo, que esbanja e cultiva o supérfluo. E é exatamente essa minoria, que consome de maneira alienada, que leva os nossos jovens a querer ter o status para substituir o vazio do ser.

O consumo alienado passa a ideia de que a felicidade consiste numa questão de poder sobre as coisas e sobre os outros. O filósofo alemão Horkheimer afirmava que "quanto mais intensa é a preocupação do indivíduo com o poder sobre as coisas, mais as coisas o dominarão, mais lhe faltarão os traços individuais genuínos".[61]

Assim, não existe uma relação direta e real entre o consumidor e o prazer do que foi adquirido. Ele compra rótulos e marcas. Só satisfaz os desejos e as fantasias que lhe foram artificialmente inculcados. Isso também acontece com relação ao lazer. A indústria cultural e de diversão leva todos a fazer as mesmas coisas e a frequentar os mesmos lugares. As pessoas

---

[61] HORKHEIMER, M. *Eclipse da razão*. São Paulo: Editora Unesp, 2016. p. 141.

vivem mudando os seus templos de prazer e de diversão, os seus ídolos, os seus costumes e hábitos, conforme os que imperam de tempos em tempos.

Enfim, um dos maiores filósofos pré-socráticos, Heráclito (500 a.C.), referindo-se às constantes mudanças do homem, provocadas pela sua condição, já observava que "tudo flui, nada persiste, nem permanece o mesmo. O ser não é mais nada do que o vir a ser".[62]

No que se refere ao vir a ser, é importante saber da importância do ambiente no processo do desenvolvimento da inteligência. Piaget já havia concluído há muito tempo, em seus estudos, que a inteligência dependia da estimulação do ambiente.

O cientista Richard Nisbett, em seu estudo *Intelligence and How to Get it* [Inteligência e como alcançá-la, em tradução livre],[63] confirma a existência de um componente genético presente nela, mas afirma que esta não se limita a ele. O autor afirma que estímulos simples, feitos em casa e na escola, contribuem para que cada criança possa alcançar o máximo do seu desempenho intelectual e que, portanto, o ambiente é mais importante do que a genética para a inteligência.

Parar de educar os filhos só para obedecer encoraja as crianças a realizar atividades que possam despertar mais a sua curiosidade. Ler e conversar com elas leva ao entendimento de si e do outro.

PACIÊNCIA

Como você já sabe, em 1968, quando nos conhecemos, éramos jovens apaixonados que faziam planos para quando nos casássemos e tivéssemos filhos.
— Já pensou? Um bando de oito filhos! Que farra! A gente dormindo e todos entrando no quarto para nos acordar? — dizia eu ao Ruy, sonhando com uma casa cheia e barulhenta, talvez até para suprir a minha solidão infantil.
Ruy me escutava atentamente e apenas sorria, pois vinha de uma família grande e sabia o quanto a convivência costumava ser difícil.

---

[62] COTRIM, G. *Fundamentos de filosofia*. São Paulo: Saraiva, 2013. p. 209.
[63] NISBETT, R. *Intelligence and how to get it*. Nova York: W.W. Norton, 2009.

Certa vez, de férias na praia, passamos por um camping e achamos lindo, super-romântico, a paisagem das barraquinhas montadas e a convivência dos pais e filhos de folga. Este passou a ser o nosso sonho: acampar com nossa futura família. E foi assim que aconteceu.

— Crianças, venham cá! — disse eu, com o Ruy.

— Que foi, mãe? — Chegando já com as carinhas curiosas, pois notavam, pela minha voz, que vinha coisa boa.

— Conta pra eles, Papi — pedi ao Ruy que comunicasse a novidade.

— Nessas férias, nós vamos acampar! — Ruy foi logo lhes dizendo.

— Acampar? Oba!

— É! Sempre foi o sonho da mamãe e do papai. — Fui logo completando. — Desde antes de a gente se casar. Nós passávamos pelos campings e víamos todas aquelas barraquinhas coloridas, as crianças brincando, churrasquinho, violão... Já pensou que delícia dormir numa barraca? Todos juntinhos, conversando, ouvindo o silêncio da noite, os grilos, sendo acordados pelos pássaros... Que lindo curtir a natureza!

E fomos todos providenciar o equipamento: barraca, fogão de duas bocas, botijão de dois litros, mesa portátil, pá, martelo, ferramentas gerais, equipamento elétrico para puxar luz, cadeiras dobráveis... e, pronto! Estávamos equipados.

Compramos uma barraca linda: dois quartos, sala e varanda. Parecia uma mansão, só faltava garagem. Que sonho era pensar que apenas a lona de uma barraca nos separava das estrelas durante o nosso sono. Nós partimos de madrugada.

— Acoorda, criançaadaa! Vamos acampaar!

— Eba, mãe!

Todos se levantaram rapidamente, e enquanto eu tomava o meu café:

— Manhêêê, vem me limpááá! — gritou o Kiko lá do troninho, pra variar.

Enfiamos tudo no Maverick laranja. Era tranqueira pra tudo quanto era lado, até na capota. Daquela vez não levamos nem a vó, que ficou injuriada, nem os cachorros. Nosso rumo: Ilhabela Camping Club. Férias de verão, calor, calor, calor, quatro horas de viagem até a balsa, mais quatro horas na fila da balsa.

Não vou relatar as confusões dentro do carro, pois já são de seu conhecimento e, na vida em família, cada novidade acaba por complicar mais ainda as coisas à medida que os filhos crescem e se aprimoram na arte da birra, teimosia e manhas. Porém, tudo passou quando avistamos o camping e chegamos à portaria.

— O senhor ainda tem vaga? — indagou Ruy.

— Sei não, é melhor o senhor perguntar ali na recepção — respondeu o guarda, indicando uma casinha à esquerda.

Olhamo-nos meio decepcionados e ansiosos, e Ruy encostou o carro num canto e foi até o local indicado.

— Cruzem os dedos, crianças. Tomara que o papai consiga uma vaga — falei, dando uma olhada geral no camping, que parecia lotado.

Após mais ou menos vinte minutos, Ruy retornou, quieto.

— O que foi? — perguntei. Ele continuou em silêncio enquanto manobrava o carro.

— Fala, pai! — implorou Gabi.

— Conseguimos! — gritou Ruy.

— Eba! — entoaram as crianças.

— Precisamos procurar uma vaga — instruiu Ruy.

Começamos a trafegar vagarosamente pelo camping, à procura de uma vaga, mas não encontramos. Já estávamos desanimados quando eis que, de repente, ela surgiu à nossa frente, bem debaixo de uma enorme e frondosa jaqueira. Que bela sombra! Como é que alguém não viu uma clareira como aquela? Uma vaga limpa, sombreada, perto dos tanques, próxima aos banheiros e ainda com estacionamento para o carro na frente! Perfeita! Dádiva de Deus! Sorte de principiante! E o mais importante: sem vizinhos!

Descarregamos o carro ali mesmo, "na porta de casa", sem o ir e vir cansativo até o carro e começamos a montar a barraca. Pouco a pouco, foi surgindo à nossa frente o nosso canto no paraíso: todo amarelinho, com uma varandinha linda, tapetinho de esteira, duas cadeiras de praia, colchonetes nos quartos, fogão, caixa de remédios, caixas de mantimentos (tomando todo o espaço interno da sala). Enfim! Eram cinco da tarde quando, exaustos, porém felizes, nos sentimos instalados e aí eu disse ao Ruy:

— Bom, agora dê um pulo na praia com as crianças, que eu vou fazer o almoço. Na verdade, seria mais a hora de fazer o jantar.

Estava louca para me sentir uma verdadeira campista em ação e estrear o fogão. O camping ficava a mais ou menos uns seis quarteirões da praia, mas nada era um impedimento para uma família tão animada.

Pega biscoito, leva água, fraldas para o Kiko, guarda-sol, cadeira, bonés, brinquedos... Além disso, tinha uma avenida para atravessar: o que significava precisar ter mãos livres para segurar quatro crianças com "cabecinhas de vento", "mãos de quiabo cozido" e "pés de rolimã".

Mas isso não era relevante, o importante seria a volta: hora da primeira refeição no camping. Imaginava aquelas famílias dos filmes americanos, com papai, mamãe, filhinhos penteadinhos, felizes à mesa, cercados pela mãe maior – a mãe natureza –, saboreando uma comida quentinha e saborosa diante do olhar radiante de felicidade e realização dos pais.

Montei o fogão e resolvi fazer arroz de Braga (ou seria de Praga?), afinal, tinha de ser prática. É uma espécie de risoto, feito com linguiça e repolho. Acendi o fogão, ele apagou. Acendi novamente, e ele apagou. *Raios, o vento!* Cerquei o fogão com papelão, e acendi de novo. O fogo lutava contra o vento, porém não apagou e, assim, sentindo minha primeira vitória contra a natureza, coloquei o arroz para cozinhar. E então fui arrumar as camas.

Terminada a tarefa, voltei para ver o arroz... Fogo apagado. Respirei fundo: "faz parte". Olhei ao redor. *De onde vinha o vento?* Tentei encostar o fogão na barraca, e acabei queimando um pedacinho da lona. Por pouco não botei fogo na barraca inteira. *Sua idiota! Olha o que você ia fazendo!*, pensei, tentando manter a calma.

Resolvi fechar a porta da barraca e acender novamente o fogo: *agora vai!*

Meia hora depois: nada.

Uma hora depois: nada.

Uma hora e meia depois: nada.

Eu não sabia mais o que fazer! O maldito do arroz não cozinhava. Àquela altura do campeonato, todos já haviam voltado da praia.

— Manhê, tô com fome! — diziam as crianças. — Vai demorar?

— Come bolacha — eu respondia.

— Mais bolacha, mãe? Não aguento mais comer bolacha! — reclamou Dedé.

— Dedé, você tem de colaborar! — exigi eu, absolutamente errada e nervosa.

Às 20h, finalmente, Ruy tomou uma atitude.

— Chega! Esse fogão não presta. Vamos comer fora.

— Êba!

Naquela época, Ilhabela não tinha as opções de restaurantes que tem hoje. Já era tarde da noite. Por perto, tinha só uma pensão muito simples, e a comida já havia acabado. Pedimos pelo amor de Deus que a dona nos atendesse e providenciasse os restos de tudo o que houvesse. Aí saboreamos um delicioso "sorobô" (sobrou). As crianças comeram muito e terminaram com carinha de sono. Também pudera! O dia havia sido longo. Deitaram as cabecinhas sobre a mesa enquanto esperavam pagarmos a conta, e eu comentei com o Ruy:

— Tadinhos, exigimos muito deles hoje. São tão bonzinhos, compreensivos. Às vezes, não é bom que sejam tão cordatos, pois deixam de lutar por aquilo que desejam.

— Eu não acho errado — respondeu Ruy, sempre muito prático e sensato. — Também tive de aceitar muitas coisas e estou aqui.

— Sei disso, concordo que seja necessário aceitar os nãos. Eles são estruturadores do psiquismo, mas eu estou comentando com você que nossos filhos têm uma preocupação excessiva com o nosso bem-estar, e que isso também é preocupante.

— Ah!

Como eu percebi que o ambiente, o clima e a hora não estavam pra esse tipo de papo, resolvi parar com a conversa.

— Vamos embora? — sugeri, terminando a cerveja.

— Bóra! — concordou ele, louco para dormir e descansar.

Colocamos as crianças adormecidas no carro e nos mandamos, pensando, mais uma vez, na sorte que tivemos ao poder estacionar o carro na porta da barraca. Pusemos todas elas em um quarto: que gracinha ver todas enfileiradinhas! Como os filhos ficam lindos quando dormem!

Suspiramos apaixonadamente e resolvemos curtir o momento tão romântico. Sentamo-nos à porta do nosso bangalô e passamos a apreciar as maravilhas do universo que se apresentavam naquela noite como nosso teto.

— Aquela é a sua estrela — disse Ruy, apontando-me um astro brilhante e altivo.

— É a minha estrela? Aquela que eu vejo lá no sítio?

— Sim. Na verdade, ela não é uma estrela, e sim um planeta. Chama-se Vênus.

— Que lindo! Ela veio até aqui nos acompanhar também — eu lhe disse, encostando a cabeça em seus ombros protetores, lembrando-me dos tantos encontros que tive com essa "estrela" que me acompanha desde a infância.

Nisso, as horas iam altas, o camping foi silenciando; as luzes, se apagando, e o sono tomando conta de nossas consciências. Deitamos depois de algumas dificuldades para nos trocarmos, pois o Ruy tinha 1,87 de altura e, na ocasião, pesava 120 kg, e o nosso quarto media uns 5 m por 2,30 m de largura, com 1,70 m de altura. Portanto, tivemos alguns problemas "técnicos" inclusive para dormir:

— Papi, dá pra você virar pro outro lado, você tá respirando no meu nariz?

— Se eu virar, fico com o nariz enfiado na lona. Sobe um pouco a cabeça, que eu encaixo o nariz no seu pescoço.

— Assim não dá, eu morro de calor! — Começou a me dar um faniquito. — Ai, tô morrendo de calor. Tá muito abafado aqui! Desse jeito, vou ficar com enxaqueca.

— Peraí, Mami. Vou dar um jeito. — Aí ele se virou para dormir com a cabeça aos pés do colchonete. Ele nos pés, e eu na cabeceira. — Tá bom assim?

— Ah, tá ótimo! Boa noite, Papi.

— Boa noite, Mami.

— Papi...

— Hum?

— Para de roncar, cê acorda as crianças.

— Hum... — Virando-se de lado, com dificuldade.

— Manhê! — chamou um deles.

— Psiu! Fala baixo. Você vai acordar todo mundo. — Sempre preocupada com o bem-estar das pessoas. — O que você quer, Tatá?

— Quero fazer xixi — disse ela, choramingando.

Ai, meu Deus! Esqueci deste detalhe: sair de madrugada e levar as crianças ao banheiro.

— Peraí, Tatá. Fica quietinha, que a mamãe já vai.

Precisei pensar rapidamente em como me levantar, passar por cima do Ruy, no escuro, sem cair, abrir o zíper da porta do nosso quarto, depois o zíper da porta do quarto das crianças, passar por cima dos três primeiros até chegar à Tatá, pegá-la no colo e retirá-la do quarto, antes que fizesse xixi na calça. Mãe é mãe.

— Papi, dá licença — pedi, com carinho, tentando manter o romantismo.

— Hum! — respondeu, sonado.

— Papi, acorda!

— O quê? — falou, já se virando e voltando a dormir.

— Papi! — gritei e o sacudi. — Levanta a cabeça que eu não acho o zíper da porta!

— Manhê! Xixi!

— Quieta, Tatá! Ai, meu Deus, que calor! — Àquela altura, eu já estava suando de nervoso. — Cadê o maldito fecho? Papi, pelo amor de Deus, acorda.

— Manhê, olha a Tatá! Ela pisou na minha cabeça — gritou Gabi, empurrando Tatá, que caiu na barriga do Kiko.

— Buáááá...

— Quieto, Kikão, não foi nada — falei, tentando acalmá-lo. Parecia que quanto mais eu rezava, mais assombração me aparecia!

— Mãe, xixi!

— Buáááá...

Catei a Tatá no ar, passei por cima de todos, roguei a Gabi e a Dedé que dessem um jeito no Kiko e corri para o banheiro, enquanto Ruy parecia a Bela Adormecida. Chegando lá, o vaso sanitário estava entupido de merda até a boca. Precisei me conter para não vomitar. Tatá fez xixi foi no chão mesmo.

— Tatá, faz aqui no ralo.

Voltei para a barraca, acomodei as crianças novamente, fiz mamadeira pro Kiko, voltei para o banheiro, lavei os pés, pois na afobação corri sem chinelos. Não sei por que, comecei a sentir uma ligeira saudade de casa. Olhei para a panela cheia de arroz com linguiça e repolho. Arroz de Braga? Não. Arroz de Praga mesmo.

Que eu faço com isso? Amanhã eu penso. Aliás, o amanhã já era hoje. Deixaria o problema para daqui a pouco. Deitei-me, e senti um calombo nas costas. Ajeitei a colchonete, estiquei o lençol, e o maldito calombo não sumia. Tudo escuro! E o Kiko chora:

— Mã, tá escuro!

— Olha esse barulho! — gritou alguém lá de fora, reclamando da confusão.

— Calma, crianças. A mamãe tá aqui. Dedé, cê tá acordado, filhão?

— Tô!

— Segura o Kiko pra mamãe.

Deitei-me no formato da letra S, para contornar o calombo, e assim consegui dormir, na esperança de curtir um lindo amanhecer. Sonhei que me encontrava trancada numa sauna seca, sem ar, completamente sufocada, encalorada, suando às bicas, desesperada para sair, sem conseguir destrancar a porta.

Tentei gritar, e a voz não me saiu. Acordei asfixiada, tensa, encharcada de suor. Nisso me dei conta do calor que fazia na barraca, já banhada pelo sol às sete da manhã. Parecia uma estufa! Às pressas, abri o maldito zíper do quarto e da sala, que dava acesso à liberdade. O tempo todo pensando: *Para que se trancar tanto?*

— Ufa! — suspirei de alívio. Respirei profundamente o ar da manhã e percebi que o camping já está vazio. A turma já havia debandado para a praia.

— Que gente animada!

Senti uma picadura no tornozelo; em seguida, outra no pescoço, outra nas coxas, outra no braço e assim me vejo lutando contra os famosos borrachudos de Ilhabela. Imediatamente, me tranquei na barraca e, junto comigo, entraram uns trezentos mil borrachudos. Eu não sabia o que fazer. O calor aumentava cada vez mais, os borrachudos me picavam. E coçava!

Sair ou ficar? Correr ou me cobrir? Acordar as crianças ou não?

Fui vê-las. Estava suando em bicas. Ruy roncava. *O que será de mim? Chega!*

Abri tudo. Que se danassem as crianças, que se danasse o Ruy, que se danassem os borrachudos. Eu precisava de ar, eu precisava sair dali!

— Acordem, todos! Vamos para a praia. Chega de dormir, que eu não preguei os olhos! — Sentindo-me a vítima. — Olha aqui Ruy, pega os teus filhos, dá café da manhã, troca todo mundo, passa repelente, que eu vou dar um jeito nesse muquifo e vou pra praia.

Ele ficou me olhando com cara de quem não entendeu nada, e com razão! Arrumei aquela zona toda e descobri por que havia um calombo no meu colchonete: era um formigueiro, embaixo da barraca. Naquela hora, atualizei todos os palavrões que havia deixado de falar desde que me tornara mãe.

Olhei para a panela com o "Arroz de Praga", doei-o aos gatos do camping (que eram centenas) e, após deixar a barraca lindinha novamente, a calma e o bom humor me levaram à praia. Pensei: *Faz de conta que não é contigo, não deixa isso estragar as férias.* E aquela foi apenas a primeira noite.

— Ei, criançada, cheguei! — disse rindo e entrando na brincadeira de areia. Manhã deliciosa: caipirinha pra cá, cervejinha pra lá, outra caipirinha, outra cervejinha, mais uma, só mais uma, agora a saideira... Puxa, eu estava precisando relaxar!

— Nossa, mas essa caipirinha é tão fraca, né, amor? Não dá nem pra sentir — dizia eu, sentindo-me levinha, levinha, relax, relax...

— Cadê as crianças, Mami?

— Ah, relaxa, Papi. Deixa as crianças livres, elas precisam ter mais autonomia — disse eu, teorizando.

— Mas você não acha que elas são um pouco jovens demais para terem autonomia? — ele me questionou, como sempre, levando a sério o que eu falava.

— Oh, Papi, *calm down*. Toma mais uma caipirinha. Você está muito tenso. As crianças devem estar por aí.

Meia hora depois de uma pequena soneca, desperto assustada:

— Papi, cadê as crianças?

— Não sei!

— Como você não sabe?

— É... Estavam correndo pela praia e aí... Não sei!

— Aí, meu Deus! — Procura daqui, procura dali! Nada!

— Vamos à polícia!

Largamos tudo na praia e, quando chegamos ao camping, nossos filhotinhos estavam comendo biscoito e brincando na frente da barraca.

— Oi, filhotes, como vocês vieram para cá? — perguntei.

— Vocês estavam dormindo, a gente tava com fome e veio pra cá! — respondeu Gabi.

— Oh, meu Deus! Perdão, crianças. O que mamãe e papai fizeram foi errado, perdemos o controle. Não vai acontecer mais. Vamos almoçar?

Como optei em salvar as férias, resolvi não cozinhar mais, e assim passamos a fazer nossas refeições na pensão. Passei um dia péssimo: cheia de culpa, pela minha negligência. Como uma mulher prevenida vale por duas, no final do dia, comprei um penico, e uma lanterna também.

Após o ataque dos borrachudos das 18h, toquei violão para as crianças, iluminados pelo lindo luar enquanto simultaneamente espantava os pernilongos. Quando a disposição deu lugar ao cansaço, falei:

— Chega, criançada! Ninguém é de ferro. Vamos dormir.

Ainda era cedo. O camping todo estava acordado, movimentado e aceso. Coloquei as crianças no quarto.

— Ai, que calor! Que bafo! — Reclamei.

— Mãe, quero água.

— Mãe, a Tatá encostou o pé em mim.

— Mãe, o Kiko fez cocô.

— Mãe, o Dedé tá falando que tem lobisomem.

— A Gabi tá com a mão no meu colchão.

— Ruy? — Cadê o Ruy? Por que essas crianças não chamavam o pai?

Fui atrás dele, e o folgado estava olhando as estrelas. Mais uma vez, já cheguei brava igual vaca prenha:

— Será que você pode me ajudar?

— O que está acontecendo? — Como sempre, muito calmo.

— Nada, nada! — respondi sarcasticamente. — Ai meu Deus, pareço uma louca! Já estou perdendo novamente o bom senso.

Quando o pai entrou na barraca, o barraco se resolveu rapidamente:

— Olha aqui, se alguém abrir a boca, apanha! — ele ameaçou.

— Muito obrigada — disse quando ele saiu. — Se fosse para resolver desse jeito, eu não precisaria de você!

— Então por que me chamou?

Contei até três, lembrando-me que aquelas eram as férias de nossos sonhos. Pensei mais uma vez: *Não é comigo. Nada vai me tirar o bom humor.*

— Tá certo, tá certo. Você tem razão. Desculpe. Mas você foi violento com as crianças.

Aí ele foi até os nossos filhotes, desejou boa-noite, deu água pra eles, trocou o Kiko, repreendeu Dedé e assim tudo voltou ao normal.

— Que lindos os nossos filhos quando dormem, você não acha?

Fui me trocar na barraca, e, conforme ia tirando a roupa, escutei:

— Ai, gostosa!

— Tesão!

— Vai, agora a calcinha.

— Tira tudo!

Olhei ao redor, espantada, não vi nada. Nisso, Ruy entrou furioso e apagou a luz interior.

— O que foi? — perguntei-lhe assustada.

— A barraca fica transparente quando acende a luz aqui dentro. Tava todo mundo vendo você se trocar!

— Ai, meu Deus, eu mereço! — Numa situação dessas, transar? Nem pensar!

Todos dormindo, inclusive eu, madrugada alta, um estrondo enorme, junto com um grande abalo em nossa barraca.

Eu, Ruy e as crianças fomos acordados pelo barulho e pelo tremor, junto com os nossos gritos e a correria, perdidos em meio ao escuro.

— Cadê o Kiko?

— Cadê a Tatá?

— Dedé, você taí?

— Gabi, dá a mão pra mamãe.

Saímos correndo lá para fora, e o que vimos?

Uma bela e cheirosa jaca espatifada em cima de nossa barraca, transformando-a em algo totalmente torto e disforme. Eureka! Acabamos de descobrir por que a vaga estava disponível.

— Olha, mãe! Você quer um pedacinho de jaca? — Rindo, me oferece Gabi, sabendo que eu adoro a fruta.

— Não, Gabi. Obrigada — respondi, tentando manter a calma. — Mamãe está sem vontade. Acho melhor voltarmos para a cama. — Pensando novamente: *não é comigo*.

O dia amanheceu quente, chuvoso e cheiroso. A barraca fedia a jaca. Não dava para ficar lá dentro nem ir à praia. O melhor seria darmos um passeio de carro: ir à praia dos Castelhanos. Hoje em dia, só se consegue chegar lá com guias locais e de jipe, mas, naquela época, fomos sozinhos... E de Maverick!

Depois de toda a luta para conseguirmos atravessar a trilha dos morros, e com chuva, chegamos a uma praia esplendorosa. Saímos do carro, na chuva mesmo. Porém, mais ou menos a uns duzentos metros de distância, começamos a ser atacados por uma verdadeira nuvem de borrachudos.

— Vamos voltar pela água!

Enfiamo-nos com água até o pescoço, com as crianças no colo. Porém, a praia era muito brava! E foi uma aventura perigosíssima chegar até o carro por mar. Voltando ao camping, despencou a maior tempestade de todos os tempos, com direito a relâmpagos, trovoadas e blecaute. Nunca vi nada igual. Como a nossa barraca estava torta e toda deformada, formavam-se bolsões de água no teto. As costuras não suportaram tanta água e começaram a vazar.

— Papi, passa a fita crepe! Tá vazando água aqui no teto!

— Manhê, tá pingando água na minha cabeça!

— Mami, tá entrando água por baixo do colchão.

— Paiê, tô com medo!

— Mã, colo!

— Tô com fome!

— Qué xixi...

— Ele me bateu.

— Qué pêta!

— Cadê a chupeta do Kiko?

— Não sei! Tá escuro.

> — Tô com frio!
> — Atchim, atchim, cóf-cóf.
> *Não é comigo, não é comigo!*
> Passamos a noite em claro. De manhã, bafo quente, e Tatá ardendo em febre.
> *Chega! Agora é comigo mesmo!*
> — Vamos já embora.
> — Ebaaa! Eu quero a minha casinha.
> Imediatamente, recolhemos tudo. Demos os mantimentos para os vizinhos, para a nossa partida ser mais rápida ainda, e beijei o chão da minha linda e aconchegante casinha quando chegamos. A barraca? Nem sei! Emprestei para alguém que não me devolveu. Deve tê-la abandonado em algum camping...

Moral da história: não queira ser uma heroína, faça somente aquilo de que gostar. Não espere a sua paciência se esgotar para impor o seu limite. Apesar de a alegria ser fundamental em uma família, é preciso que você perceba e aceite que a relação mãe e filho não envolve somente amor e bem-estar, mas também chateação, ódio, inveja, cansaço, ressentimentos, ciúmes, rejeição.

Aprenda a lidar com as suas limitações e com todos os sentimentos ambíguos, assim você não se sentirá fracassada e monstruosa. Nem sempre os sonhos que temos dão certo com os nossos filhos.

Muitas vezes, família significa confusão e trabalho. Você escolhe algo que pensa ser bom e se arrepende profundamente, isso porque você não é onipotente, e porque cada filho é de um jeito. E não é preciso você fazer a loucura que eu fiz, de acampar, para se arrepender de ter saído com eles. Mesmo com crianças totalmente urbanizadas, que é como a maioria é hoje em dia, infelizmente. Uma simples ida ao cinema pode se transformar em uma verdadeira sessão de tortura: filas imensas, crianças falando e chorando o tempo todo, chutes na poltrona, xixi, cocô, fome, sono... e você tendo de administrar tudo.

Digo "você", pois, quando se tem um filho, geralmente o pai desaparece. Eles estão sempre cansados, têm trabalho atrasado para fazer nos fins de semana, ou precisam cuidar dos seus hobbies e você... "toma".

Se você for uma mãe culpada, então! Tome cuidado com isso. A psicanálise mostra que nada é mais destrutivo do que a superproteção. Querer a todo custo fazer o bem a seu filho, para se livrar das suas culpas ou se sentir boa mãe, faz com que você jogue sobre ele as suas próprias angústias e neuras.

A culpa é um sentimento que nasce após nos julgarmos diante dos nossos fracassos. Ela é inerente aos seres humanos e intensificada pela religião, cultura e educação. Os únicos indivíduos que não sentem culpa são os psicopatas e os narcisistas. A culpa se torna patológica quando impede a pessoa de ser feliz, de se realizar profissionalmente, de amar, de socializar, e passa a perturbá-la.

O perfeccionismo, como já disse, é uma das raízes da culpa materna. Viver sem culpa é autoaceitação, é perdoar-se pelos erros cometidos. Pessoas que vivem culpando os outros geralmente são narcisistas e dependentes. Muitas famílias, seguindo o modelo da mãe culpada, criam o hábito de procurar culpados. Aí surge o famoso bode expiatório. Pessoas que precisam muito agradar os outros, pessoas carentes, também alimentam muita culpa dentro de si.

A culpa também está associada ao transtorno obsessivo-compulsivo (TOC). O indivíduo teme tanto o erro e o fracasso que passa a desenvolver manias e rituais, no intuito de fazer as coisas darem certo.

Mas com respeito ao título deste capítulo, "paciência", devo dizer a você que o princípio de toda relação em que devem reinar a paciência e o respeito é o saber ouvir. Nós aprendemos a andar, comer, ler, escrever, falar, mas não aprendemos a ouvir. Qual foi o treino que recebemos para escutarmos o outro? Como treinamos os nossos filhos para ouvir o outro, para que possam compreendê-lo?

Poucas pessoas têm a capacidade de ouvir o que quer que seja. Se você deseja interagir eficazmente com a sua família, precisa desenvolver a capacidade de ouvir, e isso exige paciência, exige tolerância.

A tolerância é um tipo de sabedoria interna que supera a rigidez e o fanatismo. Você já reparou que quando alguém vai lhe contar algo, você já está pensando em uma situação semelhante que lhe aconteceu, para responder a ele? Algo assim:

— *Puxa, você não sabe o que aconteceu, minha mãe vai ter que operar e ficar lá em casa se recuperando! O pior é que estou sem empregada e tem as crianças...*
— *Ah, isso não é nada! Pior foi o que aconteceu comigo: a minha empregada me deixou na mão assim que eu marquei uma viagem de férias com o meu marido. E as crianças?*

Você notou? Creio que não preciso nem fazer comentários.

Será que você sabe ouvir? Escuta os seus filhos? Ou é daquelas que logo vão falando que já sabe o que aconteceu e que com você a coisa era pior? Nenhum filho espera que os pais concordem com o que ele diz. Eles apenas querem ter a certeza de que foram ouvidos e entendidos, mesmo que você não concorde com o que disseram.

O fato é que a maioria das pessoas não consegue ter paciência para escutar, para compreender. Elas ouvem com a intenção de responder. O nosso olhar adulto não é o único modo de ver o mundo. Portanto, escute os seus filhos.

CIÚMES

Sempre achei que existem programas para adultos e para crianças. Apesar de carregar meus filhos para todos os lados praticamente, existiam momentos meus, ou do casal, de que eles não participavam. Eu não os levava para fazer visita aos amigos que não tinham filhos, por exemplo. Quem não tem filho está acostumado com a casa em ordem, com sossego, eu não achava justo chegar na casa de ninguém com uma tropa de quatro crianças bagunceiras e esfomeadas.

Também não os deixava participar das reuniões de amigos que fazíamos em casa. As visitas chegavam, as crianças faziam um pequeno social e depois subiam para o quarto. Ficavam furiosas comigo, mas acho que criança não tem de participar de conversas de adultos e, além disso, eu queria sossego.

Sempre tinha um dia da semana que eu saía somente com o Ruy, e um período de férias que viajávamos a sós, fora do período de férias das crianças. Era o nosso tempo, precisávamos investir na nossa relação. Penso que, hoje em dia, a criança participa de tudo e acaba tendo informações muito precoces, numa época em que impera o "filhiarcado", tendo o casal pouco tempo para si. Por isso, essas medidas são fundamentais para "o bem de todos e felicidade geral da nação".

Numa de nossas saídas semanais, deixamos as crianças com minha mãe e fomos "gandaiar". Elas, como sempre, ficaram iradas e frustradas, mas o choro não nos derrubou. É claro que pintou culpa, quando já estávamos no carro, mas nada que um belo jantar não resolvesse. Aliás, saíamos sozinhos, mas falávamos mais delas do que de nós.

Ao voltarmos, já tarde da noite, todos estavam acordados. Como sempre nos esperando para ver o que havíamos trazido para eles: balinhas, geralmente. Achei o clima da casa um pouco estranho. Estavam dóceis, gentis, solícitos. Não fomos recebidos com a costumeira chuva de queixas sobre brigas, dores de barriga, implicância da vovó... Havia algo de estranho no ar. Mãe sente quando os filhos aprontam.

— Ruy, eles estão muito calmos. Aceitaram imediatamente a ordem de ir para a cama. Sei não, algo não está me cheirando bem.

Perguntei para minha mãe se tudo transcorrera bem mesmo, e ela me respondeu, com absoluta confiança, que as crianças ficaram o tempo todo no meu quarto, vendo TV, na mais perfeita harmonia.

Pensei: *é justamente essa "harmonia" que me preocupa*. Bom, deixei pra lá... milagres acontecem.

Quando subi para o quarto, deu pra notar logo de cara: eles haviam estado realmente por lá. Havia brinquedos por toda a parte, cama enxovalhada, sapatos espalhados, meias, mamadeiras, copos, biscoitos, lápis, papel, tesoura. Tubo de cola aberto e derramado sobre a minha colcha de renda da Ilha da Madeira, que, agora, estava toda desenhada e riscada com hidrográfica e borrada com canetas que vazaram sobre ela.

— Ai, ai, ai, ai, ai... Eu bem que desconfiei!

Iniciei, então, uma investigação mais profunda, para dar conta dos estragos. Levantei a colcha, para ver se a mancha de tinta havia passado para as cobertas, e notei que eles haviam cortado as franjas da minha manta de lã. Voltei novamente os olhos para a colcha, e vi que eles tinham feito franjas em todo o barrado dela. Àquela altura, Ruy, apavorado, resolveu me ajudar na perícia. Abriu o armário de roupas e todas as suas calças estavam sem a alça para passar o cinto. Imediatamente, chamei a minha mãe:

— Mãe, a senhora viu o que as crianças fizeram no meu quarto?

— Não, eu fiquei o tempo todo na sala, vendo televisão, e eles estavam tão quietinhos que nem precisei subir. O que foi?

— Venha ver. Tá vendo a colcha do meu enxoval? Olha que linda, toda manchada, toda borrada e, além de tudo, cortada, cheia de franjas. Tá vendo a manta que eu trouxe da Argentina? Cadê as franjas dela? Tá vendo as calças do Ruy? Todas sem o passador do cinto.

— Minha nossa! Eu não tenho culpa, a culpa é da Gabi. Ela é a mais velha e já devia saber que isso é errado. Devia ter me chamado...

Não conseguindo mais manter a paciência, deixei minha mãe ali no quarto mesmo e saí igual um touro que vai para a arena, em direção ao quarto das crianças, que fingiam dormir, encolhidinhas e cobertas até o último fio de cabelo. Catei um por um pelo braço e já fui largando o verbo.

— O que foi isso? Vocês estão pensando que eu tô pra brincadeira? Venham ver o que vocês fizeram.

Levei-os ao quarto, onde o pai já os esperava, furioso. De antemão, diante da primeira objeção de minha mãe, já pedi que ela calasse a boca.

— Quero saber de quem foi esta ideia! — Que pergunta tola. Até parece que eu ia obter alguma resposta. — Olha aqui, se vocês não falarem, será muito pior. Vocês não sabem o que sou capaz de fazer! — Pura ameaça, pois eu não tinha ideia do que fazer.

Silêncio total. Resolvi indagar um a um:

— Kiko, foi você?

— Eu só cortei um pedacinho, foi o Dedé quem mandou.

— Dedé...

— Não fui eu, mãe, eu fiquei desenhando.

— É mentira, mãe — interferiu Tatá —, ele também cortou.

— Gabi, você é a mais velha. De quem foi esta ideia?

— Não sei, mãe, eu tava dormindo.

— É mentira, ela também cortou — acusou Dedé.

— Cortei nada, seu idiota!

— Cortou sim, sua monga!

— Vamos parar com isso! Tô muito triste com vocês. Vão pra cama, que eu e o papai não queremos mais conversa com ninguém.

Àquela altura, eu pensava: *Devo bater?*. Sempre considerei a agressão física e verbal como formas de abuso. Realmente, não sabia lidar com o acontecido. Deveria colocar de castigo? Qual seria o castigo coerente com o erro? Como não sabia o que fazer, a discussão ficou por isso mesmo. Mas a história não acabou.

Na semana seguinte, como de praxe, saímos novamente. Tranquilos, pensando que todos haviam aprendido a lição, inclusive minha mãe, quanto a não os deixar tão à vontade. Eis que tudo se repetiu. Só que, então, eles estavam mais seguros de si e especializados: cortaram as alças das minhas bolsas, os cordões dos sapatos do Ruy, as fivelas dos meus sapatos, arrancaram os botões das camisas do Ruy e as minhas saias ficaram franjadas.

Aí não deu! A demônia baixou em mim e, possuída pelo mal, saí catando pela casa aquilo de que cada um mais gostava: a roupa de Super-Homem do Dedé, a única calça de marca da Gabi, o par de sapatinhos transparentes da Tatá, os sapatinhos da Cinderela, e o carrinho de controle remoto do Kiko.

— Olha aqui, estão vendo isso aqui de vocês? Vocês gostam muito, não é? Sabe o que eu tenho vontade de fazer com isto? O mesmo que vocês fizeram com as minhas coisas e com as coisas de que o papai gostava.

— Posso cortar a sua roupa de Super-Homem, Dedé?

— Não, mãe, por favor...

— Gabi, que tal tirar os passadores da sua calça e fazer franjas nela?

— Não... é a minha única calça de marca!

— Tatá, você está vendo o seu lindo sapatinho de princesa? Que tal uma reforminha nele e fazer ele virar um chinelinho sem ponta e sem calcanhar?

— Não, mãezinha! Por favor.

— Kikinho, está vendo este carrinho todo brilhante e que anda sozinho? O que você acha de eu dar umas marteladinhas nele, para ele ficar menorzinho e acabar com o barulho que ele faz quando você brinca, me infernizando com esse vai e vem do controle remoto?

— Não, mamãe... Dá ele pra mim.

— Pois então, deu pra sentir um pouquinho do que eu e papai sentimos quando vocês estragaram as nossas coisas, não é? Pois fiquem sabendo que, de agora em diante, cada vez que estragarem algo nosso, nós vamos estragar aquilo de que vocês mais gostam. Hoje eu não vou fazer nada com isto. — Mesmo porque eu não tinha coragem. — Eu e o papai sabemos que vocês sentem ciúmes de quando saímos sozinhos, mas isso não justifica o que fazem.

— Dedé, posso estragar a sua roupa de Super-homem se isso acontecer de novo?

Sem alternativa, só lhe restou concordar comigo. E assim fiz, um a um, com os três restantes. "Democraticamente", tiveram de concordar com a minha "proposta". Eu não sabia se havia agido certo, só sabia que rezava para dar certo, pois a minha promessa teria de ser cumprida caso voltassem a apresentar tal atitude. Graças a Deus, voltamos a sair e nunca mais aconteceu. Bingo!

Os ciúmes dos filhos em relação ao casal são muito comuns, e os comportamentos e atitudes que apresentam são inúmeros. Cada criança reage de uma maneira: quer dormir entre o casal, não permite que conversem, que saiam, que se abracem e se beijem. Ficam agressivos, ansiosos, alguns chegam até a adoecer.

O ciúme é um sentimento que fica mais exacerbado dos 2 aos 3 anos de idade. Ele não deixa de existir, mas, após essa idade, fica mais dissimulado, controlado. É importante que você explique para a sua criança a razão para ela estar sentindo aquilo, o que a está fazendo tomar certas atitudes ou se comportar de determinada maneira. Por exemplo: "Você fica muito bravo quando a mamãe sai com o papai. Isso se chama ciúmes. Você quer a atenção só para si".

Ou, então, em outros casos: "Você sente raiva quando contrariado", "Você chora quando fica sozinho, acho que tem medo de que a gente lhe abandone", "Você fica com dor de barriga quando tem provas, isso é ansiedade, acho que tem medo de ir mal".

O que quero dizer é que é extremamente importante que você nomeie as emoções e os sentimentos que o seu filho apresenta. Isso o leva ao conhecimento de si. Assim como é importante também que você nomeie o que o comportamento e as atitudes dele provocam no outro. Veja este exemplo: "Quando você teima em me desobedecer, eu fico com muita raiva, por isso é que brigo tanto", ou então "Não gosto quando você me provoca, acho que quer medir forças, e isso me leva a ficar muito brava". Isso é educação emocional.

Nunca coloque em dúvida o amor que você sente pelo seu filho. Aponte sempre que não é ele que a incomoda, mas, sim, o comportamento ou a atitude indesejada. Hoje, pensando no episódio ocorrido com as minhas crianças, posso perceber claramente que agiram assim por algumas razões:

- Eu e o Ruy éramos pais muito presentes, participativos e divertidos. Nós os carregávamos para aventuras incríveis, portanto ficavam mordidos quando se sentiam excluídos.
- Criança é egocêntrica (diferente de egoísta). Ela pensa que é o centro do universo e que as pessoas existem para satisfazer seus desejos. Portanto, achavam que estávamos lá para servi-las.
- As crianças amam, em primeiro lugar, a si próprias e não se sacrificam pelos outros. Amam os pais porque precisam deles.

Só mais tarde é que aprendem a amar de uma forma não egocêntrica. Assim, nos ver sair sozinhos lhes parecia abandono.
- Por último, vem a minha mãe, que morria de ciúmes de mim, e que pouco esforço fez para vigiar as crianças. Ela deve ter a-do-ra-do essa vingancinha das crianças.

Quanto ao ciúme que existe nas relações afetivo-sexuais, é preciso saber que se trata de um sentimento inato, que tem um papel importante na preservação dessas relações e que todos o apresentam, em maior ou menor grau.

A psiquiatra italiana Donnatella Marazzitti estuda o assunto há bastante tempo. Em seu último livro *...e viveram ciumentos & felizes para sempre*,[64] ela diferencia o ciúme normal do patológico. O ciúme normal é bom, preserva e nutre as relações. Tem duração curta e desaparece quando o parceiro tranquiliza o outro. O ciúme patológico ocupa o tempo todo da pessoa, dura uma vida inteira, expõe a vida do casal, a relação se transforma em um tormento para toda a família. Ele vem carregado de egoísmo e cria fantasias, delírios e manipulações com a finalidade de se apossar do outro.

E como lidar com esse monstro que transforma a vida do casal em uma verdadeira tortura? Em primeiro lugar, é necessário refletir sobre as ruminações, aquelas ideias e suspeitas que não te largam. Tente entender a origem delas.

- Você pensa assim por quê? Já foi traída?
- A pessoa que está contigo não é lá de muita confiança?
- Você é que é muito desconfiada?
- Você é particularmente insegura?
- Tem a autoestima baixa?
- Odeia alguns comportamentos da pessoa que está contigo?
- É vaidosa e possessiva demais?
- Costuma desconfiar das pessoas?
- Fica fantasiando com traição e vai mexer e fuçar em tudo o que é do parceiro?

[64] MARAZZITTI, D. *...e viveram ciumentos & felizes para sempre*. Porto Alegre: Casa Editorial Luminara, 2009.

- É daquelas que ligam de cinco em cinco minutos para controlar a vida do outro?
- Não tolera críticas?
- É ansiosa?

Se você se encaixa no perfil descrito, está precisando de ajuda; o seu ciúme pode ser patológico. Antes que todas as suas relações terminem, ou sejam cercadas de muito sofrimento, dê uma olhada para dentro de si e procure se tratar, pois esses sintomas só tendem a se intensificar.

FAMÍLIA

Eu e Ruy fomos criados em famílias grandes, o que significa ter festas, aventuras, amigos, brigas, confusões e brincadeiras quase diariamente. Optamos em formar uma família grande também, até mesmo para que, quando estivermos ausentes, nossos filhos possam encontrar amparo entre si.

As crianças são felizes quando criadas com irmãos, primos, amigos, tios, avós. São felizes quando criadas com irmãos e irmãs com idades próximas. Três filhos já formam uma pequena comunidade que se une, se ataca e se defende, que enfrenta junto qualquer conflito ou momento feliz. Quando os pais estão longe, se juntam e se auxiliam mutuamente. São dois que se viram contra um, e vice-versa. Vivem treinando os seus papéis sociais. Ter só um filho é cômodo para o bolso dos pais, mas muito pesado para a criança, porque o adulto não consegue substituir o encanto do prazer da convivência com um irmão, mesmo que em alguns momentos eles quase se matem.

Eu acredito na nossa eternidade. Somos eternos enquanto deixamos descendentes. A minha eternidade acontece através das minhas células contidas em meus filhos, netos, bisnetos... Acontece por meio daquilo de bom que deixei para eles enquanto modelo de *ser*. A minha eternidade se dá através do meu trabalho, daquilo que deixo para a humanidade, desde as árvores que plantei em meu sítio até os livros que escrevi. Portanto, contemplo este entardecer de minha vida com extrema serenidade. Sei que quando a grande noite chegar, cerrarei os olhos tranquilamente com um sorriso na alma.

Apesar disso, eu penso que ter filhos não é uma obrigação. É uma escolha, e é possível, sim, escolher não os ter. Entendo os casais que pensam assim e os apoio. Apoio também quem se decide por uma família pequena. Cada um sabe de si e que seja feliz à sua maneira. Eu respeito as escolhas das pessoas.

Nossa família sempre foi festeira. Nos reuníamos no sítio de meus pais com meus filhos pequenos – pais, irmãos, cunhadas, sobrinhos, amigos – e fazíamos "raves" homéricas. A música sempre esteve muito presente na nossa vida: além de audiófilos e fabricantes de aparelhos de som, somos músicos.

Nossas reuniões e festas sempre foram famosas porque fazíamos serestas, saraus, musicais e o som rolava solto. Promovíamos gincanas com as crianças e com os adultos. Para as "velhinhas e velhinhos", que não podiam correr, o campeonato era de descascar laranja mais depressa, de quem era o melhor repentista, ou quem contaria a melhor piada. Para os jovens adultos, no caso eu também, o negócio era esperar as crianças dormirem e fazer o vira-vira: entornar um copinho de cachaça goela abaixo, em um gole só. Saíamos tri-li-li desse jogo. Éramos também incumbidos de fazer teatro. Bolávamos uma história, botávamos os velhinhos e as crianças no meio e apresentávamos para a plateia. Era hilário! Tinha até cenário, figurino e trilha sonora. As crianças se divertiam loucamente quando participavam com os adultos, e acabavam dormindo ali mesmo, sobre o tapete.

Havia o campeonato de braço de ferro entre as mulheres e entre os homens, sendo que as mulheres podiam usar as duas mãos. E ainda havia campeonato de dança e as corridas. Os jogos de "Dança das cadeiras", "Estátua" e "Macaco disse" rolavam com todos e, claro, as noitadas de bingo.

Para as crianças, aconteciam corridas de bicicleta, caça ao tesouro, guerra de limão podre, corridas de saco, jogos de mímica, campeonato de pipa e de saltos ornamentais na piscina. Quanta loucura! Na verdade, deixávamos sair a criança que tínhamos em nós mesmos. Paramos com essas reuniões quando percebemos que chegavam, em casa ou no sítio, pessoas que nós nem conhecíamos, convidadas de convidados, e a coisa se tornou incontrolável.

Lembro-me de uma vez que as crianças tinham de descer uma ladeira de terra num carrinho de rolimã de quatro rodas que havíamos feito. Ganhava quem parava mais longe. O meu pai, já com 80 anos, resolveu participar. Fiquei com o coração na mão, mas não tinha coragem de lhe tirar essa alegria e vivacidade.

Ele se sentou no carrinho e foi dada a largada. Eu e meus irmãos o acompanhávamos correndo ao seu lado. Mas o carrinho foi longe demais, desembestou... e, chegando quase no final do circuito se descontrolou, capotando. Ao vê-lo estendido e inerte no chão, imediatamente pensei: *Ai, o meu pai morreu!* Fomos acudi-lo e, pouco a pouco, ele abriu os olhos, caindo na risada. Essa aventura lhe rendeu três costelas quebradas.

Hoje em dia, as famílias mudaram muito! Ainda existe a família nuclear, formada por pai, mãe e filhos do mesmo casamento, mas outras configurações também surgiram. Famílias em que o pai é o padrasto, em que o filho mais velho é apenas de um dos pais, as produções independentes, famílias com dois pais ou duas mães... Ainda há os avós que criam os netos, os filhos que são muito mais novos que os irmãos mais velhos, chegando a ter idade para serem filhos destes e, também, as uniões sem filhos. São muitas as formatações de família!

Mas, junto disso, há, por trás, diversos problemas. Um deles, infelizmente, são os divórcios. Não sou contra divórcio, entenda, eles são necessários muitas vezes. O problema, para mim, é o pouco investimento que existe em manter a relação. Todo casamento tem crises. E não é desfazendo a união que esses problemas acabam, aliás, eles costumam ser levados para outros relacionamentos e, às vezes, até pioram. Isso acontece porque não foram resolvidos! Se houvesse mais investimento e boa vontade, o número de separações seria muito menor. O problema mesmo é que, atualmente, parece que tudo é descartável... inclusive as pessoas.

Segundo dados do IBGE publicados em 2022, 48% dos lares brasileiros têm mulheres como chefes de família,[65] 47,7% dos casais ficam menos de dez anos casados, e, por mais que o número de casamentos tenha

---

[65] 48% DOS LARES brasileiros têm mulheres como chefes de família. *Terra*, 8 mar. 2023. Disponível em: https://www.terra.com.br/economia/48-dos-lares-brasileiros-tem-mulheres-como-chefes-de-familia,e47ac91413d122f61f51b9b859a1d8c7audwnzz8.html?utm_source=clipboard. Acesso em: 5 abr. 2024.

aumentado 4% pós-pandemia, ele ainda é cerca de 10% menor do que o que foi registrado entre 2015 e 2019.[66] As uniões em que o casal "junta as trouxas", segundo dados do Observatório Nacional da Família, em 2019, aumentaram quase cinco vezes em comparação com 2006, mas diminuíram cerca de 12%, se compararmos com 2014, quando o número de uniões estáveis foi de 166.006.[67]

Na verdade, as famílias permanecem, só que estruturadas em bases diferentes da família tradicional. O pátrio poder não existe mais: existe o poder familiar, exercido por ambos os sexos. Os vínculos de parentesco e amizade também estão enfraquecidos. As famílias não se reúnem mais entre si, recebem poucos amigos. As pessoas estão voltadas para o próprio umbigo, para a internet e para as redes sociais. Aquelas famílias enormes, com dezenas de tios, tias, sobrinhos, netos, não existem mais. Estudos sobre a mudança demográfica mostram que a principal causa desse enxugamento familiar é a queda acentuada na taxa de fecundidade.[68]

A maioria das famílias vive de renda dupla. Pais fora de casa por longo tempo e os filhos tendendo a ficar no celular. Muitas vezes é a mídia que invade os lares para "educar" essa galera, que também passa a buscar suas orientações e referências fora de casa. Funções que eram exclusivas da família, como educação, noções de valores, ética e respeito, cidadania, são exigidas das escolas.

Muitos profissionais afirmam que a criança aceita o divórcio "numa boa". Eu ainda não vi isso acontecer em minha prática clínica. O que vejo em qualquer idade, até mesmo quando adultos, são pessoas que sofrem em silêncio pela separação dos pais, e o maior medo das crianças, atualmente, é o da separação dos pais e o do abandono. Em termos de

---

[66] LEAL, A. Brasil tem menos nascimentos e mortes, casamentos 'enxutos' e mais divórcios, segundo o IBGE. *O Globo*, 27 mar. 2024. Disponível em: https://oglobo.globo.com/brasil/noticia/2024/03/27/brasil-tem-menos-nascimentos-e-mortes-casamentos-enxutos-e-mais-divorcios-segundo-o-ibge.ghtml. Acesso em: 5 abr. 2024.

[67] OBSERVATÓRIO NACIONAL DA FAMÍLIA. *Casamentos e uniões estáveis no Brasil*. Brasília: Ministério da Mulher, da Família e dos Direitos Humanos, 2021. Disponível em: https://www.gov.br/mdh/pt-br/navegue-por-temas/observatorio-nacional-da-familia/fatos-e-numeros/FatoseNmerosCasamento.pdf. Acesso em: 5 abr. 2024.

[68] BRITO, T. Taxa de fecundidade deve seguir em queda no Brasil. *G1*, 14 maio 2023. Disponível em: https://g1.globo.com/ce/ceara/noticia/2023/05/14/taxa-de-fecundidade-deve-seguir-em-queda-no-brasil.ghtml. Acesso em: 5 abr. 2024.

estresse, o divórcio só perde para a morte de um cônjuge. É uma das piores experiências dolorosas da vida.

Não existe separação sem dor. Ninguém casa pensando em se separar. O "casaram-se e foram felizes para sempre" é o grande ideal dos apaixonados. Porém, quando se tem filhos, o casal deve se lembrar de que, apesar de não serem mais um casal, ainda serão pais de um filho para o resto da vida. Portanto têm de manter um relacionamento amigável para poderem estar presentes e coerentes na educação e na vida afetivo-emocional de seus rebentos.

O que se vê é um colocando o filho contra o outro ou fazendo chantagens. Ninguém tem o direito de macular a imagem paterna ou materna. Seu filho vai conhecer o verdadeiro pai ou a mãe que ele tem quando tiver maturidade para isso. Você não deve destruir a imagem do pai ou da mãe nem impedir a criança de conviver com cada um deles.

Em 1985, Richard Gardner, psiquiatra americano, descreveu e nomeou o ato dos genitores de colocar a criança contra o genitor oposto como síndrome da alienação parental (SAP).[69]

A SAP é um dos mais nocivos processos que uma criança pode sentir em seu desenvolvimento psicoafetivo e emocional. O filho tem de odiar ou o pai, ou a mãe; "matá-los" dentro de si. Percebe-se que crianças que passam por esse processo não conseguem desenvolver e manter vínculos afetivos duradouros. São mais propensas a sofrer de depressão e a se envolver com drogas.

Geralmente é a mãe que se transforma na alienadora, naquela que destrói a imagem paterna e impede os filhos de conviverem com o pai. Porém, é frequente ver a família toda colocando um contra o outro. Por que fazem isso? Por vários motivos:

- Não se conformam com relação à separação;
- Não conseguem aceitar que o outro cônjuge esteja construindo outra família;
- Não concordam com a divisão dos bens e com a pensão estipulada;
- Apresentam ciúmes e sentimento de vingança, ou até mesmo algumas psicopatologias.

[69] GARDNER, R. *The parental alienation syndrome*. Fresno: Creative Therapeutics, 1998.

Ultimamente surgiram várias associações voltadas a pais separados, que buscam proteger os filhos da SAP. Algumas delas são:

- Associação em Defesa das Crianças e Adolescentes (Adecria Brasil): https://adecria.ong.br;
- Associação Brasileira Criança Feliz: https://www.criancafeliz.org;
- Associação de Pais e Mães Separados (Apase): http://www.apase.org;
- Associação Nacional dos Filhos pela Igualdade Parental (Anfipa): https://www.anfipa.com.br;
- Pai Legal: www.pailegal.net;
- SOS – Papai e Mamãe: www.sos-papai.org.

O recomendável seria que os pais separados pudessem sair juntos com os filhos, de tempos em tempos, para mostrar a eles que existe essa "unidade" que se preocupa com eles, que está presente lhes dando carinho e atenção e conversando a respeito de suas dificuldades.

É importante saber que mais da metade dos filhos espera aprender com as experiências de seus pais e que eles lhe sirvam de bom modelo.

Quando os pais estão longe, os filhos se sentem entediados, ansiosos e desprotegidos. Embora a presença afetiva dos pais seja fundamental para a formação de uma boa base emocional, estudos da psicóloga americana Judith Rich Harris mostram que os pais são apenas coadjuvantes nesse processo, e que a influência da família não é suficiente para evitar comportamentos indesejáveis.[70]

Harris segue uma corrente de estudos que afirma que metade das nossas características intelectuais e de personalidade é resultado de herança genética, e que o resto é produto do meio em que se vive. Pensando dessa forma, a influência dos pais não é fator decisivo na formação da personalidade, mas, sim, a convivência com outras crianças e com amigos e conhecidos com idade próxima à da criança.

Segundo a psicóloga, o clima familiar não determina, mas influi na maneira como a criança vai interagir com o ambiente: mantendo-se mais distante, cuidadosa, ou procurando desafios e enfrentando problemas.

---

[70] HARRIS, J. R. *Diga-me com quem anda...* Rio de Janeiro: Objetiva, 1999.

Apesar de o divórcio causar um grande estresse familiar para a criança, o que se torna prejudicial não é a separação em si, mas a forma como esse casal vive junto e como ele se separa.

Associamos muito a separação à traição, à infidelidade. O amor só é traído pela mentira. Existem casais que têm relacionamento aberto: são livres, mas fiéis à sua liberdade e ao contrato que estabeleceram entre si. São fiéis ao seu amor e àquilo que estabeleceram entre si como vínculo conjugal. São fiéis à sua palavra e, assim, felizes. Outros são estrita e tristemente infiéis, e cada um fica preso em sua infelicidade.

Cada casal deve estabelecer seus princípios para uma boa convivência e, assim, sustentar o amor que os une. Morar juntos, transar, dividir as contas e os cuidados com a família não servem para definir um casal. Casamento é cumplicidade, parceria, admiração recíproca. Aliás, o que sustenta o amor é a admiração.

Como jurar amor eterno se cada um de nós muda? Somos uma pessoa quando jovem e vamos mudando enquanto a vida muda. A forma de amar alguém também vai mudando. Ser fiel um ao outro e ao amor que os uniu é respeitar o que o casal viveu junto, é ser fiel à sua história comum, à confiança que já tiveram e manter-se gratos ao que os fez um dia felizes.

É muito triste e doloroso ver o que o casamento faz com algumas pessoas. Quanto ódio, rancor e sentimento de vingança. Que vida violenta! E a separação, então? Os filhos sendo usados como munição. Onde está aquele amor? A fidelidade à história de vida do casal, nesse momento tão doloroso, é muito mais preciosa do que aquela fidelidade estabelecida por valores morais, pois quer se separe quer continue a viver junto, o casal continuará íntegro com relação ao amor que os uniu.

Minha irmã Nair, já falecida, se divorciou quando os filhos eram pequenos. O seu marido, Sergio, nunca deixou de ser um pai presente, e eles continuaram amigos. Na velhice, antes de morrer, o Sergio quis se casar com ela novamente, apenas para que ela herdasse a sua aposentadoria. Isso é que se chama fidelidade ao amor.

A maioria das mulheres se queixa de que precisa tomar a iniciativa em tudo: decidem o que a família vai comer, para onde o casal vai quando sai, o restaurante... Elas gostariam de que eles participassem mais da vida dos filhos, decidissem onde passarão as férias, o filme que assistirão e por aí vai. Gostariam de que os homens tomassem a frente, as surpreendessem mais (até no sexo) e fossem a figura mais forte na relação.

Na maioria das vezes, essas mulheres têm razão. Os homens estão deixando muito a desejar. Mas, por sua vez, se você já prestou atenção a isso, deve ter notado que muitas das mulheres que se queixam da falta de iniciativa dos homens não deixam que eles tomem iniciativa. Quando eles decidem por um filme ou restaurante, elas torcem o nariz. Quando dão limites aos filhos, os desautorizam dizendo que foram estúpidos com a criança. Poxa, assim não dá! Veja:

– Querida, planejei a tão desejada viagem a dois que você queria, sairemos em setembro.
– Em setembro? E as crianças? Elas têm aula, e a minha mãe trabalha! Nunca que eu vou deixá-las com a sua mãe, aquela velha doida! – Blá--blá-blá.

Muito ruim esse tipo de diálogo. Concorda? Mas muitas vezes infelizmente é assim. Algumas mulheres querem um homem parceiro, presente, atuante e dominante, mas desde que ele adivinhe o que ela quer e faça as coisas exatamente da maneira como ela faz, ou faria. Vai me dizer que não?

Pergunto a muitas mulheres se elas já deixaram o filho com o marido. E elas costumam responder: "Claro que sim! Mas não deixo mais porque ele não cumpre nada daquilo que deixei escrito para ele fazer". Tudo tem de ser do seu jeito: a cor das roupas, os horários de comer, o modo de esquentar a comida, a forma de falar com os filhos... Ai, que porre! Não deixam o pai das crianças ter o jeito dele. Não deixam as crianças conhecerem esse pai e desfrutarem do seu jeito. Coitado do pai que quebrar as regras.

Tá bom, eu sei que tem pai que não está nem aí, mas será que você não pode largar esse controle nem um pouquinho? É saudável para os filhos e para a família. Experimente acreditar um pouco no outro. Confiar. Talvez se você conseguir reconhecer o que o outro faz, ele se esforce em melhorar. Tente! Pegue mais leve! Seja mais leve!

Não custa dar espaço para o outro crescer. Toda vez que você fala ao seu companheiro que ele é um inútil, está destruindo a imagem paterna. Mães que desprezam o pai dos seus filhos transmitem essa imagem do pai para eles, e os filhos crescem inseguros. Você faz isso de propósito? Para se sentir poderosa e importante?

Algumas mulheres "castram" o companheiro. Transformam o homem em uma pessoa impotente. Será que vale a pena viver assim? Pare com isso. Deixe que o pai dos seus filhos exerça o próprio papel do jeito dele. Uma relação a dois exige respeito, flexibilidade, compreensão, parceria e aceitação. Pare com essa crítica, com essas exigências, com essa mania de julgar os outros que não pensam ou não agem como você. Pare com esse "toma lá, dá cá", cresça! Dê chances ao amor, à alegria e à satisfação. Dê chances à felicidade e aprenda a viver *sem culpas*.

INFÂNCIA

Você se lembra da sua infância? Pare um pouquinho para pensar. Não, não chore por suas feridas infantis que ainda não cicatrizaram. Lembre-se apenas dos bons momentos. A vida é feita de momentos e, se você não sabe, precisamos cultivar os bons. Lembre-se dos seus brinquedos favoritos, das suas brincadeiras, das pessoas queridas, das suas travessuras e artes. Sinta os cheiros de sua infância: o cheiro da casa dos seus avós, da sua comida predileta, da sua mãe. Qual é a sua melhor lembrança?

Eu tenho inúmeras lembranças da minha infância: tinha os meus cachorros, com os quais eu aprendi a dar e receber afeto, assim como lições de fidelidade. Tinha a minha égua, a Faísca, que me levava a novos lugares, ampliando o meu mundo e me fazendo vencer desafios. Atrelava a Faísca e saía por aí, montada ou na charrete, com a qual cheguei até a capotar! As minhas bonecas, que me levaram a me preparar para o papel de mãe e me ajudavam a elaborar os conflitos vividos com meus pais.

Tinha o meu cavalinho de cabo de vassoura, que substituía a Faísca quando eu não podia montá-la ou porque estava em São Paulo, ou porque ela estava no pasto de charco, e eu não conseguia ir buscá-la, dependendo, então, da boa vontade do caseiro, que sempre estava ocupado demais. Com isso, aprendi a tornar possível o impossível, e que os símbolos são as representações do ausente.

Eu tinha também uma coleção de bonequinhos da Coca-Cola (lá pelas décadas de 1950 e 1960, a Coca-Cola lançou uma promoção: você juntava certo número de tampinhas e trocava por miniaturas dos personagens de Walt Disney), que me levavam a brincar de vida em sociedade. Com os quais, eu me preparava para crescer e desempenhar os diferentes papéis da vida adulta.

Sou filha temporã, a caçula de mais três irmãos com diferença de idade de até vinte e três anos. Isso significa que era uma criança solitária e tímida. Brincava muito sozinha, porém, em todas as férias, os meus sobrinhos, quase da minha idade, vinham do Rio de Janeiro, e aí ficávamos no sítio o tempo inteiro. Com eles, aprendi que a vida cercada de amigos é bem melhor, e formei vínculos que até hoje me fazem sentir a felicidade de ter uma família unida.

Quanto aprendi na minha infância! Aprendi até que a felicidade é uma conquista. Uma junção dos bons momentos vividos. Um processo de "vir a ser". Criei meus filhos dando-lhes a oportunidade de viver e experimentar tudo o que me foi bom, resgatando com eles a minha própria infância e, hoje, tenho a oportunidade de continuar vivendo a minha infância e adolescência através dos meus netos e das centenas de crianças e de adolescentes que tenho atendido. Quando estou com eles, chego a me confundir com uma criança, pois a minha realidade se transforma na realidade do mundo infantil.

E você? O que foi que você fez da sua infância? Cadê a sua criança? Deixou que ela se afastasse e se transformasse num adulto absolutamente sério, responsável, triste e chato, ou ainda a mantém junto a si, fazendo com que ela lhe dê esperanças, senso de humor, a capacidade de brincar, criar e rir de si mesmo?

Tem recorrido a ela para se conectar com seus filhos e reviver com eles os melhores momentos da sua infância? Ou se transformou num adulto que não tem tempo para nada, nem para ver seu filho crescer? Aliás, você tem dado a seu filho a oportunidade de ele ser criança, ou só pensa no futuro e o enche de compromissos e obrigações? Fala para o seu filho que ele é muito criança para fazer algumas coisas e já adulto para poder fazer outras, confundindo-o a respeito de si mesmo, dando-lhe essas duplas mensagens?

Infelizmente, as nossas crianças estão adoecendo. Apresentando patologias que até pouco tempo eram do mundo adulto. As nossas crianças estão perdendo o direito e a capacidade de brincar! As festas infantis parecem um evento da Broadway; os monitores são essenciais nos hotéis e festas, porque elas não sabem mais organizar suas próprias brincadeiras; não podem ter animais em casa, porque não existe espaço ou porque os pais não são tolerantes com sujeira; e os pais não brincam com os filhos porque estão cansados demais.

Perderam o espaço da rua, porque a violência impera; não podem fazer barulho, porque incomoda aos pais ou vizinhos; não podem brincar, porque têm outras tarefas a fazer. Vestem-se como adultos, porque a mídia lhes dá o modelo; comportam-se como adultos, porque é infantil se comportar como criança; são sexualizadas demais, porque têm acesso a muita informação, que acaba por estimulá-las. Vivem no mundo virtual. Passaram do papel de criadores de seu próprio universo para o de consumidores do mundo, porque a publicidade impera. Precisam *ter* para *ser*. Cadê a infância?

A maioria das crianças que eu atendo não quer se casar nem ter filhos. Filhos só dão trabalho, incomodam e dão despesa. Chegam para a sessão de psicoterapia cansadas e morrendo de sono, pois o seu dia começa às 5h30, para esperar a condução que vem apanhá-las para a escola.

Já enfrentam logo cedo o trânsito estressante de São Paulo, cinco horas de aula, na maioria maçantes, já tiveram contato com professores cansados e desanimados e vão às aulas de inglês, informática, tênis e o diabo a quatro. Fora as brigas diárias com os pais para que se levantem, se arrumem e não percam a hora. As crianças não têm o seu tempo de crescer. Precisam viver no tempo e no ritmo do adulto.

Em meus dois livros anteriores *Criando filhos em tempos difíceis*[71] e *Criando adolescentes em tempos difíceis*,[72] faço uma tentativa de alertar os pais e educadores quanto às consequências desfavoráveis ao desenvolvimento infantil que o excesso de atividades pode causar. Sugiro maneiras de resgatar a infância e lidar com situações e comportamentos difíceis, usando brinquedos e brincadeiras.

A infância vem sofrendo transformações muito grandes e impactantes nos últimos tempos. O avanço da tecnologia, com certeza, tem forte influência nesse processo. Antes era a TV. Hoje, os celulares e tablets invadiram os lares, assumindo, na maioria dos casos, a tarefa de educar, informar e estruturar (ou desestruturar) as novas famílias. O resultado disso? Vício em internet, e, também, solidão, obesidade

---

[71] MONTEIRO, E. *Criando filhos em tempos difíceis*. São Paulo: Summus Editorial, 2013.
[72] MONTEIRO, E. *Criando adolescentes em tempos difíceis*. São Paulo: Summus Editorial, 2009.

infantil, erotização precoce, em alguns casos indução à violência e ao crime, a burrificação da humanidade. Como já disse, esses meios de comunicação não trazem sabedoria, apenas conhecimento, e conhecimento duvidoso, muitas vezes precoce e nocivo.

As próprias escolas reduziram o tempo dedicado às aulas de artes, educação física e música. As escolinhas maternais prendem as crianças a uma mesa e cadeira, dando-lhes lápis e papel para mandar às mães no fim do mês uma pasta cheia de trabalhos inúteis ao desenvolvimento infantil, muitas vezes para mostrar serviço. Algumas escolinhas têm mais livros que brinquedos.

Os passeios com os pais se reduzem a idas ao supermercado, ao shopping, ao cabeleireiro, ao posto de lavagem de carro, à oficina, ao cinema (onde não se enxergam nem se falam), a lugares para jogar videogame, enfim ambientes que são mais de interesse dos pais do que da criança. E os pais ainda pensam que estão fazendo algo pelos filhos, quando na verdade, estão somente perto da criança, mas a quilômetros de distância, presos às próprias preocupações e necessidades.

Estudos recentes mostram que apenas um terço das mães passeia com os filhos ao ar livre. A estatística mostra que 45% das crianças aprendem mais sobre a natureza através da televisão e dos livros, que 84% das mães esperam que as escolas ensinem sobre natureza aos filhos, que 78% das crianças querem que os pais assumam o compromisso de proteger a natureza e o ambiente e que 46% das crianças gostariam de brincar mais ao ar livre.[73]

Atualmente, tudo está acelerado para a criança. Elas participam das conversas dos adultos, assistem a programações para adultos, são alfabetizadas precocemente, prestam vestibular para a entrada no Ensino Fundamental, entram cada vez mais cedo para as escolinhas. O que também é consequência dessa aceleração é o uso cada vez mais precoce de drogas, da iniciação da vida sexual e da gravidez na adolescência. E, mais uma vez, o celular ocupa o espaço das brincadeiras da família, das vivências e dos relacionamentos interpessoais.

Os pais estão acomodados e terceirizam os filhos. Perderam seus papéis, não sabem como agir, tampouco têm interesse em se informar

---

[73] CRIANÇAS veem a natureza como uma boa sala de aula, diz pesquisa. *Guiame*, 31 maio 2014. Disponível em: https://guiame.com.br/gospel/familia/criancas-veem-a-natureza-como-uma-boa-sala-de-aula-diz-pesquisa. Acesso em: 5 abr. 2024.

(exceto você, é claro, que está lendo este livro!). Os pais deveriam estar perto dos filhos para educá-los, aceitá-los, dar-lhes segurança e dividir com eles a alegria de viver e ter uma família; e não estar perto deles para agredi-los, humilhá-los e diminuí-los.

Muitos pais temem se opor aos filhos. Ora para evitar as reações intempestivas da criança ora por se sentirem culpados, ou por falta de autoridade e até mesmo acomodação. ==Dá trabalho educar, mas alguém tem de ser o adulto da casa.== Deixar que o filho decida as coisas por si implica negligência e abandono; é deixar que seu filho venha a se arruinar.

Muitas vezes, os pais também passam por cima dos próprios valores e crenças apenas para serem "moderninhos" e se sentirem amigos dos filhos. Repito: os pais não podem ser amigos dos filhos, mas devem ter uma postura amiga.

> — Betty, vivo um dilema incrível — comentou um pai que conheci após uma das minhas palestras. — Faço trilhas de jipe com os meus dois filhos adolescentes, de 13 e 15 anos. Nesses encontros, vários garotos vão com os pais, e essa meninada acaba dirigindo o veículo dos pais. Eu não deixo os meus filhos dirigirem, porque o jipe é um carro pesado e as trilhas são perigosas. — Ele mostrou o braço engessado. — Veja, quebrei o braço nesse fim de semana.
> — Sim, mas o que o preocupa? — perguntei.
> — A minha dúvida é a seguinte: devo deixar os meninos conduzirem o jipe? A turma me chama de careta, e a minha certeza já virou dúvida. Será que sou careta?
> — Pense um pouco, o que diz a lei?
> — Bem, menores não podem dirigir...
> — Então, meu amigo, bastaria esse argumento, essa justificativa, para você não dar o jipe para seus filhos dirigirem. Além disso, você me diz que as trilhas são perigosas, que acidentes acontecem... Você não vai desobedecer a uma lei nem vai ser negligente com os seus filhos, não é? Como vai querer que eles respeitem as leis se você não for o primeiro a fazer isso?

Então é isso! Muitas vezes, os pais sabem o que fazer, sabem o que dizer aos filhos, mas se deixam levar pelo que os outros fazem. Por isso que a adolescência de hoje está tão preocupante. Educar não é por aí. Não busque modelos nos outros. Mantenha-se fiel às leis e aos seus valores.

ESSA DROGA DAS DROGAS...

> — Mãe...
> — O que é, Tatá?
> — Se você me pegasse fumando, o que faria?
> — Por quê, Tatá? Você tá fumando? Você só tem 12 anos!
> — Não, mãe, eu só queria saber... — Percebi que ela estava me testando.
> — Eu pegava você pelas orelhas e te fazia engolir o cigarro. Inteiro, mas... por que você me perguntou isso? — Aguardei a bomba que já devia estar a caminho, pensando em como faria para cumprir com a minha ameaça.
> — É que a mãe da Ana Maria descobriu que ela estava roubando cigarros da bolsa dela e fumando escondido. Aí falou pra ela que se ela quisesse cigarro era só pedir, não precisava roubar e que fumasse na frente dela, não escondido.
> — E o que você acha disso, Tatá?
> — Eu acho que a mãe dela não gosta dela, porque se gostasse, não a deixaria fumar. Não é, mãe? Cigarro faz mal, não faz?
> — É verdade. Cigarro faz muito mal — respondi, pensativa, analisando o comportamento de muitos pais liberais que querem parecer amigos de seus filhos e acabam pecando pela falta de limites e pelas mensagens duplas.

Os filhos pedem limites, e quando os pais não dão, chegam a pensar que não são amados. Vou repetir mais uma vez: os pais não podem ser amigos dos filhos, mas devem ter uma postura amiga. Pais amigos acham que devem beber e fumar com os filhos, ensinar-lhes a dirigir, falar de namoros e vida sexual, e acabam que não impõem respeito nem limites. Pais amigos dão duplas mensagens o tempo inteiro. Veja:

– *Você vai à festa, mas não beba. Prefiro que traga os seus amigos aqui e a gente toma uma cervejinha com eles.*

Como!? Levar os amigos para casa para beber com ele? Você acha isso certo? A bebida é uma droga, não é? Aliás, porta de entrada para outras drogas, porque tanto a bebida como o cigarro são drogas liberadas. É certo, então, permitir que o filho beba em casa, e não na rua?

"Em casa ele pode se drogar", essa é a mensagem passada. Quando deveria ser: "Droga é ruim, e você não deve usá-la seja aonde for". A maioria dos jovens começa a se drogar pelos próprios exemplos que têm em casa: pais que bebem e liberam a bebida; pais que fumam cigarro ou maconha; pais que usam remédio para tudo, recorrendo a ele diante das dificuldades do dia a dia ou mesmo para vencer a irritação, a tristeza, a falta de sono, o estresse etc.

Os jovens estão se drogando cada vez mais cedo. Começam a beber e fumar por volta dos 10, 12 anos. Estudos mostram que um jovem se torna dependente alcoólico após quatro a seis anos de ingestão de álcool.[74] Então, se ele começa a beber aos 12 ou 14 anos, aos 16, 18 anos já é um dependente.[75]

Existe um fator de predisposição às drogas, que pode ser hereditário ou ambiental. Crianças criadas com autoestima baixa estão predispostas ao uso de drogas, principalmente porque são vulneráveis às pressões do grupo. Querem fazer tudo para não serem rejeitadas. A sua necessidade está em corresponder às expectativas do outro.

Os pais precisam conversar sobre drogas com seus filhos, desde pequeninos. Mas como ter essa conversa? Um bom início é falar sobre os alimentos que ingerem. Dizer que existem alimentos prejudiciais à saúde, como refrigerantes, gorduras, doces e massas em excesso. Depois, sobre medicações: remédio não se toma à toa, existem aqueles que a criança não pode tomar. Os próprios pais têm de moderar o uso de medicações diante da criança.

Em seguida, fale sobre as bebidas alcoólicas e o fumo. Pais que chegam em casa e bebem para relaxar estão ensinando à criança a buscar recursos externos para ficar bem. É o mesmo com o fumo. Oriente

---

[74] GUIA alerta sobre consumo precoce de bebidas alcoólicas entre jovens. *Agência Brasil*, 6 fev. 2017. Disponível em: https://agenciabrasil.ebc.com.br/geral/noticia/2017-02/guia-alerta-sobre-consumo-precoce-de-bebidas-alcoolicas-entre-jovens. Acesso em: 5 abr. 2024.

[75] HECKMANN, W. SILVEIRA, C. Dependência do álcool: aspectos clínicos e diagnóstico. *In*: ANDRADE, A.; ANTHONY, J.; SILVEIRA, C. (orgs). *Álcool e suas consequências*: uma abordagem multiconceitual. Barueri: Minha Editora, 2009. p. 67-87.

seu filho a não aceitar nada para comer e beber vindo de pessoas desconhecidas. Conforme ele for crescendo, fale sobre as drogas ilícitas. Para isso, você precisará ler e se informar sobre as drogas existentes e seus efeitos.

Se você souber que seu filho está usando drogas, não me venha com sermões ou castigos: isso só o afastará de você. Procure saber, através de um diálogo franco e amoroso, o que o está levando ao uso. Veja:

— O que o levou a experimentar?
— Há quanto tempo você está usando?
— O que ela lhe proporciona de bom?
— Como tudo começou?
— Quem lhe fornece a droga?
— Quais dos seus colegas também usam?
— Em qual lugar você costuma usar?

Essas perguntas são fundamentais para um início de conversa. Escute com atenção as respostas, sem criticá-las. Em seguida, deixe bem claro para seu filho o seu posicionamento com relação às drogas e as atitudes que vai tomar para desviá-lo desse caminho.

Uma consulta ao psicólogo é sempre importante, mas as suas atitudes são prioritárias. Já disse que não há tratamento preventivo e curativo melhor do que a família. Crie regras com seu filho quanto a amizades, saídas e retornos com horários estabelecidos. Procure conhecer as famílias dos amigos dele e os lugares que ele frequenta. Ofereça a sua ajuda, mostre que ele é importante para você. Encaminhe suas atividades para os esportes, as artes plásticas, a música e o teatro.

O problema da bebida transformou-se numa questão de saúde pública. Segundo dados de 2009, no Brasil quase 70 milhões de pessoas bebem, sendo que 30 milhões dessas pessoas são classificadas como "bebedores de risco", aqueles que bebem socialmente e que lentamente são conduzidos ao vício, ao uso patológico das bebidas.[76] Já conforme a última Pesquisa Nacional de Saúde, de 2019, houve aumentos significativos no consumo de álcool entre adultos, 28,9 a 33,1%, quan-

---

[76] LOPES, A.; MAGALHÃES, N. A boia da prevenção. *Antidrogas*. Disponível em: https://www.antidrogas.com.br/2009/09/08/boia-da-prevencao/. Acesso em: 5 abr. 2024.

do estimada a frequência de ingestão de álcool pelo menos uma vez ao mês, e 15,7 a 20,2%, quando avaliado o beber pesado – *binge drinking* –, que representa o consumo de quatro ou mais doses para mulheres ou cinco ou mais doses para homens de bebida alcoólica em uma mesma ocasião.[77]

Os nossos jovens bebem muito, e as garotas estão bebendo mais do que os garotos. Fique atento! O álcool é metabolizado no fígado e no estômago por uma enzima chamada ADH, que o organismo feminino secreta menos, o que faz a resistência da mulher ao álcool ser menor. As mulheres geralmente bebem para se consolar emocionalmente, ou quando se sentem solitárias. Os homens começam a beber mais por diversão e para perder a timidez.

Mas os efeitos da bebida são muito mais devastadores para as mulheres. Elas morrem muito mais do que os homens devido aos efeitos da bebida, e esses efeitos costumam aparecer mais cedo nas mulheres do que nos homens, com uma diferença aproximada de dez anos. As garotas também estão se embebedando mais porque, preocupadas em não engordar, comem quase nada e bebem para saciar a fome e a ansiedade. Já tem até termo para isso: *drunkorexic*, anorexia alcoólica.

O *binge drinking*, já citado, também está mais comum: pessoas bebem grandes quantidades até que o nível de concentração de álcool no sangue atinja 0,08 g/dL, consumido em um prazo de duas horas.[78] Essa prática do "beber livremente" é muito perigosa, pois os malefícios do álcool no corpo são imediatos. O estupro é algo muito comum, assim como o coma, os acidentes e os atos de violência.

---

[77] BRASIL. Ministério da Saúde. *Bebidas alcoólicas no Brasil*: disponibilidade, marketing e desafios regulatórios. Brasília: CETAB/ENSP/Fiocruz, 2019. Disponível em: https://www.gov.br/mj/pt-br/assuntos/sua-protecao/politicas-sobre-drogas/fiocruz-projeto-alcool-diagramacao-f-pagina-simples.pdf. Acesso em: 12 nov. 2024.

[78] SARAIVA, S. D. S.; MAIA FILHO, A. L. M. Consumo de bebidas alcoólicas e prática do binge drinking entre acadêmicos de odontologia de uma IES. *Revista Brasileira de Odontologia*, v. 72, n. 1-2, p. 104-108, 2016. Disponível em: http://revodonto.bvsalud.org/pdf/rbo/v72n1-2/a20v72n1-2.pdf. Acesso em: 5 abr. 2024.

Os Institutos Nacionais de Saúde dos Estados Unidos sugerem alguns passos vitais para que os bebedores de risco consigam controlar a bebida:[79]

- Estipular um número de doses diárias: uma dose para as mulheres e duas para os homens.
- Evitar beber sozinho em casa.
- Dar um intervalo de uma hora entre uma dose e outra, e, enquanto isso, se hidratar muito.

Considera-se uso abusivo quando o usuário deixa de cumprir com as suas obrigações diárias, quando consome álcool com medicações, dirige alcoolizado, se envolve em brigas, vexames e toma porres constantes. Abra o olho!

Existem diversas entidades de apoio aos jovens e adultos dependentes do álcool e outras drogas. Para maiores informações, seguem algumas referências:

Al-Anon e Alateen: (11) 3331-8799 – site: www.al-anon.org.br
Nar-Anon e Narateen: (11) 3311-7226 – site: www.naranon.org.br
Amor-Exigente: site: www.amorexigente.org.br

Também existem postos de atendimentos gratuitos, procure o Centro de Atenção Psicossocial (Caps) da sua cidade e se informe.

Lembre-se: todas as drogas são prejudiciais à saúde. Um dos estudos que li sobre o tema mostra que adolescentes que usam drogas tiveram maior dificuldade para acessar suas memórias, utilizando um discurso mais vago e genérico, e complementa dizendo que esse parece ser o "indicativo de alterações cognitivas e linguísticas decorrentes do uso de drogas, mas, também, de questões relacionadas ao impacto destas

---

[79] PIVETTA, M. Limite considerado como consumo moderado de álcool cai no mundo. Nexo, 7 maio 2023. Disponível em: https://www.nexojornal.com.br/externo/2023/05/07/limite-considerado-como-consumo-moderado-de-alcool-cai-no-mundo. Acesso em: 5 abr. 2024.

substâncias nos processos de busca de conhecimentos e de socialização".[80] Portanto, quando as drogas não matam, causam não somente esse, mas outros sérios prejuízos.

Estudos mostram que:

- Em 78% das famílias, a descoberta da dependência e do uso de drogas é feita por alguém do núcleo familiar (pai, mãe, irmãos).
- Em 61% dos casos, são as mulheres (mães ou esposas) que procuram ajuda e tratamento.
- Em 70% dos casos, o problema ultrapassou o núcleo familiar de mãe, pai e irmãos e afetou parentes mais distantes, como tios e primos, e pessoas ligadas aos dependentes, como namorados, sogros, cunhados.
- 66% das pessoas acreditam que a dependência química começou devido a fatores externos à família, como más companhias e baixa autoestima.
- 61% das famílias não conhecem nem nunca ouviram falar no Caps – AD, o centro especializado em tratamento de drogas do Ministério da Saúde.

Na busca por ajuda, familiares atiram para todos os lados e tentam soluções como:

- 56% internação;
- 54% ajuda psicológica;
- 50% religião;
- 31% ajuda psiquiátrica.

Frequentemente tenho me deparado com pais e mães que são usuários de drogas recreativas. E quero abordar este assunto aqui: falar desses pais que *ainda* não são considerados doentes porque consomem drogas de modo ocasional e social. Chega o fim de semana, o papai ou a

---

[80] OLIVEIRA, C. *Discurso e memória autobiográfica em adolescentes usuários de drogas*. 2007. 156 f. Tese (Doutorado) – Curso de Ciências, Faculdade de Medicina, Universidade de São Paulo, São Paulo, 2007. Disponível em: https://www.teses.usp.br/teses/disponiveis/5/5162/tde-28012008-094122/publico/christianccoliveira.pdf. Acesso em: 5 abr. 2024.

mamãe (e até mesmo os dois) enchem a cara, fumam, dão uma cheirada, mas, segundo eles, sabem o que fazem. Como todos os adictos, acham que têm o controle.

Então, um deles, ou os dois, e as visitas ficam alteradas, agressivas, fazem escândalos e acabam dormindo onde se jogam. Outros ficam engraçados e inconvenientes. As crianças por perto não entendem nada e ficam muito assustadas.

Você sabia que as crianças e os jovens são levados ao uso de drogas dentro da sua própria casa? Considerando que o cérebro desses jovens ainda está em formação e passando por reestruturação, os danos do álcool e da maconha são imensos. Bebedores episódicos apresentam diminuição da massa cerebral no córtex pré-frontal, área responsável pela linguagem, concentração e raciocínio.

É isso que você quer deixar de herança para o seu filho?

MORTE

— Fecha o portão quando você for colocar o lixo na rua, senão a Pirulita escapa.
— Cida, quantas vezes eu tenho de falar para você fechar o portão quando for colocar o lixo na rua?
— Cidaaaa! Olha o portão! Você deixou aberto!
Todas as semanas era a mesma coisa. Eu tinha de lembrar à diarista de fechar o portão enquanto colocava o lixo na rua, pois a sassariqueira da Pirulita aproveitava a deixa para sair em desabalada carreira pelo quarteirão. Era o seu esperado momento de liberdade e autonomia.
Dava um trabalho danado trazê-la de volta, pois, quanto mais a chamávamos e corríamos atrás dela, mais ela se excitava e aumentava a sua velocidade. De vez em quando, ela parava para nos provocar. Esperava chegarmos pertinho, com a guia pronta para colocar em seu pescoço, e, quando nos abaixávamos para prendê-la, ela acelerava e sumia. *Filha da ******!*, eu pensava. *Sua cadela*, aí vinha o palavrão pertinente à situação ridícula à qual ela me expunha.

Como isso era resolvido? As pessoas da rua se mobilizavam ao me ver correndo atrás dessa fulaninha. Sempre surgia uma boa alma que se penalizava e, estando perto da Pirulita, a segurava para mim. Certa vez aconteceu o pior, o que mais temíamos: a brincadeira foi fatal.

Assim que Pirulita escapou, eu e as crianças corremos atrás. Mas, naquele dia, ela resolveu atravessar a rua. Só tive tempo de ver o caminhão vindo em extrema velocidade. Não deu tempo de gritar por ela. O veículo passou por cima dela como quem passa por uma folha de papel e continuou seu trajeto, como se nada tivesse acontecido. Foi assim, diante das crianças, e eu totalmente impotente e horrorizada, que perdemos a nossa companheirinha.

Cida foi até o meio da rua bem diante de casa e arrastou o seu corpinho até a calçada. Imediatamente, liguei para o Ruy, pedindo que viesse nos acudir e levar a pobre bichinha ao veterinário. As crianças a cercaram de cuidados e pouco a pouco, parecendo se despedir, fixou seus olhinhos em cada um de nós, dando o seu último suspiro. Absolutamente triste, abracei as crianças e disse:

— A nossa amiguinha foi embora. Ela acabou de morrer. Isso significa que ela está dormindo e nunca mais vai acordar. Temos de aprender a viver sem ela. Choramos, choramos, choramos...

Nisso, Ruy chegou apavorado e se juntou ao nosso grupo. A alegria da casa foi substituída por um momento de extrema tristeza, fraqueza e união, para podermos nos sustentar. Recolhi as crianças, enquanto Ruy e Cida colocavam Pirulita num saco de lixo, para ser levada ao veterinário e cremada.

Naquele dia, conversamos sobre o que era a morte. Lembramos do vovô Nunes, meu pai, que falecera uns dois anos antes. Falamos sobre as saudades que sentíamos dele, dos nossos bons momentos, revivemos as boas lembranças. Todos dormiram em nosso quarto. Gabriela foi quem ficou mais abalada. Dois dias depois, minha sogra a presenteou com um lindo filhotinho de boxer, e aí a vida voltou lenta e paulatinamente a fluir em nosso lar.

Como falar da morte com os filhos?

A morte tem vários significados, que se diferenciam de acordo com a cultura do país ou com a religião. Uma coisa é comum entre todos: é a única certeza da vida. A maioria das pessoas tem a morte como tabu: evitam falar nela e dela, desviam as conversas quando surge o tema... "Credo! Que assunto mais mórbido, vamos falar de coisas boas!".

Simplesmente não se toca no assunto. A morte não consta em nenhum currículo escolar, não existe disciplina chamada "A educação para entender e enfrentar a morte, assim como aceitá-la". Ela é retratada pela figura bizarra de uma caveira vestida com uma longa capa e capuz preto, trazendo uma foice nas mãos.

Em pesquisa encomendada pelo Sindicato dos Crematórios Particulares do Brasil (Sincep), realizada pelo Studio Ideias, foi mostrado que 68% dos brasileiros têm dificuldade de lidar com a ideia da morte.[81] E ainda: 15% das pessoas sofrem graves dificuldades para lidar com a perda de um ente querido, tendo o desempenho no trabalho e a vida social afetados.[82]

O ser humano tem uma capacidade de resiliência muito grande, pois consegue voltar ao normal após um grande trauma. Os resilientes decidem conscientemente voltar a viver. Os cientistas acreditam que já nascemos dotados dessa capacidade de superação. Por isso, devemos, sim, falar da morte com as crianças, permitir que elas participem do velório de um ente querido, que tenham a oportunidade de despedir-se dele. Isso não quer dizer que elas precisem permanecer por longas horas na cerimônia, alguns momentos apenas, o tempo para ver a pessoa no caixão e despedir-se. Mesmo tendo 1, 2 ou 3 anos.

Os rituais de despedida são muito importantes para a elaboração do luto. Ainda que algumas cerimônias, como velórios e missas, estejam mais escassas, muitas vezes restrita a poucos convidados, elas dão oportunidade para que as pessoas se aproximem, se amparem mutuamente e elaborem a perda.

A primeira atitude é sempre negar: "Não acredito que isso tenha acontecido". Ver ali o corpo exposto e acompanhar a sua descida ao túmulo fazem as pessoas entrarem em contato com a realidade. Quando não é permitido que a criança veja a pessoa falecida, ela fantasia o que seria a morte e, às vezes, a fantasia pode ser muito prejudicial a ela.

Para a criança, a morte adquire vários significados, que dependem da idade que ela tem. A criança pequena vê a morte de uma forma

---

[81] ALVIM, M. Solidão no luto: pesquisa inédita mostra dificuldades dos brasileiros para lidar com a morte. *BBC News*, 20 set. 2018. Disponível em: https://www.bbc.com/portuguese/brasil-45596113. Acesso em: 8 abr. 2024.

[82] BUSCATO, M. A vida depois da morte. *Espiritismo.net*, 30 abr. 2010. Disponível em: https://www.espiritismo.net/node/16912/. Acesso em: 8 abr. 2024.

bastante diferente da do adulto: ela não tem a noção do nunca mais, e seu sofrimento passa a ser menor que o do adulto. Além disso, ela não consegue imaginar a própria finitude. Na verdade, ela não tem medo de morrer, mas, sim, de sentir dor ou de ser abandonada por aqueles que a nutrem e protegem.

Entre 2 e 6 anos, a criança pensa que a morte é um estado reversível. É preciso que lhe seja dito que as pessoas não retornarão e que ela não vai perder todo mundo de uma única vez.

Por volta dos 6 anos, a criança começa a temer a morte dos pais, e isso a apavora, porque sente que perderá os cuidados e a proteção de que necessita para viver. É preciso assegurar que os pais morrerão somente em um dia longínquo, quando a vida terminar, e que, mesmo assim, sempre existirão pessoas para cuidar dela, como padrinhos, tios, avós...

Entre os 8 e 10 anos, ela terá uma compreensão melhor do significado da morte.

As crianças costumam ter muitos pesadelos sobre a morte delas ou a dos pais, e acabam se sentindo amedrontadas e culpadas por sonhar com isso. É preciso que você lhe assegure de que quando se sonha com algo, não significa que esse algo vá acontecer. Talvez ela esteja se sentindo abandonada ou com medo do abandono. Escute o que ela tem a dizer e certifique-se de que esteja tudo bem com ela.

Não aconselho dizer à criança que a pessoa foi para o céu e lá está morando, pois muitas delas podem apresentar o desejo de morrer também, só para se encontrar com o ente querido. Embora essa possa ser a sua crença, espere para lhe dar essa noção quando ela for maior. O melhor é levá-la ao cemitério e dizer que a pessoa está enterrada, como que dormindo para sempre.

Não invente histórias sobre o motivo da morte. Diga a verdade, de acordo com o entendimento da criança, respondendo claramente às suas perguntas. Não precisa disfarçar a sua angústia e tristeza, e conte a ela por que está assim. Assegure-a de que vai passar.

Se um ente querido estiver muito doente, próximo à morte, vá preparando a criança para enfrentar tal acontecimento. Permita que ela visite o doente e explique a ela o que está acontecendo. Os últimos momentos da vida de uma pessoa são plenos de sentido; representam a última chance para restabelecer relações, perdoar e realizar desejos pendentes. Por isso, precisamos viver plenamente e com dignidade.

Temos de educar as crianças para a vida, e falar da morte é preparar para a vida. Montaigne dizia: "É incerto onde a morte nos espera, aguardemo-la em toda parte".[83] Em casos de pessoas doentes terminais na família, a conversa também é importante. A criança percebe o que acontece no ambiente e o "não saber" provoca medo, separação, exclusão, isolamento e angústia. Nas famílias em que há esses casos, todos precisam se envolver nos cuidados com o doente e ter espaço para falar de seus temores e sentimentos.

A vida, enquanto existência única e isolada, não tem sentido. Quem assim vive já está morto. O ser humano existe a partir de suas realizações, e não isolado do seu contexto de realizações.

A consciência de que a vida é transcendência, alegria, felicidade, sofrimento, dor e angústia nos faz assumir a responsabilidade pela construção daquilo que somos. E, assim, a vida se transforma pela própria vida, e o sentido da vida é, enfim, a gratificação emocional das realizações que alcançamos durante o nosso existir. Aceitar a morte é o belo ato de encerramento de nossa vida.

Se você precisar de ajuda e orientação, procure o Laboratório de Estudos sobre a Morte (LEM), da Universidade de São Paulo.

APRENDIZAGEM

— Eu não quero ir pra escola! — Kiko reclamou, de braços cruzados, fazendo bico e cara de choro, quando o chamo para colocar o uniforme.
— Ué, Kiko! Você sempre gostou da escolinha. Por que você não quer ir hoje?
— Eu não quero ir nunca mais! — disse, bravo e escapando do quarto.
— Ei, ei, ei, vem cá! Não vai fugindo de mim, não, senhor. Vai me dizendo o que está acontecendo. — Mãe, quando está brava, chama os filhos pelo nome e sobrenome ou os trata como senhor e senhora.
— A minha professora é muito chata.
— Como assim?

[83] MONTAIGNE, M. *Os ensaios*. São Paulo: Penguim-Companhia, 2010.

— Ela não me deixa brincar, me põe de castigo no recreio, fala que eu sou um moloide e os meninos ficam me zoando.

— Põe você de castigo no recreio? Goza de você na frente da classe? Por quê?

— Porque eu demoro pra fazer a lição e pinto tudo errado. No recreio tenho de fazer de novo.

— Kiko, você acha que é demorado?

— Não, mãe, mas ela fala para eu pegar a pasta azul e eu fico parado um monte de tempo para descobrir qual é a pasta azul. Depois, ela manda pintar uma coisa de cada cor e eu fico parado tentando descobrir qual é a cor certa.

— Mas, Kiko, por que você não pede ajuda?

— Eu tenho medo. Um dia pedi e ela zombou de mim: "Ah, ele ainda não saber cor!".

— Filhão, eu já falei para a escola que você é daltônico. Será que a sua professora não leu a sua ficha?

— Eu não quero ir pra escola — insistiu ele, mas dessa vez com desespero.

— Calma, Kiko. Vamos resolver esse problema. A mamãe vai falar com a sua professora.

— Não, eu não quero ir! — implorou, angustiado. Desconfio de algo mais.

— Existe alguma coisa sobre a qual ainda não me falou?

Ele fez que sim com a cabeça.

— Então diga, filhote.

— Ela falou que hoje todo mundo vai ter de ler alto, e, como eu ainda não sei ler, decorei a história toda que a Gabi leu pra mim.

— Como? — indaguei, assustadíssima. — Não entendi! Cadê o seu livro?

Ele saiu e voltou com um desses livrinhos infantis, até hoje me recordo do nome: *Marcelo, martelo, marmelo*.[84]

— Mostra pra mim o que você fez.

Ele abriu o livro, fingiu ler a primeira página, mas a relatou toda de cor, pois não tinha assimilado o processo de alfabetização ainda. E assim continuou pelo livro todo.

— Eu não a-cre-di-to, Kiko, que você fez isso! Conseguiu de-co-rar todo o livro! Pra quê, meu filho?

— Pra ela não dizer que sou vacilão.

Procurei investigar o que havia de errado com ele, pois não conseguia acompanhar a classe. Seu QI era de 120, quando se esperava um resultado normal,

---

[84] ROCHA, R. *Marcelo, marmelo, martelo*. São Paulo: Salamandra, 2011.

> entre 90 e 110. Emocionalmente, estava abalado: bloqueado em seu processo de aprendizagem pelo medo da professora e do julgamento dos amigos, e não conseguia usar o seu potencial intelectual.

A continuação dessa história vai longe. Eu a relatei para que você saiba que, muitas vezes, não há nada de errado com a criança, mas, sim, com a escola e os professores ou com o ambiente em que ela vive. Costumo dizer que muitas escolas retiram das crianças a sua curiosidade natural e o desejo de aprender.

Veja você: quando recomendam um livro para ler, logo pedem um trabalho chato e cansativo a respeito da leitura. Além disso, muitas vezes, indicam livros desinteressantes e pouco estimulantes. Os alunos não têm a oportunidade de ler simplesmente pelo prazer que a leitura proporciona.

Fazem cobranças absurdas quanto às obrigações diárias. Lição de casa: passam tanta, que a criança não tem tempo de brincar. Ainda, os pais precisam ajudá-la, o que faz com que o vínculo entre pais e filhos, na maioria das vezes, se deteriore. Como a criança não tem vontade de fazer lição ou não sabe, isso favorece brigas familiares, e a escola acaba sendo um fator de discórdia entre pais e filhos; quando, na verdade, deveria ser algo bom na vida familiar.

E as lições de fins de semana? Pra quê? Ninguém merece! As crianças que estudam no período da manhã precisam acordar com os pássaros. Romper com o círculo circadiano de seu sono. Vão para a escola sonadas, cansadas, mal-humoradas... O sono é um fator determinante na aprendizagem, vide o capítulo sobre o sono.

As escolinhas maternais prendem as crianças sentadas à mesa, quando o corpinho delas, em completa erupção de vida, pede movimento. Muitas escolas matam a infância e as possibilidades de *vir a ser* de seus alunos. Mas o ambiente escolar não é o único culpado. Os pais... Ah, os pais, como dão trabalho!

Em busca de fortalecer o próprio ego e a necessidade de mostrar aos outros o quanto o filho é o melhor (na verdade, eles querem dizer: olha como eu sei educar), procuram escolas com um nível altíssimo de cobranças. Se a criança vai bem, tudo bem, mas se vai mal...

Costumo dizer que isso é uma verdadeira violência. Não acho que é bom os pais se concentrarem somente na escolarização e na educação dos filhos. A grande psicanalista francesa Françoise Dolto, cuja obra admiro muito, tem uma visão bastante particular e interessante a esse respeito. Ela afirma que todas as crianças são inteligentes, e que a inteligência escolar não é quase nada perto da inteligência geral. Para ela, a inteligência é dar um sentido a tudo na vida, e não apenas à escolaridade. O que desenvolve a inteligência é a troca em relação a tudo o que se vê e a sensibilidade para a vida, exprimindo-se todas as possibilidades do nosso corpo.

> *A retidão de caráter, o amor e a observação da natureza, das plantas, dos animais, a alegria de viver, a inventividade engenhosa, a habilidade manual e corporal, a afetividade disponível, a experiência psicológica do outro e da vida coletiva, a aceitação da diferença dos outros, a capacidade de fazer amigos e de conservá-los, o conhecimento da história de sua família, de sua comunidade, de sua região, de seu país, o despertar para a arte, para a cultura, para os esportes, o sentimento de responsabilidade, a curiosidade de tudo e a liberdade de satisfazê-la são qualidades que muitas vezes não se desenvolvem quando o sucesso na escola é o único valor pelo qual uma criança é apreciada pelos pais.* [85]

Penso que existe um tipo de escola para cada criança, e os pais devem escolher aquela que se adapta melhor ao jeito e ao potencial que seu filho pode desenvolver. Existem aqueles também que cobram da escola tarefas que são da família: bons modos, respeito ao outro, honestidade, humildade, amor ao próximo, caridade...

E como as crianças estão mal-educadas! Vovó Pascoalina dizia: "A educação vem de berço!". Na verdade, a aprendizagem real acontece dentro de casa, através dos modelos familiares e das brincadeiras. É dentro de casa, ajudando a colocar a mesa, que a criança vai ter noção de tempo, espaço e quantidade, por exemplo. Tomando banho sozinha, ou com seus pais, ela vai conhecer o próprio corpo e descobrir as diferenças entre homem e mulher, adulto e criança.

Quando ela prepara o prato e come sozinha, vai desenvolver a coordenação motora, além de aprender a escolher, optar e descobrir as

---

[85] DOLTO, F. *Quando surge a criança*. Campinas: Papirus, 1998.

diferenças entre os alimentos. Ajudando a regar as plantas, vai desenvolver responsabilidades, amor e respeito à natureza.

Aprendendo a preparar seu lanche, ela vai adquirindo autonomia e independência. Arrumando a sua caminha, o seu quartinho, ela se organizará. Atendendo um telefonema, ampliará o seu vocabulário e ficará mais desinibida. Sendo respeitada, vai aprender a respeitar.

Enfim, são tantas coisas a aprender no dia a dia que a escola pode ficar em segundo plano, caso sua criança seja muito pequena ainda. Considero a idade de 3 anos a ideal para a entrada na escola, e certos requisitos são fundamentais na hora de considerar uma escola como boa:

- espaço físico;
- limpeza;
- se há professores formados e constantemente atualizados;
- se estimula a curiosidade da criança;
- se incentiva a reflexão;
- se disponibiliza tempo para que a criança faça as próprias descobertas e encontre as próprias respostas;
- se dá oportunidades para que questione e argumente;
- se propõe desafios que provoquem desequilíbrios no saber, para uma nova equilibração;
- se aceita as diferenças e os diferentes;
- se há flexibilidade quanto às necessidades individuais;
- se dá orientação aos pais;
- se estimula com brincadeiras;
- se controla o uso das telas.

Enfim, a boa escola não é aquela que ensina, e sim a que leva a criança a descobrir por si mesma. A boa escola é também aquela que está mais perto de sua casa, do seu bolso e que tem a mesma filosofia de vida da sua família.

Outro fator importante quanto à entrada da criança na escola tem a ver com a sua adaptação. Já vi muitos pais chorando no lugar da criança. A entrada de uma criança na escola é tão difícil para eles quanto para os filhos. Às vezes, a criança entra numa boa, e a mãe fica à espreita, em lágrimas. Não consegue se separar, sendo necessário fazer um trabalho individual com ela, para que consiga cortar o vínculo.

Por sua vez, é comum que as crianças chorem, sofram, tenham medo da separação e do "abandono materno". Nesses casos, são muito importantes cuidados especiais no período de adaptação da criança. Quando esse período não é respeitado, elas ficam confusas quanto ao mundo em que vivem e passam a não confiar nas pessoas.

A postura firme e segura do adulto que está com ela, acompanhando-a na escola, favorece a adaptação. Pais que sentem e sofrem com a criança somente lhe transmitem insegurança.

Pare de fazer projetos de vida para seu filho. Olhe para ele com prazer, e não buscando defeitos ou qualidades. Não crie expectativas altas. Deixe-o viver. Não queira se realizar através da sua criança. É doentio crescer querendo corresponder às expectativas dos outros, e o pior é que se leva isso para a vida adulta. Dê condições para que seu filho construa os próprios sonhos, mantenha uma parceria com a escola. Não tente competir com a professora de seu filho nem a desvalorize diante dele.

A fase da educação infantil é a de maior importância para o processo de aprendizagem. Desse período vai depender muito o sucesso ou o fracasso escolar do seu filho. Crianças que sofrem nesses primeiros anos de vida escolar, ou por serem muito pressionadas quanto à aprendizagem, ou porque não têm bom vínculo afetivo com a escola, geralmente passam a apresentar transtornos de aprendizagem ou rejeição ao ambiente escolar. Digo e repito: a função da educação infantil não é alfabetizar a criança, mas, sim, fazê-la desenvolver os requisitos básicos para ser alfabetizada no primeiro ano do Ensino Fundamental.

E quais são esses requisitos básicos? São o desenvolvimento de:

- socialização;
- percepção visual, tátil, auditiva, gustativa;
- coordenação motora fina e grossa;
- coordenação visomotora;
- noção de tempo e de espaço;
- noção de ritmo e equilíbrio;
- noção de cores, formas e texturas diferentes;
- noção de quantidade, conjuntos, relações biunívocas;
- noção de seres vivos;
- noção de preservação da espécie e da natureza;

- noção de saúde e higiene;
- noção de cidadania;
- comunicação;
- curiosidade;
- capacidade de pensar e argumentar;
- capacidade crítica;
- criatividade;
- espontaneidade;
- linguagem;
- expressão corporal;
- gosto artístico e estético (música e artes);
- capacidade de brincar e explorar o mundo.

Penso que já são tarefas suficientes para a educação infantil. Podemos deixar a alfabetização para a idade certa, assim como as aulas de inglês, informática, e outras tantas que se inventam por aí, algumas até para explorar o bolso dos pais. Aconselho natação, como esporte. Até mesmo como meio de prevenir acidentes, uma vez que a criança adora água e qualquer cuidado é pouco diante de uma piscina ou do mar.

Existem várias metodologias de ensino: construtivista, montessoriana, antroposófica, tradicional... Mas a maioria das escolas faz uma grande salada e se autodenomina como pertencente a uma dessas metodologias. O pior são as escolas que se dizem "piagetianas", porque Piaget não criou nenhuma metodologia de ensino, e sim uma teoria a respeito do desenvolvimento cognitivo da criança.

Não vou explicitar cada metodologia, o importante é que você procure conhecê-las e, mais uma vez dizendo, opte por aquela que vá ao encontro de sua filosofia de vida e educação, disponibilidade financeira, de tempo e de transporte.

A comunicação é o processo de maior importância para a aprendizagem, seja ela qual for. Segundo Alexander Luria, psicólogo russo, trata-se do fator mais importante para o desenvolvimento mental.[86] A comunicação

---

[86] LURIA, A. O papel da linguagem na formação de conexões temporais e a regulação do comportamento em crianças normais e oligofrênicas. *In*: LEONTIEV, A. *et al*. *Psicologia e pedagogia*: bases psicológicas da aprendizagem e do desenvolvimento. São Paulo: Centauro, 2005. p. 107-125.

deve ser clara e precisa, capaz de levar o indivíduo à tomada de consciência das contradições e da insuficiência dos velhos conceitos. Não adianta, porém, comunicar-se com a criança de modo adulto. A comunicação deve acontecer de maneira adequada, acompanhando o nível de desenvolvimento e compreensão alcançados pela criança.

Somente por volta dos 3 ou 4 anos é que a capacidade de usar a palavra como instrumento de comunicação se instala na relação com o outro, assim como a capacidade de se deixar orientar e se autorregular por ela. Dá para entender quando a criança parece não compreender as ordens dadas ou não as acata.

Colocar uma criança pequena para "pensar" sobre o que fez de errado no cantinho do castigo é pura perda de tempo. O que vai acontecer é que ela pode adormecer, passar a brincar sozinha ou até mesmo se masturbar compulsivamente. Pensar é existência, é filosofar. Pensar não é castigo.

Todas as famílias e escolas deveriam dar mais ênfase às aulas de civilidade. Saber respeitar e se relacionar com os outros e ser gentil e elegante são comportamentos e atitudes que infelizmente deixaram de existir. A polidez, virtude que não tem nada a ver com a moral, mas, sim, com a etiqueta e com as boas maneiras, é um valor que facilita a convivência mais respeitosa e generosa. Ela ameniza a animalidade do homem.

"A polidez nem sempre inspira bondade, equidade, condescendência, gratidão; dá, pelo menos, a aparência disso, e faz o homem parecer por fora o que devia ser interiormente."[87] Perceba como isso é importante para a criança; significa ensinar a ela o respeito, o reconhecimento e a gratidão, e tudo por meio das nossas atitudes e comportamentos como pais. Nenhuma criança escuta os pais, mas todas os imitam. Seja um bom modelo.

Hoje a lei é a do mais esperto e mais safado. Infelizmente, as pessoas usam a sinceridade (e o "sincericídio") como grande qualidade. Mas devemos sempre nos guiar pela delicadeza e pelos melhores projetos. Por isso gosto de fazer algumas comparações com sistemas de ensino mais evoluídos de outros países. As escolas britânicas, por exemplo, são obrigadas a incluir em seu currículo aulas de cidadania.

---

[87] BRUYÈRE, J. *Os personagens*. Recife: Montecristo Editora, 2022. p. 97.

A estatística mostra que 62,7% das crianças testemunharam ou sofreram violência doméstica junto com a mãe.[88] A família está se omitindo muito de suas funções: ensinar o respeito ao próximo, a não discriminar ninguém, orientar os filhos em relação ao uso de drogas, quanto à sexualidade e ao uso e abuso das quatro regras básicas de convivência social – por favor, com licença, muito obrigado e me desculpe.

Uma cultura cidadã é responsabilidade da família, da escola e do Estado; por isso, faça a sua parte e aprenda a estimular a inteligência de seu filho.

1. Incentive as brincadeiras e os exercícios físicos, já que estudos demonstram que ambos contribuem com o aumento do número de vasos sanguíneos no cérebro, levando à melhora da nutrição, da oxigenação e da conexão entre os neurônios.[89]
2. Encoraje o seu filho a se relacionar com diversas pessoas e a entender as diferenças entre elas.
3. Estimule o seu filho a decorar versos e trava-línguas, faz bem para a memória.
4. Deixe o seu filho buscar as respostas por si, aprender com as próprias descobertas.
5. Respeite os limites de seu filho. Não o sobrecarregue e nem o pressione, para que ele não se estresse nem seja levado a qualquer possível bloqueio na aprendizagem. O estresse produz o aumento de cortisol, hormônio que causa sérios prejuízos ao processo do aprendizado e da memória.
6. Estimule seu filho para que desenvolva diariamente todos os seus sentidos: tato, visão, audição, paladar, olfato.
7. Ensine o seu filho a pensar, para que desenvolva o raciocínio lógico e o pensamento crítico.

---

[88] CONGRESSO BRASILEIRO DE ENFERMAGEM, 73., 2022, Salvador. *Impactos da pandemia no Brasil e os desafios para o campo da enfermagem e saúde*. Salvador: Associação Brasileira de Enfermagem, 2022. 2665 p. Disponível em: https://web.eventogyn.com.br/event/73cben/site/embed/Anais_73CBEn_Pôster.pdf. Acesso em: 9 abr. 2024.

[89] VORKAPIC-FERREIRA, C. *et al*. Nascidos para correr: a importância do exercício para a saúde do cérebro. *Revista Brasileira de Medicina do Esporte*, v. 23, n. 6, p. 495-503, 2017.

8. Ajude-o a viver as próprias experiências e a formular as próprias conclusões.
9. Ajude-o a tomar decisões e saber o que é bom para ele.
10. Ajude-o a dizer não quando necessário.
11. Respeite o seu sono. É durante o sono que os neurônios se realimentam.
12. É bom você saber que existem inteligências múltiplas. Portanto, o seu filho não é obrigado a ser bom em tudo. Ele pode ir mal em matemática, mas ser muito bom em esportes. O importante é você descobrir onde está o potencial dele e estimular a área em questão, para que ele a desenvolva.
13. Procure descobrir o que está por trás das notas baixas do seu filho. Não adianta reforço, aula particular, castigo, se você não buscar a causa da dificuldade, que pode ser desde um problema visual ou auditivo, um déficit de atenção, até um transtorno emocional, psicológico ou neurológico.
14. Cobre da escola do seu filho o auxílio de um orientador educacional, para ajudar vocês a criar estratégias de estudo e aprendizagem.
15. Os professores são fundamentais no aprendizado. Se o seu filho não vai bem, procure saber se o professor cria estratégias para despertar o interesse dos alunos e se ele tem um bom vínculo afetivo com a classe. Quem não se lembra da figura de um mestre que deixou marcas positivas ou negativas em sua vida? Eu, por exemplo, tenho uma dificuldade enorme com matemática. Mas, uma vez na vida, somente uma vez, fui uma das melhores alunas da turma, foi quando tive a felicidade de ter uma professora extremamente dedicada e carinhosa: dona Augusta. Obrigada, dona Augusta, por me mostrar que a matéria é bela e que eu não era burra.
16. Procure ajuda de um professor particular quando tiver certeza de que a escola já fez de tudo para ajudar o seu filho a solucionar as suas dificuldades. Infelizmente, sei que será difícil, pois muitas escolas se vangloriam de sua excelência no ensino, justamente por algumas se "livrarem" dos alunos que apresentam dificuldades.

17. Aluno precisa de rotina de estudo. Todas as escolas se queixam dos pais que não participam dos estudos dos filhos e não dão valor às ações educacionais dos professores com respeito aos alunos. Não seja mais um deles.
18. Controle e evite (se puder) o uso excessivo de computadores, internet, celulares, videogames e redes sociais.

Quero também falar um pouquinho sobre as dúvidas das mães quanto a deixar a criança em período integral ou meio período. Penso que se você, mãe, trabalha fora o dia inteiro, e a sua criança é pequena e precisa ficar em casa com uma babá, que não é lá muito boa, poderá ter problemas. E, se a sua criança for maior, e mesmo assim tiver de deixá-la em casa aos cuidados da vovó, sem nenhuma atividade extra, penso que isso poderá ser uma encrenca. Assim, em ambos os casos, o melhor é optar por uma escola de período integral. Não acha?

Se você não pode ficar em casa com os filhos e precisa delegar essa função aos outros, o melhor é delegar à escola. Sabemos que a criança precisa de estímulos. Não só para crescer, mas também para desenvolver a inteligência. Ainda, precisa de muitos estímulos e precisa conviver com outras crianças. Então, minha amiga, se você não pode ficar em casa e administrar a vida do seu filho, opte pela escola e *sem culpa*. Uma criança sem ocupação ficará entregue ao celular. Concorda comigo?

Agora, se, por sua vez, você fica em casa e não tem tempo nem paciência para cuidar, estimular e brincar com a sua criança. Se vive reclamando da sujeira que ela faz e do trabalho que ela dá, por favor: coloque-a na escola também. Já! Agora! Nenhuma criança merece ser destratada pelas pessoas que mais deveriam amar estar com ela.

Penso que o mínimo de respeito que você deve ter com a sua criança é estar feliz ao lado dela. Infelizmente, muitas mães praguejam quando estão com os filhos. Nunca humilhe a sua criança. Uma criança precisa ser cuidada e educada por uma mãe bem-disposta e feliz, na maior parte do tempo em que estão juntas.

Portanto, faça o que for melhor para você e, consequentemente, para a sua família e *sem culpa*. Você não precisa ser uma mãe perfeita, mas precisa se sentir realizada e feliz.

DINHEIRO

A questão financeira sempre foi problemática em casa quando as crianças eram pequenas.

> — Manhê — Gabi se aproxima toda meiga e dengosa —, tá chegando meu aniversário! O que nós vamos fazer? — Fiquei toda arrepiada. Aquele foi o ano mais difícil da nossa vida, financeiramente falando.
> — Ai, Gabi, mamãe não sabe ainda. Você está vendo o que o Collor fez com a nossa empresa. Já conversamos sobre isso com o papai, lembra? Eu não tenho ideia do que fazer e te dar — expliquei, preocupada e com grande pesar. Até hoje a Gabi curte os seus aniversários, sua energia de vida é extremamente contagiante.
> — Não tem importância, mãe. Eu só vou fazer 14 anos mesmo! Vou deixar para festejar nos meus 15 anos. Ano que vem!
> — Beleza, Gá. A gente faz um bolinho e convida só a vovó Theresa e o vovô Ruy (pais do Ruy), os seus padrinhos e nós aqui de casa.
> Passei o resto do dia preocupada em como arranjar dinheiro para o "bolinho" e para o presente. Faltava uma semana. Até lá... Quem sabe aconteceria um milagre! Amanheceu o tão esperado dia 5 de abril, aniversário da Gabi, e a nossa situação financeira continuava dramática. Não tínhamos conseguido dinheiro nem pro bolinho. Logo cedo, ela nos acordou:
> — Eba! É meu *niver*. Todos de pé, cantando para mim!
> Fizemos a maior folia. Encabulada e triste, eu lhe disse:
> — Gabi, você se importa se a gente transferir o bolinho para outro dia?
> — Quando?
> — Não sabemos, para quando sobrar algum...
> Como sempre, muito compreensiva e preocupada com a família, ela disse não se importar.
> — Ah, e o seu presente eu ainda não comprei, mas, quando você chegar da escola, nós lhe daremos. Tá bom?
> — Tá bom, mãe. O que será que eu vou ganhar?
> — Ói, Gabi, você sabe que a gente está na maior merda, mas vou procurar alguma coisa bem baratinha pra te dar.

E assim foi: Gabi na escola, e eu quebrando a cabeça em busca de algo para ela. Naquela época, dispunha de apenas R$ 20,00, comparando com o valor do dinheiro de hoje, e não existiam a famosas lojinhas de R$ 1,99. Sabe o que consegui comprar? Um pente de madeira e um pacote de algodão, para ela limpar a pele, pois sempre foi vaidosa. Eu tive vontade chorar só de olhar para o presente.

— Manhêê, cadê meu presente? — perguntou ela, logo que voltou da escola, já entrando como uma explosão de alegria, deixando rastros de estrelas cintilantes atrás de si.

— Ai, Gabi, mamãe tá tão triste... Eu só consegui comprar isto para você. — Envergonhada e triste, eu lhe entrego o mísero pacote. — Não repare, meu amor, procurei comprar algo de que você gostasse, dentro do pouco que temos. Como sei que você é vaidosa... — Eu falava, tentando me justificar e preparando-a para a decepção.

Ela abriu rapidamente o pacote, olhando para mim com seus reluzentes e apaixonados olhos azuis, estampando nos lábios o mais escancarado dos sorrisos. Abraçando-me com força, ela disse:

— Mãe, como eu estava precisando disso! Amei!

Logo começou a pentear o seu lindo cabelão, naturalmente mechado e ligeiramente ondulado. Balançando aqueles fios revoltos, me perguntou:

— Fiquei bonita?

Abraçando-a fortemente e com admiração profunda, dei-lhe um tapinha na bunda e falei:

— Minha filha, você não existe! Que bom Deus ter me premiado com sua vida em minha vida.

— Não, mãe... Eu é que agradeço a ele por tê-la como mãe.

E assim foi esse aniversário: triste, porém revelador de nossas riquezas interiores.

Dinheiro: posse, poder, status, controle, sedução, sonhos... o caminho para comprar a felicidade, as pessoas e solucionar tudo. Que falsa impressão, e que triste a nossa realidade!

No meu consultório, diariamente me deparo com uma série de conflitos em relação ao dinheiro. Algumas famílias buscam orientação na questão do *educar para ser*, mas a maioria nem se importa com esse quesito. Pensam sempre em *ter* mais, e em educar os filhos para a conquista desse "vil metal".

É interessante também notar que as pessoas que mais pedem desconto atrasam meus honorários e me dão cano são justamente as mais abastadas. Prefiro deixar essa questão em aberto. Qualquer dia dedicarei um pouco do meu tempo a escrever sobre o assunto.

Como educar financeiramente?

Acredito que nós damos aos nossos filhos aquilo que temos. Isto é, se você só tem a visão material da vida, se só tem amarguras, preconceitos, desconfianças, é isso que você dará a eles. Desde cedo, devemos ensiná-los a noção do que é o valor e a função do dinheiro, para que cresçam com mais responsabilidade.

Hoje em dia, o ser humano perdeu o papel de criador para o de consumidor de seu mundo. Nossos sentidos são diariamente invadidos por uma sucessão de campanhas publicitárias, com o objetivo de nos levar ao consumo. Sem perceber, somos condicionados a usar tal produto, vestir-nos de certa maneira, consumir aquilo que invade nosso inconsciente, na falsa impressão de que assim estaremos inseridos na sociedade. O indivíduo é avaliado pelo carro, celular e relógio que tem.

Para que seu filho possa valorizar o que tem e o padrão de vida que lhe é oferecido, deve ter noção do valor de cada moedinha que é dada a ele. É preciso ainda que aprenda a cuidar de suas coisas, a não desperdiçar alimentos, a economizar, a juntar moedinhas para comprar um chocolate. E isso não é fácil, porque exige que você também saiba valorizar e usar bem o seu dinheiro. É claro que se em sua casa existe muito desperdício e consumo, você nunca poderá esperar um bom resultado com seu trabalho educativo, pois as crianças aprendem aquilo que vivem.

A fase de alfabetização é um período propício para iniciar a criança no processo de administrar o próprio dinheiro. Nessa fase, ela começa a adquirir noção de números, quantidade, noção de pertencimento, certas operações matemáticas e a linguagem já é muito bem compreendida e assimilada.

Comece a mostrar que na vida tudo tem um preço: sejam valores materiais ou não, altos ou baixos, caros ou baratos. Vá ao supermercado com ela. Leve algum dinheiro trocado e mostre o quanto vale as mercadorias que ela deseja.

Ajude-a a elaborar listinhas de compras para fazer com sua semanada, que não deve ultrapassar R$ 20,00 (ou outro valor-limite). Digo semanada, porque um mês é muito tempo para a criança. Dê moedinhas para ela ir juntando e adquirindo a noção de decimais A mesada com maior valor pode vir quando ela tiver aproximadamente 12 anos, e não deve ser alta também.

Faça seu filho esperar para obter o que deseja, ensine-o a negociar. Estabeleça limites de tempo para celular, TV e internet. Passe a cobrá-lo pelas contas altas. Não adiante a mesada nem a complete caso ele venha a gastá-la antes do final do mês. Crianças que vivem com o orçamento definido tornam-se adultos mais responsáveis com o dinheiro, administrando satisfatoriamente suas finanças. As crianças são muitíssimo ligadas ao dinheiro. Já vi casos de chegarem a trocar o presente brinquedo pelo presente em dinheiro.

Acontece de também se sentirem pressionadas para ter o que os outros têm e assim se sentirem aceitas no grupo. Só que isso é tão forte atualmente que algumas crianças chegam a se estressar e desenvolver algumas angústias. Sentem que, para conquistar um espaço na vida, precisam seguir o padrão estabelecido pelo seu grupo de convivência. Por isso recomendo que a escolha da escola em que vão estudar esteja de acordo com o bolso dos pais.

SEXUALIDADE

> Dezembro de 1975, quatro dias após o nascimento do Samuel. Gabi estava com 2 anos de idade. Saí da maternidade para casa e, diante da curiosidade imensa da Gabi frente àquele pequeno extraterrestre que invadia seus domínios, resolvi deixar que ela entrasse em contato com o bebê e explorasse aquele estranho ser.
> — Venha, Gabi, venha ver seu irmãozinho. Olha, a mamãe vai dar um banho nele, venha ajudar.
> Ela se aproximou timidamente, cheia de desconfiança, e começou a prestar atenção ao que fazia.
> — Olha, Gabi, veja que mãozinhas pequenas! Você também já foi assim. Quer segurá-lo?

Ela disse que sim.

— Sente-se aqui no sofá, que a mamãe vai colocá-lo no seu colo.

Ela se acomodou rapidamente no sofá e estendeu as mãozinhas.

— Peraí, filhinha, acho melhor a mamãe deitá-lo no seu colo, ele é um pouquinho pesado para você carregá-lo.

Ela esticou as perninhas, que estavam dobradas sobre o sofá, e sorriu.

Coloquei aquele pacotinho lá, que na verdade nunca foi pequeno. Samuca, ou Dedé, nasceu com mais de quatro quilos e com cinquenta e poucos centímetros. Hoje, ele tem 1,94 m. Com Dedé em seu colo, ela ficou deslumbrada com a nova boneca, ainda sem a noção do que significava a chegada de um irmão. Deixei que se vinculasse a ele acariciando-o, mexendo em suas mãozinhas, perninhas, pés. Expliquei seu nome e respondi às suas perguntas, que diziam respeito ao funcionamento daquele ser.

— Ele não fala? Ele chora? Posso enfiar o dedo no olho dele? Posso jogar pro alto?

Diante de tão boa apresentação e das ideias que iam surgindo da cabecinha da Gabi, resolvi apressar o banho.

— Agora, me dê ele aqui, que nós vamos dar um banho nele.

Enquanto Ruy preparava o banho, fui tirando as roupinhas, o tempo todo sendo observada pela Gabi.

— Olha, filhota, olha a barriguinha dele, como ele é gordinho! Este aqui é o bumbum...

E antes que eu lhe apontasse o "pipi" do pequeno ser, ela o apontou e falou admiradíssima:

— Olha, mamãe! Ele tem rabinho!

Muitos anos depois, mas muitos anos mesmo, por volta de 1983, eu já estava com os quatro filhos no supermercado. Kiko tinha uns 2 anos. Como uma mãe legítima, estava atrapalhadíssima na enorme fila, com três carrinhos cheios de compras, filhos enchendo o saco, atrasada e nervosa, remexendo na bolsa, à procura da chave do carro.

— Onde será que eu botei? — E, ao mesmo tempo, buscando a carteira.

— Gabi, cê tá com a chave do carro?

— Não, você deu pro Kiko brincar na hora que ele queria se jogar do carrinho.

— Ah, é mesmo. Deve estar caída no carrinho. — E não deu outra: estava lá.

Na hora em que retirei a chave do Kiko, ele resolveu armar um berreiro e, para calar a sua boca diante de tantas pessoas, dei a minha bolsa para ele fuçar.

Iniciei, finalmente, a terrível tarefa de colocar as compras no caixa, esperar que fossem registradas e embaladas.

— Manhê, xixi! — pediu Tatá, apertando as pernas, segurando o púbis e dançando aflita.

— Calma, Tatá, agora não dá! — respondi, mais nervosa.

— Manhê, olha o Kiko! — apontou Gabi.

— Deixa ele mexer, Gabi. Segura as pontas — falei, impaciente.

— Manhê, olha o Kiko. — Dessa vez foi o Dedé quem me chamou.

— Samuel, deixa teu irmão em paz! — Nem olhei, continuei apressada com as compras.

— Manhê! — Novamente a Tatá, dessa vez gritando bem alto: — Olha o que o Kiko tá fazendo com aquelas coisinhas que você põe na sua perereca, quando fica "misturada".

Na hora eu gelei! Lembrei-me de que tinha alguns absorventes internos jogados na bolsa em que o Kiko fuçava. Quando olho, dou com o Kiko cheio de absorventes: era absorvente enfiado nas duas orelhas, entre os dedos dos pés, enquanto chupava mais um. O povo das filas vizinhas ria à beça.

Naquela época, eu era uma jovem tímida, cheia de pudores, regras e preconceitos. Tive vontade de me enfiar na lata de lixo do caixa. As crianças, percebendo o meu choque, resolveram tirar partido:

— Manhê, pra que mesmo serve isso? — perguntou Tatá.

— Quieta, Tatá — falei, enquanto tentava guardar apressadamente os absorventes.

— Manhê, por que você não responde?

Enquanto isso, Kiko chorou reivindicando seu "maravilhoso brinquedo".

— Cala a boca, Tatá, me dá isso... — Tirei um O.B. de suas mãos.

— Manhê... — Dessa vez foi a Gabi. — Pra que serve mesmo isso?

— Depois eu te explico, Gabi... — Céus! Aquelas compras não acabavam nunca! Tive vontade de deixar tudo no caixa e me jogar debaixo de um carro.

— Serve para quando a mamãe fica "misturada" — respondeu logo Tatá.

O povo? Ah, o povo... Todos parados e assistindo à comédia!

— Não é misturada, sua idiota — respondeu Dedé, ao mesmo tempo que me perguntava: — Como é mesmo, mãe?

Olhei para o povo e parecia que todos me pediam que respondesse:

— Menstruada — respondi rapidamente. — Pronto, é assim que se fala, e agora chega!

E chega mesmo! Chega de continuar contando essa história. Primeiro, porque me lembro do mico, e depois porque me recordo do quanto eu era preconceituosa e ignorante. Mas ela ilustra a segunda fase do desenvolvimento da sexualidade da criança (após a descoberta das diferenças sexuais), que diz respeito à fecundidade e procriação.

As primeiras perguntas que elas fazem se referem às diferenças entre os sexos e ocorrem por volta dos 2 ou 3 anos, período em que começam a tomar banho com os colegas, com os pais, ou quando nasce um irmão de sexo oposto ao seu. Elas notam que existe algo diferente exatamente lá entre suas perninhas.

Frases como: "Papai e mamãe são diferentes!", ou "Eu sou igual ao papai", e ainda "Eu sou igual à mamãe" são comuns nessa fase. É nela também que as crianças iniciam uma brincadeira de tocar o corpo alheio, de querer conhecer melhor as diferenças, de querer mexer, pegar, para assimilar o "objeto".

Aconselho que durante esse período de pesquisa e conhecimento seja permitido à criança tocar os corpos dos próprios pais, caso deseje. É um bom momento para lhe ensinar o nome verdadeiro dos órgãos sexuais, evitando assim que ela se refira a eles por apelidos de mau-gosto. Chamam-se pênis e vulva. É muito importante que encarem essas partes como naturais do corpo, assim como braços, nariz, mãos... Sem a malícia maldosa que existe no olhar e no pensamento do adulto.

A partir dos 4 ou 5 anos, a criança entra em uma fase denominada "pudor infantil". Ela se preserva diante dos outros quando está nua. Cobre-se, não quer se trocar na frente de estranhos. É um bom momento para você deixar de se trocar e tomar banho com ela. Peça que saia quando você for se trocar, assim ela vai aprender que se deve ter privacidade no banho ou na troca de roupas. Ensine-a a bater na porta do seu quarto, ou do banheiro, quando você estiver lá.

Se por acaso você estiver se trocando e ela entrar, continue fazendo normalmente a sua atividade. Não precisa pedir que ela saia nem se cubra vergonhosa e apressadamente; fique na sua. Explique a ela que quando as pessoas crescem, elas passam a cuidar do próprio corpo, o que significa usar o banheiro de portas fechadas, tomar banho e se trocar sozinhas e não permitir que ninguém, exceto os pais e o médico, toquem no seu corpo. Assim como não devem tocar o corpo dos outros; refiro-me aos toques genitais.

Você vai me questionar: "Como? Primeiro, a gente fala que pênis e vulva não são objetos de vergonha e agora a gente mostra que devem ser intocáveis?". Parece estranho mesmo, mas não é.

A primeira ideia é fazer com que essas partes do corpo não sejam relacionadas a algo feio, sujo, ameaçador, misterioso, ou seja, não as transforme em temas tabus. A segunda é mostrar que são muito íntimas e que não devem ser expostas à toa nem tocadas por qualquer um.

A pedofilia é um perigo real, por isso oriente seu filho sobre o assunto. Abuso sexual não é só pedofilia, mas também as cenas, as palavras, as situações sexuais, a pornografia que são mostradas na infância.

Quando os pais têm dificuldade para lidar com a própria sexualidade, não sabem como lidar com a sexualidade dos filhos. Geralmente sentem-se intimidados, envergonhados e incomodados diante das questões ou situações. A criança, por sua vez, sentindo a dificuldade nos pais, começa a insistir nos temas ou nos comportamentos sexualizados que a incomodam. Se você se sentir assim, é bom olhar para dentro de si e conversar com seu companheiro ou companheira a respeito da sexualidade do casal, ou até buscar ajuda profissional.

Passada a fase da identificação sexual, desperta o interesse da criança por saber de onde surgem os bebês. Nesse momento, basta dizer que saem de dentro da barriga da mãe. O importante é responder apenas àquilo que a criança pergunta. Muitos pais, diante da pergunta, são evasivos ou então preparam um material enciclopédico para elucidar o filho. Quando chegam ao fim da explicação, o que é raro, porque a criança se dispersa, pais e filhos nem sabem mais qual era a questão levantada. Vá por etapas, deixe que seu filho lhe indique o caminho a seguir.

Já sabendo que as crianças são geradas na barriga, a seguinte pergunta, inevitavelmente, será aquela que todos temem e esperam: "Como eu fui parar na barriga da minha mãe?". A velha história da sementinha que o papai coloca na mamãe é sempre um bom recurso. O negócio complica quando a criança quer saber *como* o papai coloca a sementinha na mamãe. Aí é que o bicho pega. Muitos pais mudam de assunto, não é mesmo?

Para essa questão e para todas as outras, não há saída. Temos de falar a verdade. Explicar que homens e mulheres são biologicamente diferentes – aliás, a criança já deve ter conhecimento disso –; mostrar que essas diferenças existem principalmente para fazer os bebês; dizer que quando um homem e uma mulher, ou quando as pessoas se amam muito, muitas vezes têm o desejo de ficar juntos e formar uma família, como uma forma de fazer esse amor crescer através dos filhos, e ==ter filhos significa dar vida a esse amor.==

E então entra na explicação de fato, diga que eles se abraçam e se beijam bastante, ficam tão juntinhos, mas tão juntinhos que o homem acaba colocando o pênis dentro da vagina da mulher. Aí, de dentro do pênis do homem, sai uma gosminha com algumas sementinhas. Uma só sementinha, a mais espertinha, corre, corre em direção a um ovinho bem pequeninho que está na barriga da mamãe, esperando por ela. Esse ovinho se junta com a sementinha formando um ovo só, e esse ovo vai se transformando pouco a pouco em um bebê. E, então, depois de nove meses, ele está prontinho para sair da barriga. Na hora certa, o bebê começa a fazer força para sair da barriga da mamãe, pois ele já está grande e quer mais espaço, e de tanto fazer força, acaba saindo pelo mesmo buraquinho da vagina da mulher, em que entrou como a sementinha do papai dele.

É importante que essa explicação possa ser ilustrada através de desenhos feitos na hora ou de ilustrações já prontas. Existem muitos livros infantis que podem ajudar. Recomendo que esses livros fiquem à disposição da criança, displicentemente largados ao seu acesso, para que, após a explicação, ela possa elaborar e assimilar tudo.

Algumas crianças reagem de maneira defensiva: negam que os pais possam fazer isso e nunca mais tocam no assunto. Por isso a necessidade de deixar ao seu alcance um material de pesquisa e elucidação que lhe permita o tempo para elaborar o conteúdo. Não insista, aguarde novas questões.

Dizemos que por volta dos 7 anos a criança já deve ter conhecimento de todo o processo de procriação. Hoje em dia, a mídia invade os lares com informações precoces (na maioria das vezes) e pouco aconselháveis ao universo infantil. Os pais devem assistir à TV com os filhos para ajudá-los a elaborar as cenas impróprias e, também, verificar os sites acessados por eles. Na verdade, os pais deveriam selecionar a programação dos filhos e bloquear certos conteúdos da internet. Como isso não acontece, muitas vezes nos encontramos diante de questões mais difíceis para responder às crianças, como:

- o que é a homossexualidade;
- sexo oral;
- sexo anal;
- fetichismo;
- parafilias;
- gravidez na adolescência;
- métodos de prevenção de gravidez e doenças venéreas;
- transexualidade;
- travestismo;
- aborto;
- infecções sexualmente transmissíveis;
- transtornos sexuais;
- pedofilia.

E assim por diante...

Como você vê, não basta educar, cuidar, criar, amar e proteger uma criança; é necessário que se estude muito para passar conhecimento, sabedoria, confiança, segurança e afeto aos filhos na medida que eles necessitam e não na medida que você pensa que eles necessitam. É necessário que você fale sobre sexualidade e gênero, porque ele vai ouvir falar disso e precisa saber do que se trata.

Infelizmente, são poucos os pais que buscam informação e orientação. Não é o seu caso, claro, já que está lendo este livro. Aliás, acho que as escolas deveriam dar aulas de sexualidade e gênero para os pais, pois nem eles têm o devido conhecimento do assunto para repassar aos filhos.

Algumas explicações

Acho importante destacar sempre que a homossexualidade não é doença. Você deve ensinar a sua criança a respeitar essa comunidade, assim como você deve respeitar a orientação sexual de seu filho, que geralmente será definida na adolescência. Felizmente, a questão da homossexualidade vem sendo encarada com menos preconceito por parte dos nossos jovens. Eles são mais tolerantes e odeiam pessoas preconceituosas. A tolerância às diferenças está se tornando uma regra. Embora o preconceito ainda exista em algumas esferas da sociedade, confessá-lo se tornou um gesto condenável, até mesmo nas Forças Armadas. Vamos lá! Comece a entender e a aceitar o seu filho caso ele tenha uma orientação sexual que não seja a heteronormativa.

Algo mais me chama a atenção quando estou atendendo pais em meu consultório, ou quando dou meus cursos e palestras, é a preocupação que sentem por seus filhos púberes ou adolescentes que começam a ficar, namorar, enfim, que despertam para uma vida sexual. Permitir ou não permitir, esse é o tema.

"Devo permitir que o namorado de minha filha durma em casa, com ela?"
"Devo permitir que fiquem se amassando na minha frente?"
"E quanto ao ficar?"
"E quanto à perda da BV?" (boca virgem)

Outra questão alarmante é a do aborto. Virou um problema de saúde pública. A Pesquisa Nacional do Aborto, feita em 2021, mostrou que, no Brasil, 10% das mulheres em idade reprodutiva já fizeram aborto, independentemente de raça, cultura, religião ou condição socioeconômica. A prática entre as adolescentes é cada vez maior e mais preocupante, chegando a 41%.[90] As nossas jovens estão engravidando cada vez mais cedo e recorrendo a esse tipo de contracepção que é extremamente perigoso, até mesmo por ser feito em péssimas condições. Enfim, para você ter uma ideia, no Brasil, uma em cada sete mulheres já abortou.[91]

Penso que nenhum dos pais deve se deixar guiar pelo que os outros pensam, ou falam. Recomendo que olhem para dentro de si, buscando o seu referencial interno, e não externo. Aliás, os pais estão perdidos porque deixaram de agir conforme seus valores. Se algo o incomoda no comportamento ou nas atitudes de seu filho, basta dizer que não permitirá

---

[90] DINIZ, D.; MEDEIROS, M.; MADEIRO, A. National abortion survey - Brazil, 2021. *Ciência & Saúde Coletiva*, v. 28, n. 6, p. 1601-1606, 2023. Disponível em: https://www.scielo.br/j/csc/a/mDCFKkqkyPbXtHXY9qcpMqD/?format=pdf&lang=en. Acesso em: 10 abr. 2024.

[91] ALMEIDA, D. Uma em cada sete mulheres, aos 40 anos, já passou por aborto no Brasil. *Agência Brasil*, 29 mar. 2023. Disponível em: https://agenciabrasil.ebc.com.br/saude/noticia/2023-03/uma-em-cada-sete-mulheres-aos-40-anos-ja-passou-por-aborto-no-brasil#. Acesso em: 10 abr. 2024.

tal coisa. Como dizia a velha Pascoalina: "É melhor que ele chore, não você!" (de arrependimento).

Você se incomodou de o namorado da filha dormir em casa? Não importa onde está a questão. Você não pode se sentir incomodada na relação com seu filho nem em sua própria casa. Explique-lhe isso e dê um basta. Tudo tem seu tempo, tudo tem sua hora, tudo tem uma hierarquia. Atualmente, existe a tendência de acelerar a vida, pular etapas e não ligar para a hierarquia. É necessário ensinar aos filhos a esperar. Vá com calma; "não apresse o rio, ele corre sozinho".

Não podemos pular etapas, pois os rombos ficam imensos, e a vida, remendada. Um dia, o seu filho conhecerá o amor afetivo-sexual e as dores que ele abarca. É preciso que ele aprenda a se curar dessa dor.

Você deve orientá-lo para que ele se interesse pelo outro, não só pelo próprio sofrimento. Nós nos fundimos quando amamos porque temos coisas interessantes a trocar. Amar é admirar o outro e gostar de fazer coisas juntos, não é desejar ter o outro o tempo inteiro ao nosso lado, à nossa disposição.

Sexualidade, identidade de gênero e orientação sexual: afinal, que "confusão" é essa?

Bora lá entender isso, porque o seu filho já compreende muito bem. Para começar, deixe o preconceito de lado e se atualize, senão você vai "dançar". Se não entende a teoria da identidade de gênero e cisma em não aceitá-la, vai sofrer e fazer sofrer muita gente. A primeira palavra que tenho a dizer a você é: respeite! Respeito é o mínimo que precisa ter diante da comunidade LGBTQIAP+.

Vamos, então, entender: quando falamos em *sexualidade*, estamos nos referindo ao sexo biológico e à genética; ao órgão genital com o qual nascemos. Bebês que nascem com pênis são do sexo masculino. Bebês que nascem com vulva são do sexo feminino. Então, na certidão de nascimento, sai escrito sexo masculino ou feminino, certo? Portanto, esses bebês são *binários*: estritamente masculinos ou femininos dentro da *cisnormatividade*, que significa nomear algo incontestável.

Quando falamos em *identidade de gênero*, fazemos remissão ao modo como a pessoa se vê, a como se sente e a como se coloca na sociedade, seja criança, adolescente ou adulto. A pessoa pode se sentir, se comportar ou se enxergar diferente, apesar de ter nascido com pênis ou vulva.

Quando a pessoa não se identifica nem com o sexo feminino nem com o masculino ou se identifica com os dois, ela é denominada *não binária*. Existem inúmeras denominações para os diversos tipos de não binários, entre eles o agênero, o andrógino, gênero fluido, neutrois, demingênero, transfeminino, transmasculino...

A *expressão de gênero* é a forma como a pessoa se apresenta diante da sociedade, independentemente do seu sexo biológico: roupas, cabelos, comportamento etc.

E, finalmente, a *orientação sexual* é a forma como a pessoa se relaciona *afetivamente*. Ela pode se relacionar com pessoas do mesmo sexo biológico (homossexuais) ou com pessoas do sexo biológico oposto (heterossexuais). Creio que até aqui não existam dúvidas, até porque essa coisa é bem antiga. A "confusão" começa a partir de 1990, quando as comunidades homossexuais exigiram novas siglas para substituir a que existia para incluir os *não binários*, que até então eram identificados como GLS (gays, lésbicas e simpatizantes), e, assim, incluir as diversas formas de orientação sexual e de identidade de gênero existentes.

No Brasil, a Associação Brasileira LGBT atualizou a sigla para LGBTQIAP+. Vamos entender o que significa cada letra dessa sigla.

- **L (lésbica):** pessoa do gênero feminino que se relaciona de maneira afetiva ou sexual com o mesmo gênero.
- **G (gay):** pessoa do gênero masculino que se relaciona de maneira afetiva ou sexual com o mesmo gênero.
- **B (bissexual):** pessoa que se relaciona de maneira afetiva ou sexual com ambos os gêneros.
- **T (transgênero):** pessoa que assume uma identidade oposta àquela com a qual nasceu (sexo biológico) e foi nomeada. Por exemplo, alguém que nasceu com o sexo masculino, mas se expressa (se veste e se comporta) de maneira oposta ao seu sexo biológico. São as travestis ou os transsexuais.
- **Q (queer):** significa "estranho" em inglês, é um termo que define todas as pessoas que não se encaixam na *heterocisnormatividade*. O que é isso? São pessoas que não se encaixam na imposição da sociedade sobre a heterossexualidade e a cisgeneridade.

- **I (intersexo):** pessoas que nascem com as características sexuais biológicas físicas, hormonais e genéticas masculinas e femininas.
- **A (assexual):** pessoas com ausência total, parcial ou condicional de atração sexual.
- **P (pansexual):** pessoas que sentem atração sexual ou afetiva por todas as identidades de gênero: binárias, não binárias e gênero fluido (aquele que não se identifica com um único papel de gênero).
- **N (não binário):** pessoas que não se identificam com nenhum gênero ou que se identificam com vários deles.
- **+:** é o reconhecimento da vastidão de identidades sexuais e gêneros que existem, abarcando as outras não mencionadas.

Tentei fazer aqui uma explanação o mais objetiva e simples possível, uma vez que existem mais de setenta classificações. Se você quiser se aprofundar é só dar um Google e selecionar diversos artigos sérios. A sociedade, as escolas e os pais precisam de tempo para assimilar tudo isso. Creio que seria muito importante que as escolas abrissem as portas para orientar os pais com respeito à teoria da identidade de gênero, para que todos tivessem a mesma linguagem e entendimento.

Como você vê, isso tudo é muito sério e complexo para você ficar zombando dos diferentes ou os excluindo da sociedade. O *respeito* é fundamental. A sexualidade e a afetividade são coisas que nem sempre andam juntas. As pessoas são diferentes, mas não desiguais. Entenda isso.

Dúvidas frequentes

1. *O meu filho viu dois homens se beijando e me perguntou se homem pode namorar homem. O que eu respondo?*
   Diga que existem homens que gostam de namorar homens e outros que gostam de namorar mulheres. Simples.

2. *A minha filha me perguntou se é menina ou menino e se pode namorar uma menina. O que eu falo?*
   Diga que ela nasceu com vulva, igual à mamãe, então ela é uma menina. Diga também que crianças não namoram e que é muito bom a gente

gostar de uma amiga. Quanto a namorar uma menina, isso é coisa que ela vai decidir quando crescer. Simples.

3. *O meu filho gosta de brincar com bonecas. Será que ele é gay?*
Não existem brinquedos, brincadeiras nem cores específicas para meninos ou meninas. As crianças gostam de experimentar brincar de papai e mamãe, para saber como são esses papéis. Relaxe e deixe o seu filho brincar em paz. Simples.

Conclusão: responda apenas o que a criança quer saber, da forma mais simples que puder. Essas perguntas vão voltar, e aí você vai complementando de acordo com as dúvidas que surgirem.

HORÁRIOS E RESPONSABILIDADES

Todos os filhos não atendem os pais quando são chamados:
— Logo agora?
— Já vou!
— Peraí!
— Calma!
— Só mais um pouquinho!
E assim são meus filhos, até hoje. Gabi é a que sempre quer aproveitar tudo até o final, e um pouco mais além. Foi quem mais me deu trabalho nesse sentido. Íamos buscá-la em suas atividades, festas, escola, passeios e sempre tomávamos um chá de cadeira.
Conversas de última hora com as amigas, lembranças de algo que havia esquecido e nunca retornava ao buscá-lo, "esquecimento" dos horários estabelecidos, "impedimentos" de parar o que estava fazendo, acontecimentos esdrúxulos de última hora, falta de relógio, o outro atrapalhou, o outro pediu para... Resumindo: a culpa nunca era dela.
Todas as vezes que o pai ia buscá-la nos treinos de esgrima, ou nas baladas, principalmente, a casa caía.

— Gabi, não falei pra você estar na porta me esperando?

Mas não tinha jeito. E ela, com sua maneira amorosa de nos tratar, sempre era compreendida. Como tudo tem limite, e um dia ele se esgota, Ruy resolveu tomar atitudes. Mas, quando deixamos para tomar uma atitude só depois que o limite já se esgotou, é claro que a reação extrapola. E assim foi.

À noite, ao parar na porta do clube para buscar Gabi na esgrima, ela não estava lá. Na época, era 1988, tínhamos um Santana de segunda mão com uma buzina musical simplesmente cafona e horrorosa. Tocava um trecho da música "La Cucaracha". Gabi, ali com seus 15 anos, como todos os adolescentes, morria de medo de pagar mico diante dos amigos. Então, ao ver que ela não estava no local combinado, Ruy começou a dar infindáveis voltas no quarteirão do clube, disparando, em alto e bom tom, a maldita buzina.

— Nossa, que brega! Olha só essa buzina, meu. — Foi o comentário da galera. Gabi teve vontade de se enfiar no armário dos floretes e ficar lá quietinha e dura, disfarçada entre eles, mas, como a razão imperou, resolveu que o melhor seria sair correndo antes que o pai completasse mais uma volta, e ela pagasse um "puta mico".

— Pai, que é isso? Cê tá maluco? Que mico, pai! Olha só a cara das pessoas. — Ela entrou rápido e se escondeu no carro.

— Mico pago eu, te esperando mais de meia hora em todos os seus treinos.

— E arrancou o carro, buzinando novamente, o satisfeito pai, sentindo-se vingado e vitorioso.

Essa tática funcionou por certo tempo, como sempre, daquele jeito. Até que ela entrou na temida fase das festinhas, esquentas e discotecas. Ai, ai, ai...

Como Gabi mesma diz, ela abriu o caminho para os irmãos, que também chegariam a essa fase, e, portanto, foi a que mais teve atritos conosco. Ai, que sofrimento! Não gosto nem de me lembrar do "clima familiar" diante da aproximação dos fins de semana.

O telefone começava a ficar ocupado na sexta-feira após as aulas e só desocupava no domingo à noite. Naquela época, não existiam celulares (ai que saudades desses tempos!). Eu iniciava a minha insônia na sexta à noite e só terminava no domingo à noite.

As nossas discussões também se iniciavam na sexta e terminavam no domingo, quando todos fazíamos as pazes (inclusive eu e Ruy). É claro que a família toda brigava, o velho efeito dominó.

— Se ela vai, eu também vou! — dizia um.

— Por que ela pode, e eu, não? — dizia outro.
— E eu? — dizia ainda outro.
Como era duro manter a hierarquia!
Gabi teve uma fase da adolescência um pouco mais difícil que os irmãos, até porque foram os tempos das verdadeiras vacas magras, lembra-se da história do seu presente de aniversário? Pois é... a coisa piorou muito.
Tivemos de vender o Santana da buzina escandalosa e fomos obrigados a nos virar usando uma velha Kombi caindo aos pedaços que pertencia à nossa empresa. Foi uma fase dura, mas agora, enquanto escrevo, rio das situações vividas na época. A frase do dia era: "Pobre, sim, aparentar *nunca*!".
Voltando à Kombi, ela me lembra aquele ditado popular: "quando uma porta se fecha, outra se abre". Pois é, assim era a nossa Kombi. Ela acabou servindo de transporte para o pessoal ir às festas e outras bagunças, pois todos iam e voltavam juntos, o que fazia a farra ficar mais gostosa, e as confusões, mais bagunçadas. O duro era levar e buscar a patota em casa, principalmente na volta, pois era madrugada.
Existia um ritual de despedida, antes de eles descerem da Kombi:
— Comportem-se, fiquem juntos, não bebam, não aceitem nada de ninguém, não conversem com estranhos, não saiam de onde estiverem. — E, finalmente: — Não se atrasem!
Havia também um ritual de chegada e partida dos locais: tínhamos de deixá-los a um quarteirão de distância, para fazerem a pé o resto do caminho, a fim de não queimarem o filme ao descerem de uma Kombi velha.
É claro que nunca estavam no lugar marcado nem dentro do horário combinado e que também sempre tinham mil justificativas para os atrasos. Eu os levava, e Ruy era o encarregado da volta. Ele preferia dormir e acordar para buscá-los.
Ruy sempre foi muito na dele, eu morria de inveja e reclamava dessa sua capacidade. Levantava-se e ia buscá-los do jeito que estava: cara amassada, cabelos desgrenhados, de pijama rasgado e chinelos. Tinha a maior paciência com os atrasos e a maior compreensão com as justificativas: fulana estava no banheiro, a paquera tinha acabado de chegar, não podia interromper o beijo, sicraninha estava dando em cima do fulaninho, ficantes, e por aí ia.
Mas um dia Ruy estava com as cuecas do avesso, com o ovo virado, extremamente nervoso com os problemas da empresa e levantou-se sonado, cansado para buscar as meninas. Chegando ao local e horários combinados, como sempre, aconteceu a demora. Espera, espera e nada de elas aparecerem.

> Então, como que tomado por uma entidade demoníaca, saiu da Kombi, enfurecido, e entrou na festa. Passou direto pelos seguranças que tentavam interceptá-lo inutilmente diante de seus 1,90 m e 120 kg. Ele pegou o microfone e começou a chamá-la.
> — Gabi, Gabiiii! — Chegaram suas amigas assustadíssimas, interrompendo seu idílio com o "garoto de sua vida". — Olha quem está aí!
> — Cara, é meu pai! Que vergonha! — disse, escondendo o rosto atrás das mãos enquanto o pai, parado de pijama e cara feia, a procurava com o olhar no meio de seus amigos.
> — Bora, gente, antes que ele me ache. — E saiu às escondidas para a rua, a fim de não arriscar a levar uma bronca e pagar mais mico do que já estava pagando.
> — E agora, cara? É melhor corrermos para a Kombi! — alguém sugeriu.
> Correram todas para a perua e lá ficaram com cara de "pois é", à espera do "Monstro do Lago Ness". Na balada, um segurança se aproximou do Ruy e avisou que as meninas já estavam à sua espera. Ele, então, voltou para a Kombi, gentilmente deu um "olá" para as meninas e, como se nada tivesse acontecido, iniciou o costumeiro e alegre bate-papo com todas.
> Passado o susto e o medo da bronca, Gabi, como toda adolescente que se sente incompreendida, apenas comentou:
> — Pai, você desgraçou a minha vida...

O final dessa história também não importa. O importante é saber que tem horas que os pais falam demais, e que as atitudes podem substituir com efeito os discursos ou sermões. Mas por que os filhos dão tanto trabalho, nesse sentido?

Crianças pequenas dão trabalho porque ainda não conseguem organizar seu tempo e cumprir os horários. Lembra-se do cérebro reptiliano? Conforme vão crescendo, dão trabalho porque precisam se opor aos adultos e se autoafirmar. Quando crescem, dão trabalho porque sentem que são donos do próprio nariz. E é isso aí.

==Criar filhos é uma luta constante entre os seus desejos e os desejos deles, os seus valores e os valores deles.== Portanto, o ideal é se atualizar e aprender a fazer tratos e contratos, assim todos se sentem respeitados. E não se esqueça de que toda quebra de contrato resulta em multas, motivo pelo qual os tratos devem ter também as multas incluídas.

Porém, contrato não é você ditar regras e seu filho precisar concordar. Contrato é discutir as regras, e cada parte incluir as próprias cláusulas, então discuti-las até que fiquem boas para todas as partes envolvidas.

Os pais lutam para não cometerem os mesmos erros que os próprios pais cometeram com eles. Negam os modelos muito severos, permissivos demais ou totalmente ausentes. Buscam novas formas de lidar com os filhos. O triste é descobrir que se conseguimos não cometer os mesmos erros de nossos pais, cometemos outros.

Freud, que aconselhava Marie Bonaparte, lhe dizia por vezes: "Eduque-o como quiser; de qualquer maneira há de educá-lo mal".

Pouco animador.

Provar a si mesma ser boa mãe é uma missão impossível. A nossa consciência nunca nos deixa em paz, até mesmo porque encontrar um momento de paz, sendo mãe, é muito difícil.

BRINCAR É COISA SÉRIA!

— Betty, você brinca taantoo! — comentou uma criança com a qual eu brincava em uma das sessões de ludoterapia.

— E você o que acha disso?

— Às vezes eu acho estranho, porque você tem bengalas e cadeira de balanço — referindo-se a algumas bengalas antigas que decoravam minha sala e à cadeira de balanço em que me sentava —, outras, não, porque você é muito engraçada e faz umas brincadeiras legais. Você é velhinha ou é criança?

— E o que você pensa sobre isso? Sobre o fato de eu ser velhinha e brincar tanto, ser engraçada?

— Eu acho bom, saio daqui feliz e você me ajuda a brincar, fazer as coisas que não consigo e não posso fazer — respondeu, pensativa.

— Em que coisas você sente que te ajudei? — insisti nos questionamentos.

— Você me ajudou a não ter medo de ficar sozinho, já sei que minha mãe vai voltar quando ela sai. Você me ajudou a ter coragem de enfrentar meus amigos. Me ajudou a ter coragem de andar no carro dos outros. A não ter vergonha de errar nas lições e não ter medo de perder nos jogos. Que tem de mal em errar, né? Que tem de mal em perder? Todo mundo erra, todo mundo perde, e eu sei que sei fazer as coisas.

— E como você se sente agora, sabendo que não precisa ter medo?

— Eu acho que não sou mais bobo, que tem coisas que a gente consegue fazer e outras que não, mas isso não quer dizer que sou burro ou covarde. É claro que ainda tenho uns medinhos. Por exemplo, eu tenho medo de ladrão, tenho medo de leão, se um aparecer na minha frente. Também tenho medo de injeção.

— Oras, eu também tenho medo disso tudo isso. É claro que não vou enfrentar um ladrão, um leão... e é claro que também não gosto de injeção. Isso quer dizer que alguns medos são naturais e que a gente tem de fugir deles. Quer dizer, de leão e ladrão dá pra gente se prevenir, mas injeção, às vezes, a gente tem de tomar, né?

— É... Teve um dia que doeu muito.

— Como foi? Vamos brincar desse dia?

— Vamos! — concordou, animado, já preparando a sala para a brincadeira.

— Ah, tá bom! Quem sou eu, quem é você? — perguntei.

— Você é a mãe, eu sou o filho.

— Legal... Onde nós estamos? — indaguei, com a intenção de colher dados sobre o meu papel.

— Você tá guiando o carro. — Ele arranjou dois bancos lado a lado e nos sentamos.

— Aonde nós vamos? — perguntei.

— Nós vamos para a casa da vovó.

— E o que eu faço?

— Você me manda sentar no banco de trás — ele me respondeu, e assim iniciamos o jogo psicodramático.

— Filho, passa para o banco de trás — ordenei a ele, já com o "carro" em movimento.

— Eu não quero ir atrás, eu quero ir na frente! — choramingou, batendo o pé.

— Filho, você sabe que crianças não podem ir na frente.

— Eu não vou — teimou, agarrando-se ao banco. Então ele me orienta novamente: — Agora, você fica brava, me agarra e tenta me botar lá atrás.

Fiz o que ele disse, peguei em seus ombros e tentei colocá-lo atrás, dizendo, nervosa:

— Você vai, sim, deixe de ser teimoso!

No que eu fiz isso, ele disse:
— Sabe, Betty, acho melhor parar essa brincadeira. Quero fazer outra coisa.
Como eu já sabia que ele havia sofrido um acidente de carro com a mãe, nessas mesmas condições, encarei a mudança de "brincadeira" como uma forma de defesa contra a angústia mobilizada. Disse-lhe doce e compreensivamente:
— Foi muito difícil para você ver a mamãe machucada quando bateram o carro, não foi?
Ele concordou com a cabeça, enquanto fingia amarrar o tênis. Eu continuei:
— Parece que você ficou assustado e pensou que a mamãe tivesse morrido, não é mesmo?
Ele concordou novamente.
— Vamos conversar um pouquinho sobre isso? — indaguei, esperando sua permissão para tocar em algo tão doloroso.
— Hum-hum.
— Sabe, eu tô aqui pensando em como foi mesmo que tudo começou — falei, adotando uma postura relaxada, para o descontrair. — Conta pra mim.
— A mamãe foi me pôr no banco de trás e bateu no poste — respondeu, com cautela, observando minha reação.
Procurando adotar uma postura de aceitação e continência, comentei:
— É... esses acidentes acontecem com muita gente.
— Você acha que eu sou o culpado? — ele me indagou.
Respondi displicentemente, procurando levá-lo sem medo direto à angústia:
— Por que você seria culpado?
— Porque eu fiz a mamãe se machucar. Se eu tivesse obedecido, nada teria acontecido.
— Olha, acidentes acontecem. No seu caso, a mamãe deveria ter parado o carro para te colocar atrás. Você não acha que a mamãe foi descuidada?
— Ah, mas a mamãe não tem culpa! — Ele procurou não acusar a mãe, até para não se sentir culpado por acusá-la também.
— Claro que a mamãe não tem culpa, aliás, ninguém tem culpa. Ninguém fez nada de propósito, por querer mal a alguém. Criança da sua idade é muito teimosa mesmo!
— Verdade?
— Sim, e você sabe por que você teimou?
— Porque ela sempre manda eu fazer as coisas que eu não quero.
— Você acha que a mamãe estava certa em pedir que você se sentasse atrás?

> — Tava.
> — Então teimou para quê?
> Veja, eu perguntei "para quê" ele teimou, e não "por quê". A pergunta "para que" nos leva a entender a função do comportamento, e a "por que" nos leva somente a justificar o comportamento.
> — Eu queria mostrar pra ela que eu não gosto que ela mande em mim.
> — Ah, você queria que ela respeitasse o que você gosta de fazer. Você queria mostrar para ela que também é forte para fazer valer suas vontades.
> — É... e depois eu tive de ir pro pronto-socorro tomar uma injeção aqui, ó — ele mostrou a sobrancelha esquerda —, e tomar cinco pontos.
> — Puxa! Doeu muito?
> — Doeu.
> — Agora entendi por que você também tem tanto medo de tomar injeção.
> Aí o papo continuou descontraidamente. Mostrei-lhe uma cicatriz que tenho também na sobrancelha, contei como foi meu acidente e compartilhei com ele suas emoções.

Brincar é coisa séria. Já escrevi um livro inteiro sobre o tema, portanto, se você precisar, basta consultá-lo. Falei dele aqui, é o *Criando filhos em tempos difíceis*. O que quero deixar claro é a minha preocupação com o fato de os pais não brincarem com os filhos, o fato de as crianças não brincarem tanto como antigamente, até mesmo porque perderam o espaço das ruas, ficam presas à TV, ao celular e ao computador, têm uma agenda cheia e não são estimuladas a isso.

Os adultos se preocupam demais em enquadrar suas crianças, em submetê-las àquilo que acham que elas devem ser ou fazer, em medir forças e poderes, em mostrar aos outros o quanto eles mesmos são pais maravilhosos. Preocupam-se demais em dar tudo aos filhos, principalmente na esfera material. E criticam tanto aquilo que não enxergam em si, mas, sim, nos filhos (reflexo do que eles próprios são), que a infância passa a ser violada. Abuso é todo o tipo de maus-tratos e desconsideração à infância.

Antes dos celulares, da internet e de toda essa parafernália de aplicativos contidos nas telas, as crianças brincavam entre si e se comunicavam com o mundo real. Nos dias atuais, é raro vê-las brincando; ficam presas às telas.

Criança tem de brincar, pular, reclamar, se sujar, gritar. Eu penso ser desnecessário dizer a você o quanto o uso das telas é prejudicial ao desenvolvimento infantil e à humanidade. Você já sabe disso. Todos sabem disso, mas a maioria dos pais continua presenteando os filhos com tablets e celulares. É muito prático para quando querem ter sossego.

O número de suicídio infantil aumentou muito, no mundo inteiro, assim como o número e a gravidade das patologias físicas e psíquicas.[92] Mesmo assim, ainda existem pais que pensam que as brincadeiras são desnecessárias:

– *Deixa essa brincadeira de lado, menino, vá fazer algo de útil!*
– *Brinquedo?! Credo, eu não gasto dinheiro com esse tipo de presente.*
– *Pra que brinquedo? Só pra ficar enchendo a casa de bagunça?*
– *Eu não deixo que bagunçem a casa e se sujem. Eles precisam aprender a ser ordeiros.*
– *Presente bom é roupa!*
– *Xiii, meu filho nem liga pra brinquedo. Brinca uma vez e pronto, já se enjoa.*
– *Quando eu era criança, não tinha nada disso, e hoje sou normal.*

Espero que você nunca tenha pensado ou agido como essas pessoas. A criança que brinca, e que tem o privilégio de ter pais que brincam com ela, cresce com boas lembranças, tem a capacidade de se colocar no lugar do outro, sabe lidar com as frustrações, é mais inteligente, é mais saudável física e emocionalmente, domina suas forças e impulsos, valoriza a família e os vínculos afetivos, torna-se um profissional criativo, socializa-se bem, enfrenta seus medos, tem boa autoestima. Ama sua vida, não é dissimulada, falsa nem traiçoeira.

Famílias que brincam mantêm fortalecidos o respeito e o vínculo afetivo familiar, única terapia preventiva e curativa contra a violência e as drogas. Se você não sabe ou não tem disponibilidade para brincar com seu filho, acho melhor procurar se informar de como fazer isso.

---

[92] SETÚBAL, J. O suicídio entre crianças e jovens está aumentando: o que você deve saber sobre isso. *Instituto Pensi*, 7 fev. 2024. Disponível em: https://institutopensi.org.br/o-suicidio-entre-criancas-e-jovens-esta-aumentando-o-que-voce-deve-saber-sobre-isso/. Acesso em: 11 abr. 2024.

Transforme o tempo que estiver com sua criança nos melhores momentos da vida de vocês. Quando a relação é boa, a criança aprende, obedece, ajuda, colabora e participa. Quando a relação é ruim, tudo fica difícil, e isso já começa com um simples: "Bom dia!".

Comprar brinquedo também é coisa séria. A Associação Brasileira dos Fabricantes de Brinquedos (Abrinq) elaborou uma lista de segurança para você se orientar na horas de comprá-los:[93]

1. Guie-se pela idade recomendada pelo fabricante e procure ler as mensagens e advertências que apareçam nela.
2. Leve em consideração as características da família e, sobretudo, a idade das crianças menores. Um brinquedo desenhado para crianças maiores é inadequado para as menores e pode, inclusive, ser perigoso.
3. Assegure-se de que chocalhos flexíveis, guizos e mordedores sejam suficientemente grandes para não caberem por completo na boca do bebê, mesmo quando estejam bem dobrados.
4. Sem levar em conta a idade da criança, se ela ainda põe objetos na boca, assegure-se de que são suficientemente grandes para não serem engolidos nem obstruírem a boca ou a garganta.
5. Seja especialmente cuidadoso ao escolher brinquedos para menores de 3 anos. Não compre brinquedos com peças muito pequenas que podem ser engolidas ou aspiradas, inclusive bolinhas e brinquedos com pontas afiadas e bordas cortantes.
6. Certifique-se de que as costuras dos brinquedos de pelúcia e das bonecas de pano estejam firmes e resistentes, bem como se olhos, nariz, botões, laços e outros enfeites estejam bem costurados e não se desprendam nem possam ser mordidos.
7. Compre apenas para crianças maiores de 8 anos brinquedos elétricos com peças que se aquecem e ensine-as a brincar com eles na presença de adultos.
8. Verifique se flechas e dardos tenham pontas cegas ou cobertas com copos de sucção de borracha, cortiça ou outros materiais

---

[93] ABRINQ. *Guia do brinquedo e do brincar*. Disponível em: http://abrinq.hospedagemdesites.ws/wp-content/uploads/2018/10/Guia-dos-brinquedos-e-do-brincar.pdf. Acesso em: 11 abr. 2024.

protetores. Confirme se as pontas estão firmemente aderidas à haste da flecha ou do dardo.
9. Procure as indicações de "lavável à mão" ou "à maquina" nos brinquedos de pelúcia e tecido.
10. Se comprar um baú para guardar brinquedos, certifique-se de que tenha uma tampa removível ou dobradiças que assegurem que a tampa permaneça aberta. Verifique se as bordas são arredondadas, que tenha orifícios para ventilação e espaço suficiente entre a tampa e o corpo do baú para evitar que a criança prenda os dedos.
11. Atente-se aos brinquedos de experiências científicas que podem conter matérias químicas tóxicas, bem como aos brinquedos científicos ou de atividades manuais passíveis de incluir instrumentos afiados, como tesouras ou vidros.
12. Atente-se aos artigos de natação que não sirvam para salvar vidas.
13. Fique atento aos balões de ar, papagaios ou pipas.
14. Atente-se aos brinquedos de construção para adultos que tenham pontas e quinas agudas antes de montados.

O que fazer com tanta tecnologia?

Parece que as crianças já nascem conectadas. É impressionante como elas dominam os tantos e tantos artifícios tecnológicos disponíveis e que se tornam obsoletos tão logo lançados no mercado. São crianças extremamente informadas (até demais). Os nativos digitais. Em 2010, o Ibope divulgou uma pesquisa que dizia que 14% das crianças entre 2 e 11 anos usavam internet em casa. Nesses anos, a facilidade de acesso a essa tecnologia avançou, e, com isso, também o número de usuários. São milhares as crianças transitando entre o mundo real e o virtual. Em pesquisa mais recente, feita pela Cetic e divulgada em 2023, temos que cerca de 92% das crianças entre 9 e 12 anos usam internet, sendo que 24% delas acessam a rede pela primeira vez antes dos 6 anos.[94]

---

[94] CETIC. *Tic kids online Brasil 2023*: principais resultados. São Paulo: Unesco, 2023. Disponível em: https://cetic.br/media/analises/tic_kids_online_brasil_2023_principais_resultados.pdf. Acesso em: 11 abr. 2024.

> Se tivermos o bom senso de proporcionarmos às crianças uma vida plena de experiências reais e humanas, não vejo problemas em usarem esses aparelhos, desde que tenham a supervisão de um adulto. O que me preocupa é o uso patológico desses jogos e recursos. Há relatos de um adolescente que chegou a jogar videogame por 45 horas ininterruptas.[95]

MEDO

Os protagonistas desta história são Samuel Monteiro, o poeta Dedé e ao mesmo tempo o "gênio do crime", e Francisco Monteiro, o Kiko Maquininha, também conhecido como o "intermediário da bagunça". Estavam com 13 e 5 anos, respectivamente.

Fim de semana no sítio, a terra das fantasias. Noite escura de chuva, frio, sem eletricidade. O cenário perfeito para histórias de terror. O ser humano tem um fascínio muito grande pelo mistério, pelo sobrenatural, por tudo aquilo que lhe escapa ao controle e pela busca do entendimento e do domínio sobre esses mistérios sobrenaturais. O medo é inerente ao ser. Responsável pela nossa sobrevivência e pela perpetuação da espécie.

Após o jantar à luz de velas, nos reunimos em torno da lareira para contar histórias de minha infância. As crianças adoram saber das histórias de seus pais e familiares. É um momento em que a família cria um clima de muita cumplicidade e compartilha suas experiências. Momento também em que os pais podem mostrar aos filhos o quanto sua infância foi importante, o quanto eles foram sapecas e moleques. As crianças adoram saber que os pais já foram como eles: irresponsáveis, errados, maluquinhos, inocentes, alegres e felizes.

— Mãe, conta daquele dia que veio uma alma penada aqui no sítio.

— Tá bom, mas eu já disse que alma penada não existe. Existia só na minha cabeça de criança.

---

[95] BATISTA, H.; VALENTE, G. Geração hiperconectada: vício em internet preocupa pais e especialista. *O Globo*, 16 out. 2012. Disponível em: https://oglobo.globo.com/economia/geracao-hiperconectada-vicio-em-internet-procupa-pais-especialistas-6423247. Acesso em: 11 abr. 2024.

— Tá bom, mãe. Mas conta, conta! — pediram, ansiosos, e aconchegando-se entre si. Resolvi entrar no clima da noite de terror e deixei baixar a atriz que trago dentro de mim.

Fazendo caras e bocas, arregalando olhos, impostando voz, contei da vez que uma velha parou em frente à janela aberta, numa noite escura, e sumiu de repente pelo mato, quando, assustadíssima, fui chamar meu pai. Na época, o pessoal local dizia ser uma alma do outro mundo que costumava assombrar a região.

— Conta mais, mãe. O que cê fez quando viu ela?

— Eu morri de medo, pois eu não sabia que alma penada não existia.

— E o que o vovô fez?

— O vovô era um homem muito corajoso. Saía de arma em punho, para ver tudo o que estranhava.

— Cê teria coragem de ver o que era, mãe, se aparecesse hoje?

— Eu, hein! Nem morta. Mesmo sabendo que não é espírito, eu que não ia pagar pra ver.

— E você, pai?

— Eu ia correr atrás dela, sim.

— E se fosse alma?

— Eu ia falar pra ela não encher mais o saco da gente e que eu não tinha medo de cara feia. "Cara feia, pra mim, é fome!".

E a conversa foi se aprofundando nos medos de cada um de nós, enquanto esperávamos a luz voltar, para dormir. Engraçado ter de esperar a luz voltar para dormir. É que as crianças tinham medo do escuro. Natural. Mantenho até hoje uma pequena luz acesa no corredor dos quartos.

— Nossa, já é tão tarde! Hoje, a luz não volta mais. Vamos para a cama, crianças — disse, ao ver que já estavam quase desmaiando de sono.

— Manhê...

— O que é, Tatá?

— Posso pôr o meu colchão no seu quarto?

— Se a Tatá for dormir lá, eu também vou — interrompeu Gabi. — Eu não vou dormir sozinha, sem a Tatá.

— Não, nada disso. Estamos sem luz e eu não quero ficar tropeçando em ninguém no escuro, caso necessite me levantar.

— Sua chata! — resmungou Tatá, dirigindo-se a Gabi.

Samuquinha estava muito quieto escutando a discussão, e Kiko, sua eminência parda, também. Deixei uma vela acesa no corredor e fomos nos deitar, não sem antes tirar Cornélia, a tartaruga, da chuva. E, então, de repente...

— Socorro, socorro, pai, mãe, socorro!

Acordamos sobressaltados com os gritos vindos do quarto das meninas. Eu e Ruy queríamos encontrar a porta de nosso quarto e sair, mas, no escuro e assustadíssimos, não conseguíamos encontrar a saída.

— O que foi? O que foi? Calma, calma, já vamos! Mas que @#$%*. Cadê a porta? — gritávamos também, apalpando as paredes, com o nosso psiquismo completamente caótico e indiferenciado.

Finalmente, conseguimos sair e chegar ao quarto das meninas. A minha cena imaginária era a de encontrar um bandido lá, com uma arma na mão. Encontramos as duas aterrorizadas, abraçadas uma com a outra, na cama da Gabi, apontando para o chão.

— Lá no chão! Olha!

Fixamos o olhar na direção em que apontavam e nos deparamos com uma cena hilária: uma vela andando sozinha pelo quarto. Confesso que me assustei no primeiro momento, e depois não consegui parar de rir. Rio disso até hoje.

A genialidade dos dois "maus elementos", Samuquinha e Kikinho, havia sido incrível! Sabe o que eles fizeram? Grudaram uma vela acesa em cima do casco da Cornélia e soltaram a pobre da bichinha no quarto das meninas, vagarosa e silenciosamente. Assim que Cornélia entrou, eles deram três batidinhas na porta, para que as meninas se assustassem (ouviram falar que a morte batia três vezes na porta quando chegava). Assim, elas já ficaram sobressaltadas e quase morreram ao ver a imagem da vela se movendo no escuro.

O que fizemos depois de rir? Tivemos de dar uma de sérios e orientar os meninos para que não fizessem mais aquilo, apesar de ter sido muito engraçado.

==

O medo é uma reação psíquica, emocional e fisiológica diante de uma situação de ameaça. A visão manda para o cérebro a informação de que existe um perigo. Várias reações químicas se produzem, a fim de nos preparar para o que der e vier: ou fugimos, ou ficamos paralisados, ou o enfrentamos.

Todo o organismo responde aceleradamente: o campo visual aumenta, o coração acelera, os pulmões produzem mais oxigênio, os músculos tensionam. Por isso é que nem sabemos como conseguimos ter forças para reagir. Tudo é rápido e intenso demais. Literalmente, é adrenalina pura.

Quando estamos com medo, nossos sentidos e percepção também ficam alterados: enxergamos coisas, ouvimos barulhos inexistentes, criamos uma fantasia, que na maioria das vezes não corresponde à realidade.

Lembro-me de uma noite, quando eu era criança, que fiquei transpirando de medo e calor, debaixo de um cobertor, só porque imaginei que havia um homem no quarto. De manhã, "o homem" era o casaco do meu pai, que estava pendurado atrás da porta.

O medo acontece pelo significado que damos aos acontecimentos. Nos primeiros anos de vida, o cérebro humano não é capaz de reagir seletivamente a estímulos; à medida que a criança cresce, os temores mudam, e ela passa a enfrentar as ameaças de modo mais racional.

Como já disse, o medo é inerente ao ser humano, ele é bom para nos preservar. Além disso, ajuda a criança a ter noção de si, a tornar-se independente enquanto cresce. Isso também provoca medo; dá uma vontade enorme de voltar para a barriga da mamãe.

Muitas vezes, o medo é aprendido. Quem nunca ouviu frases como:

— Não sai na rua que o "homem do saco" te pega!
— Dorme, senão a "Cuca" te leva!
— Não mexe com cachorro, eles mordem!
— Se você não me obedecer, vai pro quarto escuro!

Ou, então, ele é aprendido diante de algumas reações do adulto: mães que têm medo de borboletas e se assustam na frente da criança, adultos que têm medo de altura e não deixam filhos subir em árvores etc.

O medo só é patológico quando impede o indivíduo de funcionar como um todo: gente que deixa de viajar porque tem medo de avião, pessoas que sobem a pé "trezentos" andares porque têm medo de elevador, que se isolam porque temem o outro. São fobias e devem ser tratadas. Os medos mais comuns na infância são os seguintes:

Inatos
- ruídos repentinos;
- flashes luminosos;

- movimentos súbitos;
- perda de apoio.

Dos 6 meses até 1 ano de vida
- medo da separação da mãe;
- de perder o apoio e cair;
- quedas em geral;
- pediatra e médicos em geral;
- ruídos fortes;
- dormir;
- luzes brilhantes;
- ficar sozinha;
- de estranhos (mais intenso a partir dos 8 meses).

Até 2 anos
- estranhos;
- animais;
- vaso sanitário e descarga;
- separar-se dos pais.

Até 3 anos
- escuro;
- cachorros;
- tempestade;
- monstros;
- situações novas.

Até 4 anos
- monstros;
- animais;
- medo das próprias fantasias em relação ao outro.

Até 5 anos
- medo do erro e do fracasso (principalmente escolar, intensificado pelo excesso de cobranças);
- de perder-se da família;
- abandono e separação dos pais.

Até 6 anos
- pessoas com deficiência e algum tipo de deformidade;
- atrasar-se para os compromissos;
- ser esquecido na escola, nas festas etc.;
- de perder pessoas queridas;
- de ser rejeitado pelas pessoas.

Até 7 anos
- permanecem os medos anteriores e passa a apresentar medo dos fenômenos sobrenaturais;
- medo da morte.

Como lidar com o medo de seu filho?

O mais importante é não o negar, dizendo-lhe coisas como "Isso não existe" ou "Isso é bobagem". Lembre-se de que, para a criança, o objeto temido existe e é real. Procure buscar a causa desse medo; investigue-o junto com seu filho. Veja uma boa forma de abordar a questão:

— Você não quer dormir no seu quarto porque tem um monstro lá? Então vamos conversar com ele.

E faça perguntas como:
- Onde ele está?
- O que ele quer de você?
- De onde será que ele veio?

E, então, dê a solução:
- Vamos mandá-lo embora!
- Eu vou dar um fim nele.
- Vou enchê-lo de porrada.

E não pare por aí. Vá além para chegar à raiz do problema. Investigue o comportamento de sua criança, assista à TV com ela, veja se ela não está sendo exposta a cenas violentas. Elabore com ela o que anda vendo na televisão, no YouTube, o que acontece nas redes sociais e nos jogos virtuais.

Faça cenas de descarga, nas quais, por meio da brincadeira, vocês possam criar as personagens temidas e destruí-las.

Na adolescência, aparecem medos relacionados à esfera social e sexual, medo do fracasso, da rejeição, de falar em público, temores ligados ao corpo... se essas questões não forem superadas, podem virar fobias. É sempre importante estar atento aos medos de seu filho adolescente, até mesmo porque ele pode fazer uso de algum subterfúgio, como drogas, para lidar com eles.

DIVÓRCIO

Os meus pais ficaram casados por mais de cinquenta anos; até que "a morte veio separá-los". Eu e Ruy ficamos casados durante quarenta e nove anos, até que a morte do Ruy nos separou.

Claro que convivi com crianças de pais separados. Trabalho muito com separações, portanto a história deste capítulo terá protagonistas diferentes. Contarei um caso profissional, usando nomes fictícios.

Conheci Bernardo quando ele tinha 7 anos, e seu irmãozinho, 6 meses. Seus pais estavam entrando em um processo de separação e vieram buscar orientação de como contar esse fato ao filho. Fiz a anamnese do menino e pedi para vê-lo.

Chegou agarrado demais à mãe, para uma criança daquela idade. Não aceitou ficar sozinho comigo, o que já achei estranho. Ele falava demais, mexia em tudo, não se concentrava em nada, não brincava com nada. Só fazia desarrumar. Fazia perguntas sobre tudo que havia na sala, mas não se preocupava em ouvir as respostas.

— Ei, rapaz — eu o chamei —, ainda não respondi o que é isso, e você já está me perguntando o que é aquilo?

Ele nem ligou, e seguiu com o interrogatório.

— Já sei! Parece que você tá a fim de saber de um monte de coisas, mas não tem tempo para escutar as respostas. Você sabe por que está aqui e quem sou eu?

— Não!
— Quer saber?
— Num sei...
— Olha, meu nome é Betty. Isso você sabe, não é? Sabe qual é o meu trabalho?
— Você brinca — ele me respondeu.
— Sim, eu brinco, mas sabe para quê?
— Não.
— Eu atendo muitas crianças e pessoas grandes também, para ajudá-las a descobrir por que às vezes elas não se sentem bem, ou por que têm algumas dificuldades. Tem criança que vem aqui porque não gosta de ir à escola, outras porque brigam muito com a mamãe, com o papai, com o irmãozinho ou com os amigos, outras porque têm medo. Você sabe por que está aqui?
— Porque eu choro quando o meu pai e a minha mãe brigam.
— É isso mesmo. A mamãe e o papai me falaram isso quando estiveram aqui. E eles estão muito preocupados com você. Sabe por quê?
Ele fez que não com a cabeça.
— Porque acham que você tem medo de que eles se separem. É verdade?
Ele concordou com a cabeça.
— É muito triste mesmo a gente sentir que o papai e a mamãe podem se separar e nos abandonar.
As crianças sabem de tudo o que acontece em casa. Por isso, sou partidária de uma conversa franca, na qual a fantasia da criança possa ser esclarecida, os seus medos possam ser clareados. Lembro a você novamente de que não é bom negar as sensações ou percepções de uma criança.
Expliquei aos pais de Bernardo que ele já intuía a separação do casal. Orientei-os para uma conversa com ele, que lhe garantisse que o pai sairia de casa, mas que sua presença seria muito constante e efetiva em sua vida.
Tive o cuidado de deixar bem claro para o filho que o casal se separaria, mas que continuariam sendo seu pai e sua mãe. Portanto, a relação deles deveria ser de amizade e respeito. Cuidei para que deixassem claro que Bernardo não era o culpado pela separação do casal, pois as crianças costumam se culpar por isso.
Esses pais, por sinal muito cuidadosos, seguiram passo a passo as minhas instruções, e Bernardo conseguiu passar razoavelmente bem por essa mudança em sua vida. "Que mágica foi esta?", você me pergunta. Não foi mágica nenhuma. Foi apenas questão de respeito e de bom senso.

O que fazer diante de uma separação?

Vou logo dizendo que não dá pra se separar sem dor. Por mais que a vida não esteja boa, ninguém se casa pensando em se separar. São planos, construções, sonhos que devemos abandonar. A família toda sofre, e não dá para ser diferente.

A primeira lição é enfrentar a dor de frente: dizer aos filhos que o casal não está conseguindo se entender, viver de modo alegre, e que, portanto, optaram por morar em lugares diferentes. A proposta é sempre a de fazer uma separação saudável e, para isso, muitas vezes aconselho um processo de terapia de casal ou familiar.

Nada melhor do que colocar os pingos nos is e manter uma relação amigável. A criança precisa ter a noção de que ela não perdeu os pais nem a família. Foi apenas o casal que se separou, e ela continua tendo pai e mãe para o resto da vida.

Ai, mas que bom seria se as pessoas tivessem este nível de maturidade: casais amigos cuidando dos filhos, discutindo problemas inerentes à família, presentes nos momentos importantes, mantendo a unidade necessária para um crescimento saudável coerente e sendo parceiros na educação dos filhos! Parece até utopia.

Não me venha com lorotas, dizendo que superou bem a separação de seus pais, caso eles tenham se separado. ==Toda separação é traumática, com maior ou menor intensidade, e o desejo dos filhos é ver os pais juntos novamente.== Até clientes já com idade avançada sonham com tal possibilidade.

Não fale mal de seu ex-parceiro. Não hostilize o seu filho só porque ele tem os traços do outro, não destrua a imagem que sua criança criou a respeito do pai, da mãe ou de familiares de um ou outro. Você não tem o direito de destruir ninguém que sua criança ama, por pior que a pessoa seja. Deixe que ela tire as próprias conclusões.

Não se aconselhe com a sua criança ou adolescente. Ela não tem maturidade para "segurar a sua barra". Não a envolva com os seus problemas. Não peça que ela minta ou esconda coisas do pai. Ela precisa se sentir segura com os dois e não pode sentir que está traindo a um ou ao outro. Não a use como garoto de recados nem para espionar a vida do seu ex.

Facilite os encontros, promova situações em que a família toda possa se reunir. Não guarde mágoas, experimente perdoar. Não despreze os bons momentos vividos só porque a vida está um pouco maltratada. Se possível, invista na união, na relação.

==Todos os relacionamentos têm seus altos e baixos. É preciso saber ceder, respeitar o outro, trocar papéis e funções, dialogar, desejar que dê certo.== A separação deve ser sempre a última alternativa. O que vejo hoje em dia é que ela vem em primeiro lugar, como opção. Não sou contra a separação, mas, sim, a como ela tem acontecido atualmente. Ninguém tem paciência para buscar entender o outro e a si mesmo.

E os filhos? "Ah, os filhos têm de se acostumar. O que importa é a minha felicidade." Muitas vezes, eu mesma afirmei que é necessário investir na criança, para mudar o país. Hoje, sinceramente, penso que é necessário investir nos pais, para mudar as crianças e, assim, mudar o país.

Todos nós podemos mudar o mundo a partir de pequenas ações no dia a dia e de pequenas mudanças internas. Quando a gente muda, tudo muda, principalmente aquelas pessoas que estão mais próximas de nós. Não existe pior violência do que aquela vivida dentro da própria casa, através de humilhações, ironia, sadismo e indiferença com relação ao sofrimento do outro. Se não existe a paz mundial, podemos fazer com que ela exista em nossos lares; para isso, basta praticá-la.

Lembrando Gandhi: "Não há um caminho para a paz, a paz é o caminho". A saúde de uma criança é medida pela qualidade dos vínculos afetivos existentes no ambiente em que ela vive. Os filhos que presenciam constantemente os arranca-rabos dos pais estão expostos a grandes riscos para a sua saúde psicoafetiva e emocional.

Você pode me contestar dizendo: "Quer dizer então que a gente tem de fingir que está tudo bem?". E eu lhe respondo que não; que a vida não é assim, e lhe digo, ainda, que não é o conflito entre os pais que prejudica a criança, mas a *forma* como eles lidam com os conflitos.

Existem casais que não falam; gritam. Outros que se tratam com desdém, crítica e hostilidade. Há aqueles que resolveram não se falar mais e usam a criança como intermediária em suas tentativas de comunicação. E o que falar daqueles que adotam a porrada e os palavrões?

A criança que presencia qualquer tipo dessas atitudes de seus pais insensatos apresenta intensas reações: chora, fica com o corpo tenso e retesado, tampa os ouvidos, tem medo e sensação de morte e abandono.

Por sua vez, os pais, envolvidos com os próprios conflitos, acabam nem percebendo os filhos. Dedicam-lhes menos tempo e atenção. Assim, os filhos correm sérios riscos de buscar soluções inadequadas aos seus conflitos: más companhias, uso de drogas. Outros adoecem, se deprimem e apresentam queda no rendimento escolar.

Mesmo assim, é preferível o divórcio a um casamento ruim, porque não é necessariamente o divórcio que faz mal à criança, e sim o clima de hostilidade que se instala entre os casais malcasados. Se os pais sabem discutir respeitosamente, o que é sempre bom para a manutenção de uma boa relação, a criança só tem a aprender lições importantíssimas de relacionamento interpessoal.

Pais que sabem se ouvir, que têm predisposição para entender o outro e para investir na relação ensinam os filhos a lidar com os problemas, com as emoções negativas e a buscar soluções. Sempre sugiro aos casais que busquem se lembrar dos motivos que fizeram com que um se apaixonasse pelo outro.

As leis brasileiras vêm dedicando atenção especial à criança. Com a humanização do Direito de Família, surgiu a questão da filiação socioafetiva contrapondo-se à filiação biológica, e teve grande destaque a guarda compartilhada, mas o Judiciário é quase unânime ao afirmar que entre casais em que existe o litígio não é viável o exercício da guarda compartilhada. E, assim, a Justiça mantém ou estimula a prática de muitas mães de se reconhecerem como donas dos filhos, estimulando, assim, a manutenção da prática da alienação parental.

Nesses casos, pais continuam sem os filhos. Alguns chegam ao extremo de desistir. Não lutam mais pelas visitas, deixam de propor inúmeras e invariavelmente frustradas ações para revisão de esquemas de visitas. Esses pais, futuramente mal compreendidos pelos filhos, serão apontados como ausentes e culpados por uma série de transtornos psicológicos.

São esses pais que poderão não muito estranhamente ser processados por "abandono afetivo". Considerando que "menores" já propuseram essas ações, não resta dúvidas de que a mãe que os afastou mantém-se na postura de criar em seu filho um rancor irreversível em relação ao pai.

Se para a fixação da guarda compartilhada é necessário um bom relacionamento entre os pais, por certo, a criação da lei foi absolutamente inútil. Os pais que se relacionam de maneira amistosa, sem enfrentar problemas em relação à educação e visita de seus filhos, exercem a guarda compartilhada por si só, sem a necessidade de uma lei que lhes assegure isso.

Podemos dizer que muitos pais deram um tiro no próprio pé. Se ingressam com ações visando à guarda compartilhada, implicitamente assumem que a relação com a mãe da criança não é marcada pelo consenso e respeito mútuo no tocante aos direitos e deveres de um e outro. Isso é suficiente para demonstrar que há alguma forma de litígio entre eles, fazendo com que percam as chances de obtenção da mais moderna e benéfica modalidade de guarda.

AMIZADES

"Diz-me com quem andas, que te direi quem és." ==Um amigo não é somente alguém que gosta da gente, mas também alguém responsável por muitos sucessos e muitos fracassos na nossa vida.== Você conhece os amigos de seus filhos?

— Manhê!
— Fala, Gabi.
— Eu queria viajar com meus amigos nestas férias. Afinal, já tenho 15 anos.
E o momento temido por mim havia chegado. O que fazer?
— Que viagem é essa, Gabi?
— A gente pretende alugar uma casa na praia e ir de galera.
— Só meninas? — Inocente pergunta, a minha.
— Claro que não, né, mãe!
Era o que eu pensava. Gelei.
— Mas... sem nenhum adulto?
— Claro, mãe! Você acha que alguém vai querer uma "tia chata" cuidando da gente? E quem toparia isso?
— Ué... Por que não? — dei a deixa.
— Cê cuida?
— Se vocês não se importarem, podemos ir todos. Seus irmãos também poderiam convidar alguns amigos.

— Ah, não! Criança, não!

— Claro que não, Gabi. Você acha que eu também vou querer cuidar de criança? Tenha dó! Tô falando que a Tatá poderia levar a Marta, que já tem 11 anos, e o Dedé, o Thiago, que já tem 13 e já é da sua turma. Além disso, os dois são irmãos da Rebeca, que é a sua melhor amiga. Vocês já fazem tantas filmagens juntos! — Meus filhos brincavam de fazer cinema, com a câmara *handycam* do Dedé. — E o Kiko é tão bacaninha, que não vai incomodar ninguém. Ele se dá com todos, não é mesmo? Se for dessa forma, eu topo a parada.

— Legal, mãe. Vou falar com eles.

Aquele ano havia sido péssimo para a minha família inteira: havíamos perdido o meu irmão querido, Orlando, com o qual tínhamos um relacionamento de muito amor e carinho. Foi um rombo em nosso coração, causando um verdadeiro estrago na família toda. Tanto que Gabi e Samuel "bombaram de ano" na escola. Eu estava também revoltadíssima com a escola deles, porque Samuel já estava com as médias fechadas, tendo de fazer as provas finais apenas por questão protocolar. A professora de inglês achou que ele estava colando e o castigou com uma reprovação.

Se nós não estivéssemos tão deprimidos e fragilizados, seria o caso de processar a escola. Gabi bombou porque não havia conseguido média em matemática, apesar dos esforços. Então, para superar tanta tristeza, topei a aventura. Já estávamos muito castigados pela própria vida.

Foi assim, então, que me meti nesta encrenca: as férias de 1990.

O grupo foi formado. Trinta adolescentes, entre meninos e meninas, cheios de hormônios e de fome. Logo dei conta da logística que seria necessária. Em primeiro lugar, a casa. Como colocar dentro de uma casa trinta adolescentes, um casal, minha mãe e dois cachorros grandes, que não poderíamos deixar sozinhos em São Paulo? Claro que existiam muitas casas de praia enormes, mas o caso é que para alugar uma desse porte seria necessário ter grana, e ainda estávamos sem pasto para as nossas vacas magras. Lembrei-me, então, da casa do meu primo Didi, irmão do Nenê. Lembra-se do Nenê, aquele da história da galinha branca? Pois é, ele mesmo...

O Didi era o primo rico da família. Ele tinha uma casa de quatro suítes em Caraguatatuba, litoral norte de São Paulo, onde toda a família passava as férias, lá por volta dos anos 1960, 1970. Resolvi ligar para a mulher do Didi:

— Oi, Romilda. Tava pensando em passar umas férias em Caraguá. Você ainda tem a casa?

— Claro, Betty, só que faz uns dez anos ou mais que não vou lá. Tenho emprestado pra muita gente, mas não sei como estão as coisas.

— Só que eu não quero que você me empreste. Vou com uma turma grande, e a intenção é alugá-la, pois dividiremos as despesas.

— Tudo bem, Betty. Se você preferir assim, bote o preço.

Dei o preço, ela topou e marcamos o dia de pegar a chave. O povo ficou animadíssimo, pois o sonho já estava viável. Marquei uma reunião com todo os jovens, junto com seus pais, para estabelecermos as regras e a divisão das despesas.

— Bom, pessoal, antes de fazermos qualquer plano, quero discutir regras, pois, se não houver acordo, a viagem nem começa. É o seguinte: as férias têm de ser boas para todos. Eu estou muito cansada e não estou a fim de me estressar mais ainda. Sei que vocês adoram sair e não ter horário pra voltar. Isso já é um estresse para mim no meu dia a dia com a Gabi, e eu não quero perder o meu sono com vocês trinta. Já vou avisando que não permitirei passeios para a cidade ou qualquer outra praia. Sei que alguns de vocês têm carro e com certeza não aguentarão quinze dias num mesmo lugar, mas não quero ninguém pra lá e pra cá de carro naquela serra de Ubatuba, extremamente perigosa, cheia de gente dirigindo de "cara cheia". Mesmo que seus pais permitam, eu não permitirei. A minha responsabilidade é enorme. Topam ou não?

— Topamos! — Naquele momento, topariam tudo.

— Só que esta questão é irrevogável. Não quero nem que me perguntem se é possível sair mesmo que por umas horinhas.

— Tá bom, tia.

— Outra coisa: nada de álcool, nada de maconha ou outras drogas, nada de menina dormindo com menino e nada de menina trancada com menino no quarto ou no banheiro. Ah, tem mais: nada de beijos e abraços escandalosos na frente dos outros. — Na verdade, na minha frente. — Nada de brigas, desentendimentos, fofocas, reclamações. — Eu não estava sendo nem um pouco tolerante e democrática, sei disso, mas era melhor eles chorarem naquele momento do que eu depois.

— Tudo bem, tia, mas no Réveillon a gente pode beber?

— Se seus pais deixarem, eu deixo. Apenas cerveja, e o tio Ruy vai controlar a bebida. Nada de vodca nem de uísque.

Aproveitei a presença dos pais, e eles consentiram. Combinamos, então, o restante, que dizia respeito a alimentação, rateio da casa etc. Cada um levaria um prato pronto (para a ceia), carne, peru, arroz, feijão, ovos, latas de marmelada, queijo, manteiga, leite, ovos, água, produtos de limpeza e o que mais fosse necessário.

Combinei que logo após o Natal eu já iria para a praia com as compras e minha família, e que o Ruy voltaria para buscá-los com a Kombi. Assim que chegamos, Ruy descarregou as tralhas e voltou para São Paulo.

Você não pode imaginar o que aconteceu. Sabe aquelas casas de filme de assombração, abandonadas e cheias de teias de aranha? Foi com isso que nos deparamos! Meu Deus, onde é que eu tinha amarrado o meu bode?

A casa pé na areia tinha uma varandona com pilares de concreto azul-calcinha, e o telhado estava arqueado, sustentado por madeiras podres e cheias de cupins. Abrimos a porta de entrada, que dava para uma salona enorme, inteiramente vazia... Cheia de baratas mortas (de fome, provavelmente) e de pó. As janelas não se abriam: eram basculantes, e todos os vidros estavam quebrados.

A sala emendava num enorme corredor, de onde saiam duas suítes de cada lado e um lavabo, que terminava numa cozinhona. Adentramos pelo corredor escuro e, passo a passo, cheios de medo, íamos abrindo as portas dos quartos. O primeiro quarto da esquerda tinha uma cama de casal e uma de solteiro. Logo, seria o nosso e do Kiko. No segundo, havia somente três colchões jogados no chão. Gabi logo falou:

— É o das meninas!

Em frente ao meu quarto, encontramos outro, que tinha apenas uma cama de solteiro. Logo, seria o de minha mãe. E, em frente ao quarto das meninas, outro, com duas camas de solteiro quebradas. Os colchões? Nem quero me lembrar dos colchões!

Eram aqueles duros e antigos, de algodão e palha, com o forro listrado de azul e vermelho. Acho que você nunca deve ter visto um colchão desses. Eles eram do tempo de Dom Miguel Charuto. E o pior... Estavam roídos pelos ratos.

— Eca! Que nojo!

Abrimos os quartos imediatamente, para suavizar o cheiro de mofo. Tatá, hiperalérgica, já estava com os olhos lacrimejando, inchados e espirrando. Dedé coçava a garganta e fungava. As nossas duas cachorras boxer, a Chica e a Pig, andavam pela casa vomitando, pois enjoaram muito na Kombi.

Chegando na cozinha, nos deparamos com uma enorme mesa (sem cadeiras), uma geladeira velha e enferrujada, um fogão que só tinha duas bocas funcionando e, imagine que maravilha, um freezer horizontal! Isso mesmo... Um baita freezer que poderia manter nossos 34 quilos de carne congelados junto com toda a comilança.

A pia. Ah, a pia... Não tinha sifão. Embaixo dela, havia uma velha lata de tinta, toda enferrujada, que coletava a água suja.

O meu primeiro impulso foi voltar para São Paulo, mas, diante de minha impotência, o segundo impulso foi rezar. As crianças logo se animaram:

— Mãe, tô com fome. Vamos comer!

— Que comer que nada, vamos é limpar tudo isso.

— Betty, você não vai dar comida para o Kiko? Já é tarde, coitadinho, ele é o caçulinha e está com fome — disse minha mãe, me recriminando, e já me causando problemas.

— Olha aqui, mãe, não vai comer, não!

— Ah, mas eu também quero comer.

— Olha aqui, quem quiser comer, se vira com sanduíche.

— Sanduíche? Você acha que isso é comida para as crianças?

— Mãe, se vire. Crianças, se virem. Daqui a pouco, todo mundo tá aqui, e a casa precisa estar em ordem.

— Você faz todas as vontades dos seus filhos. Pra que se matar, cuidar de tanta gente?

Críticas, críticas e críticas. *Onde estava eu com minha cabeça, que não deixei minha mãe com minha irmã?*, pensei. Peguei toda aquela raiva que sentia e me transformei no Taz. Ele mesmo, o personagem de desenho animado: o Diabo da Tasmânia. Sádico e rápido, ele gira em torno de si, causando só confusões e, na hora que gira, parece um furacão. Meus filhos me chamam até hoje de Taz, e o Ruy usou o apelido até não estar mais entre nós. E é assim que fico diante das situações difíceis; rapidamente, arranjo solução para tudo. Mandei as crianças para a praia e mãos à obra. Limpei a suíte de minha mãe, arrumei sua cama, para que ela pudesse dormir e me deixar em paz. Enfiei a velhinha lá e a mantive presa. Tasquei o esguicho de água nas paredes, no chão, coloquei os colchões na varanda, acondicionei os alimentos, arrumei as camas.

Ufa! Assim que terminei e me sentei para tomar um uisquinho, chegou a galera. Kombi lotada até o teto. Treze adolescentes, suas mochilas, colchonetes e o som. Ah, o maldito som! Ruy descarregou a cambada e foi para a rodoviária buscar a turma que chegaria de buzão. Santo marido!

— Tia, tô com fome — foi logo dizendo o Ávila, remexendo na geladeira. Tive vontade de mandá-lo ir se f@#$%.

— Olha aqui, pessoal — fui já falando —, antes que comecem a bagunçar a cozinha, já vou dizendo: sujou, limpou!

Sei que começou uma confusão de malas na sala, que não dava nem para andar.

— Olha aqui, pessoal, vamos colocar essas malas no quarto, porque a vó pode tropeçar.

Vixe, na hora eu percebi que os quartos não seriam suficientes. A turma estava se arranjando ainda quando chegaram mais quinze adolescentes (os do buzão). Violão, pandeiro, atabaque, saias longas e ripongas, cabelões, havaianas... Pronto! O time estava completo. Bastaria saber *onde* colocá-los.

As meninas ocuparam dois quartos. Restavam doze meninos sem ter onde dormir e colocar as tralhas. Logo, a sala se transformou em dormitório. Doze colchonetes foram enfileirados, ficando livre apenas a passagem para a varanda. As malas ficaram emparedadas pelos cantos.

Mama mia, como seria para a minha mãe transitar? Sorte que ela ainda dormia, mas sorte é uma coisa que dura pouco...

— Elizabeth...

— O que é, mãe? — Logo notei que algo de mal aconteceu. Minha mãe ficava com o nariz torto quando brava. Meu coração disparou, "lá vem bomba".

— Aqueles moleques estão mexendo na geladeira, fazendo sanduíches, comendo, e eu apareci na cozinha e ninguém foi capaz de me cumprimentar e de me oferecer um lanche.

— Mãe, a senhora está em casa. Não espere que ninguém ofereça comida para a senhora. Vá lá e se sirva.

— Eu, não! Eles nem me olham na cara!

— Mãe, pelo amor de Deus. Não comece a criar caso.

— Você... sempre defendendo os outros, eu nunca tenho razão!

— Tá bem, tá bem. Vou dar um jeito.

— Pessoal, venham todos aqui. Esta aqui é a vó Felicia.

— Oi, vó! — todos a cumprimentaram educadamente; alguns até a abraçaram e beijaram.

— Tudo bem, mãe?

— Hummm — ela resmungou.

Quando tudo parecia em ordem... Pufff! O fabuloso freezer deu o seu grito agonizante, espalhando pela casa fogo e fumaça. Meu Deus, trinta e quatro quilos de carne crua, mais a comida congelada... E agora?

O santo Ruy virou e mexeu, mas não conseguiu fazer nada: o motor havia pifado mesmo. O que fazer? Pensei novamente em voltar para a minha casinha, em São Paulo, mas a turma estava toda eufórica.

— Tia, já sei! — gritou a Rebeca. — Vamos pedir pra pôr na geladeira da vizinha.

— Mas não vai dar, Rê.

— Vai, sim.

Rebeca e Gabi começaram a distribuir as carnes para os amigos e sabe o que eles fizeram? Deixaram as carnes espalhadas nas geladeiras da vizinhança inteira. Veja só que ideia! Eu nem sabia onde estavam, e o povo, gentilmente, nos ajudou. Tá vendo só como muitas vezes nós, adultos, é que somos os complicados? Bom... E as comidas congeladas?

— Ah, tia, eu já sei — disse Ávila. — Vamos comer tudo.

— Boa, tô morrendo de fome — responderam os meninos. Eles sempre estavam morrendo de fome.

É isso aí, liberamos geral. A comida de quinze dias deu só para uma noite. Você já viu um adolescente comer? E quando estão em grupo? Parecia um bando de hienas devorando um cadáver! Fiquei chocada diante dessa primeira refeição. Pensei: *O que me espera?*.

Não seria um lanchinho nem um sanduichinho que encheria o bucho daquela turma. A minha mãe:

— Nossa, como eles comem! Nem me deixam chegar perto da mesa. Eu não vou comer!

— Mãe, não dê uma de coitada. Chegue lá e faça o seu prato. Depois a senhora vai ficar com fome.

— Eu, não. Eu tomo um copo de leite.

Naquela altura do campeonato, cansada de guerra, eu não tinha mais paciência para nada. Enchi um prato cheio de tudo o que tinha e atochei na velhinha, com uma garrafa de cerveja. Seria melhor deixá-la de fogo, porque assim seu humor melhoraria. Dito e feito: comeu igual a um paxá e ria das mariposas que voavam em torno das lâmpadas.

Os pratos... melhor nem falar! Pratos, talheres, copos, panelas... Deixa pra lá! Tínhamos de comer em etapas. Turmas se revezavam diariamente, pois a louça e os talheres não eram suficientes. Esbeiçados, lascados, tortos e manchados. Panelas? Duas, e amassadas.

Bem, quando já estava lavando a louça, uma das meninas resolveu usar o banheiro que fazia parede com a cozinha e assim que deu a descarga, o que foi que aconteceu? Hum-hum... Você pensou em merda? É... Foi isso mesmo. A tal da merda começou a subir pelo ralo da cozinha. Pasme. Fiquei pálida... sem voz... sem ação diante de tão cheirosa imagem. O ralo soltava bolhinhas de água, urina e merda malcheirosa que escorria e se espalhava pela cozinha toda.

Tive de abrir as pernas, para que não me molhassem os pés, e aquele riozinho de merda seguia o seu curso, indo se empossar num canto onde o chão da cozinha afundava. Tínhamos, agora, uma lagoinha. A Pig adorou. Aliás, ela tinha esse nome porque comia seus próprios excrementos. *Eca!*

— Papiiii, Papi... — desesperada, chamo o meu Santo Homem. — Socorro! Todos chegam correndo e saem como chegaram, dizendo:

— Eca, que nojo, tioooooo!

— Tira essa cachorra daqui! A Pig tá lambendo merda! Não usem as descargas! — Foi o que consegui dizer de imediato.

Coloquei as mãos na cabeça, enquanto Samuel se encarregava da cachorra, e o Ruy pegava um rodo para puxar aquela merda toda para o quintal.

— Manhê, a Pig me lambeu! — gritou Dedé.

— Larga ela, lava o braço e passa álcool! — instruí.

Gabi reuniu os amigos e todos lavaram a cozinha. Graças a Deus, eles eram muito bonzinhos. Ruy verificou todos os banheiros e concluiu que somente aquele não poderia ser usado. Um banheiro a menos. Não faria mal. *Que saudades da minha casinha!*

Hora de dormir, já tarde da noite. *Que dia longo!* Notou quantas coisas aconteceram? Ruy, quando viu que tínhamos acompanhante no quarto, logo ficou chateado. Significava que ele ficaria quinze dias só na vontade. Tive ainda de aturar seu mau humor. Pensei comigo, *imagina se eu tenho clima pra isso?* Transar com trinta adolescentes cheios de hormônios sexuais em plena atividade, curiosos em ouvir ou ver algo e... ainda cansada? Que o Kiko ficasse ali mesmo. Era a minha salvação.

Virei pra cá, virei pra lá, li, levantei, comi alguma coisa, deitei novamente e não consegui dormir com a dureza do colchão, o cheiro de mofo do quarto e com os borrachudos me infernizando. Os cachorros todos da praia latiam por causa de uma cadelinha no cio, que estava dando uma de gostosa no meu portão. As minhas cadelas uivavam...

O Ruy? *Maledeto*! Dormia igual a um anjo, como sempre. Tenho inveja disso até hoje. Ele era capaz de dormir até embaixo do chuveiro. E o pior: roncava. *Seis de la matina* (odeio acordar cedo) começou o movimento na casa. Malditos surfistas! Será que não dá pra pegar onda depois das onze?

Tentei ficar na cama mais um pouco: meu corpo doía, parecia que meus olhos estavam cheios de areia, mas o som... ah, o som: Guns N' Roses... Aquela música que começa com um assoviozinho, muito bonito quando você o escuta pela primeira vez, mas que se torna *insuportável* depois de ouvir a mesma coisa por quinze dias.

— Tia, cadê o pão? — Os famintos me acordaram.

Cutuquei o Ruy.

— Papi, dinheiro pro pão.

Peguei o dinheiro e pedi que comprassem 50 pãezinhos. Passou meia hora:

— Tia, cadê o pão?

— Tá na cozinha, já compraram — respondi.

— Não, tia. Já acabou.

— Papi... — Cutuco novamente o Ruy. — Mais dinheiro.

E assim foram comprados mais 50 pãezinhos. Pela manhã, iam cem pãezinhos e, à noite, no lanche, também. A mesa ficava cheia de migalhas, requeijão, manteiga, leite, açúcar e achocolatado, lotada de moscas que voavam e pousavam ávidas na sujeira entre copos e talheres sujos. Era o meu visual matinal.

Eu já acordava falando sozinha: "Calma, Betty. Agora você tem de aguentar e não dar o braço a torcer para sua mãe. Trate de fazer o café para ela tomar quando acordar e deixar tudo limpinho para que ela se sirva".

Os banheiros? Daria um capítulo à parte. Melhor deixar pra lá. As meninas reclamavam que os meninos mijavam na tábua. Fiz uma reunião e disse que se eu descobrisse quem era o "mijão porcão", cortaria o bilau dele. Todos começaram a fiscalizar quem entrava no banheiro. Deu certo!

Hora do almoço. O que fazer? Já havíamos comido tudo. Eu teria de cozinhar? Claro que sim, quem mais? Eu tascava dois quilos de feijão em uma panela e sei lá quantas xícaras de arroz. Fritava montes de linguiça e noventa ovos. Quando via que a comida era pouca, colocava farinha de mandioca no feijão, para engrossá-lo, e foi o que resolveu o problema da fome. Passamos quinze dias comendo essa "gororoba". Até hoje me enjoo só de me lembrar dos ovos que tinha de fritar. À noite, dá-lhe pão com mortadela!

E assim se passavam os dias: Guns N' Roses o dia inteiro. Uma turma se levantava às seis e se deitava às onze, outra turma se levantava às onze e dormia às seis da manhã, de modo que eu sempre estava acordada, parecendo um zumbi.

Certa noite, caiu uma tempestade fortíssima, com direito a ventos, raios e trovões. Coisa de filme de terror. Começou a chover dentro de casa. Baldes, cestos de lixos, as duas panelas e pratos aparavam as goteiras. Naquela noite, os meninos não puderam dormir na sala, pois ela estava inundada. Eles se acomodaram com as meninas... e adoraram!

Pensei em voltar imediatamente para São Paulo, caso o tempo não melhorasse, mas, no dia seguinte, o sol raiou provocadoramente sobre o mar maravilhosamente azul e sedutor. Chegou dia 31 de dezembro: noite de Réveillon. Eu e Ruy cozinhamos o dia inteiro: quatro perus, maionese, arroz, salada, molhos diferentes, frutas, sorvetes, doces... Compramos algumas poucas cervejas e champanhe (para a diretoria, é claro!).

Ruy montou o maior som na varanda, e as meninas a decoraram com flores e bandeirinhas. A casa ficou uma graça. Os meninos recolhiam sacos e sacos de lixo, até mesmo porque a cozinha estava num auê danado. Finalmente, casa cheirosa, limpa, hora de colocar dez sacos de lixo na rua, para evitarmos moscas. Os meninos passavam pela sala, carregando-os um a um. De repente, um dos sacos se rompeu em plena sala, formando uma passarela, igual àquelas das procissões feitas no interior no dia de Corpus Christi. As cachorras, sentindo o cheiro de comida, entram pela sala a toda, esparramando e derrapando naquela lixarada. Fui pegar esguicho pra lavar a sala toda.

Que paciência, meu Deus! *Onde estás Tu, que não me vês?*

Cinco para a meia-noite, estamos eu e o meu santo marido na cozinha, a fatiar quatro perus. Bandejas cheias de comida foram servidas, a turma atacou e, em cinco minutos, o trabalho de dois dias inteiros simplesmente desapareceu... Cadê o rango? Nada. Só ossos.

A galera, conforme o combinado, bebeu e, após os primeiros cumprimentos de Feliz Ano Novo, começaram os primeiros vômitos pela casa. Novamente, a dona Betty aqui pega o esguicho para lavar a casa. A turma tomou um porre maluco. Eu estava tensa. Como controlaria a bebida?

— Chega de bebida! Recolham tudo.

> Imediatamente, recolhemos as bebidas, desligamos o som e colocamos a turma na cama. Não pense que foi fácil. Não foi fácil, não. Tive de dar voltas e voltas com alguns, no escuro da praia, ouvindo suas queixas, tive de ouvir declarações de amor e reconhecimento, choros de revolta e tristeza, confissões de adolescentes apaixonados... Enfim, tudo que era próprio dos adolescentes sofridos que eram.
> Quando todos estavam calmos e tranquilos, peguei uma garrafa de champanhe e fui tomar sozinha, na praia escura, iluminada apenas pelas estrelas... Brindei ao meu irmão Orlando. Primeiro ano que terminava e se iniciava sem a sua presença segura, sem o seu abraço afetuoso. Em mim, somente as saudades e a incerteza de como seriam as nossas vidas sem ele.
> Sentada em uma pedra, olhando para uma grande estrela brilhante, inventei sua presença e chorei.

Na vida, o mais importante a fazer é semear a amizade. A amizade garante amor, fidelidade, confiança e segurança diante dos momentos alegres ou difíceis. A amizade, compartilhada, forma uma cadeia de elos que ora nos acorrentam e sustentam, ora se rompem e nos libertam. Mas tudo num momento exatamente certo e significante. Pois é disto que a vida é feita: de amigos. E se você, por ser pai ou mãe, não pode ser *amigo* de sua criança, tenha com ela uma *postura amiga*: de aceitação, compreensão, proteção e cumplicidade.

Hoje, convivo com os amigos dos meus filhos, agora pais. E eu, cheia de alegria, vivo essa amizade com um sentimento enorme de existência plena. ==Reserve um tempo para os seus amigos, porque, se você não sabe, são eles que estarão com você quando os seus filhos buscarem os próprios caminhos.==

PROJETOS DE VIDA

Quando as crianças estavam mais independentes, Kiko já com 5 anos, resolvi tocar pra frente um projeto de vida que estava em banho-maria:

cursar a faculdade de psicologia. Aos meus 18 anos, me formei como professora e queria cursar pedagogia. Meu pai me falou:

— Não, senhora, agora você vai trabalhar para nos ajudar.

Assim, deixei para continuar os estudos depois de casada. Sempre me perguntei como gostaria de estar aos 40, 50, 60, 70 anos. Fazia novos projetos de vida a curto e a longo prazo. Cheguei até aqui. Estou com mais de 70 anos. Se eu viver o tanto que a minha mãe viveu, terei de inventar coisas para fazer. Porém, estou de "malas prontas" para a hora em que aquela alma penada de preto e foice resolver me levar pro outro mundo.

Enquanto isso, projeto o futuro, e assim decido o que devo fazer no presente para alcançar meus objetivos. Sempre fiz as coisas acontecerem. Nunca me resignei à obrigação de ter de aceitar algo que não me era bom, assim como nunca me conformei a ter de viver uma vida medíocre. Quanto menos com respeito à minha velhice.

A acomodação e a dependência me incomodam. Não dependo de ninguém. Eu sou problema meu. A minha família não tem a obrigação de cuidar de mim. Continuo desejando que os meus filhos vivam a vida deles. Essa é a maior prova de amor que eu posso dar a eles.

– *Ai, não tenho tempo.*
– *Não posso, as crianças não deixam.*
– *Não dá, meu marido atrapalha.*
– *Ai, estou sem empregada, desesperada...*
– *Coitada de mim, como a minha vida é dura!*
– *Ninguém faz nada por mim.*

Não delego aos outros a função de melhorar a minha vida ou o meu humor. Nem a Deus! Tenho uma relação muito íntima com Deus. Tão íntima que Ele mora dentro de mim. Não delego a Ele a resolução de minhas dificuldades. Só peço que me oriente e me acompanhe onde quer que eu esteja.

Odeio quando as pessoas me dizem que o casamento ou os filhos são impedimentos ao seu crescimento. Sinto muito, os filhos não impedem ninguém de chegar aonde se quer. A não ser que você deixe, ou que os use para justificar o seu medo de enfrentar as mudanças. Não se conforme diante da vida medíocre que você percebe levar nem jogue a culpa nos outros.

Entrei para a faculdade de pedagogia assim que me casei e cursei psicologia quando havia criado os quatro filhos. Nessa época, eu trabalhava durante o dia, como orientadora pedagógica de uma escola, revezava alguns horários com meu trabalho de consultório como psicopedagoga e, à noite, ia para a faculdade. Quando eu estava cursando o quarto ano de psicologia, começaram os estágios, e a vida se complicou ainda mais. Certa noite, muito tarde, ao chegar em casa, encontrei todos dormindo no chão da sala, ainda de uniforme escolar, enquanto Ruy estava jogado em uma poltrona com um copo de uísque ao lado. Vi como todos estavam "abandonados". A cena foi chocante! Resolvi pedir transferência para o período da manhã, larguei a clínica e trabalhei só à tarde na escola, podendo curtir a noite com a família. Foi um sacrifício enorme chegar aonde estou. Costumo dizer: todo mundo vê as pingas que a gente toma, mas não vê os tombos que a gente leva. Quem nos vê hoje, acha que tudo foi fácil.
Finalmente, me formei. Aí surgiu outra dificuldade: precisava montar o consultório. Cadê o dinheiro? Como sempre, aquela dureza! Comentei com o Ruy:
— Ai, que raiva! Tanto sacrifício e não poder montar o consultório...
Sempre me estimulando e fazendo parte de meus projetos, ele falou:
— Vamos montar, sim.
— Como?
— Olha, eu preciso mudar a empresa de lugar, pois ela cresceu, e o sobradinho em que estamos não nos comporta mais.
— Sim, e daí?
— Daí que a empresa muda para um lugar maior, e você fica onde estou, porque o aluguel é antigo e barato.
— Mas como pagar o aluguel? Já sei! Vou convidar algumas pessoas para dividirmos, e compartilharmos as duas salas.
A nossa empresa tinha deixado a casa a-ca-ba-da. As paredes estavam imundas e esburacadas. Havia lugares onde a fiação elétrica e os canos de água estavam totalmente expostos. Banheiro e cozinha com os azulejos detonados, calha vazando, telhado quebrado, os tacos do assoalho soltos e incompletos...
— Como é que eu posso apresentar uma casa assim? — comentei com Ruy.
— Olha, de qualquer maneira, eu tenho de arrumar a casa, até mesmo para entregá-la ao proprietário. Vou fazer as compras do material necessário, pago em prestações, e aí resta só arrumá-la. Que tal? — ele propôs.
— Legal! — respondi. — Vou levantar alguns orçamentos.

Todos os orçamentos que fiz incluíam o pagamento de um serviço que só poderia ser feito por dois homens. Inviável. Como nunca me conformei com a sensação de me sentir impotente, resolvi que eu colocaria a mão na massa. Nunca fui mulher de desistir diante das dificuldades, afinal, sou neta da dona Pascoalina! Ela sempre dizia diante das dificuldades:

— *Diificcile? Má che! Dificcile é una dona mijare na parede!*

E assim foi. Era janeiro, férias. Um dos verões mais quentes que já vivi. Reuni meus filhos e falei:

— Estas serão as nossas férias. — Entreguei a cada um deles uma espátula de pedreiro, lixa, um par de luvas de borracha e um lenço para a cabeça. — Vamos arrumar a casa.

Pedi uma explicação ao vendedor da casa de materiais, de como preparar o cimento e mãos à obra. Rebocamos, lixamos e pintamos tudo. Movida à raiva, eu me lembro que cantava um trecho de música que diz: "Quem sabe faz a hora, não espera acontecer",[96] enquanto o suor escorria e o corpo doía pela força e intensidade dos movimentos.

Arrancamos os tacos, fizemos o piso de cimento. Colamos azulejos e arrumamos a calha. É claro que o serviço ficou "porco"! Mas onde se notavam grandes buracos na parede ou no piso, eu colocava um quadro na frente ou um ou vaso de plantas.

Levei para lá os móveis de casa que seriam necessários: sofás, tapetes, mesinhas laterais, poltrona de atendimento, enfeites... O consultório se transformou num lugar muito aconchegante. Aí, sim, com algo decente para apresentar, convidei nove amigas de sala, mais duas professoras, para trabalhar comigo e, assim, dividir o aluguel. Elas toparam.

Nosso grupo foi muito bem através dos anos, e também se modificando. Hoje, trabalho sozinha, sou palestrante internacional, dou diversas entrevistas para vários veículos de comunicação e tive até um programa de TV com a minha filha Gabriela. Sou modelo também. Tá vendo? Escrevi mais livros além deste. As pessoas dizem querer ser como eu quando crescerem. Eu penso: "Vai vendo! Pensa que foi fácil? Quer ser como eu? Vai ter de ralar muito, e comece agora. Não espere crescer".

[96] CAMINHANDO. Intérprete: Geraldo Vandré. *In*: GERALDO Vandré. São Paulo: Som Maior, 1979.

==Não desista de seus sonhos. Sempre é tempo de os realizar.== Olhe-se no espelho. Quem é essa mulher que você vê do outro lado? Olhou bem? O que você viu: uma mulher acabada, buscando sobras daquilo que já foi? Quando você se perdeu de você?

Talvez as crianças tenham feito você se afastar de si, ou o trabalho passou a ser mais importante do que a sua saúde, ou até mesmo você tenha acreditado que a sua beleza e vitalidade seriam suficientemente duradouras e te fariam suportar chegar até aqui.

Minha amiga, o tempo é implacável, e não perdoa aqueles que se esquecem de si. Dizem que a vaidade não é uma virtude, dizem até ser um pecado. Que besteira! A vaidade é uma virtude, sim; é a disposição adquirida de fazer o bem.

Vou te dizer uma coisa. Essa mulher que se olha no espelho, na verdade, é uma mulher que clama pela liberdade de ser e existir. É uma mulher cheia de desejos, que quer desfrutar da própria presença, da própria companhia, dos prazeres e das alegrias que a vida dá. Essa mulher quer amar e ser amada. Quer crescer.

É uma mulher que não quer mais se prender aos velhos hábitos do passado e que deseja se livrar da culpa de não ter vivido como deveria. Ela quer se reinventar e iniciar um romance com ela mesma. Sim, ainda é tempo. ==Sempre é tempo de ser aquilo que deveríamos ter sido.== Sorria para essa mulher no espelho, diga que ela é um mulherão da porra. Coloque-a dentro de si e passe a amá-la duas vezes mais. Preste atenção aos seus desejos.

Idade, filhos, família, nada é impedimento para que deixemos de lado nossas ilusões, nossos desejos. Sempre é tempo de crescer. A vida nos oferece tempo e oportunidades. O impedimento é sempre interno, nunca externo. O medo de correr riscos ou de fracassar é paralisante. Temos de priorizar certas situações, adiar nossos projetos, modificá-los, adaptá-los, por vezes, mas nunca abandoná-los.

Não se conforme diante da ignorância, da mediocridade, do cotidiano, da rotina. Livre-se de você quando não estiver satisfeita consigo mesma. Quando você muda, tudo muda. Pare para pensar no que está acontecendo com você. Somos estranhos a nós mesmos, não nos compreendemos. Nós nos misturamos com o outro e nos condenamos eternamente a isso. Busque se conhecer e assim se diferenciar do outro. Permita também que os seus filhos sejam eles mesmos.

Não tenha dó e nem piedade de si. Deseje. Deixe-se levar pelos seus desejos. Antes "querer o nada a nada querer".[97]

Aprenda a viver com menos estresse. Geralmente, ele é causado por relacionamentos humanos conturbados. Evite as brigas e discussões desnecessárias; não leve tudo a ferro e fogo. Seja fiel aos seus princípios, viva uma vida honrada, e isso significa ser uma boa pessoa, uma pessoa respeitada e incorruptível. Significa servir de modelo para a comunidade.

Busque a sua integridade sem abusar do seu poder, sem diminuir o outro. Não saia de "mansinho" das situações difíceis, querendo se livrar da sua parte da responsabilidade. Não grite, não berre com os outros. Seja educada se quiser ser respeitada. A agressão verbal pode ser pior do que a física, porque atinge o outro na alma. Elevar a voz se transformou em vício relacional em muitas famílias e ambientes, e assim aquele que grita (além de passar um modelo horroroso aos seus filhos) também perde a credibilidade.

Que tipo de mãe você é ou pretende ser?

- **Negligente:** um estudo feito pela Universidade Federal do Paraná mostra que 35% dos pais são negligentes, não corrigem os filhos, não se dedicam a eles nem mantêm vínculos fortes afetivos.[98] Estão perto dos filhos, mas distantes, pois se ocupam de tudo, menos deles. Estão sempre ocupados e terceirizam os seus pequenos. Os filhos dessas pessoas tendem a ser iguais a elas, e a desenvolver depressão e ansiedade. Se você se enxerga neste modelo, é bom que comece a participar mais da vida da sua criança e a se interessar mais por ela e por tudo o que a rodeia.
- **Participativa:** o mesmo estudo também nos traz que 35% dos pais são participativos, estão presentes diariamente na vida da criança e expressam sinceramente o que sentem por ela. São bons modelos. Respeitam regras e dão limites. Em geral, os

---

[97] NIETZSCHE, F. *Genealogia da moral*. São Paulo: Companhia das Letras, 2009.

[98] ESTUDO indica que 65% do pais são negligentes, autoritários ou molengas. *Jornal de Brasília*, 5 fev. 2012. Disponível em: https://jornaldebrasilia.com.br/brasilia/estudo-indica-que-65-do-pais-sao-negligentes-autoritarios-ou-molengas/. Acesso em: 12 abr. 2024.

filhos são sociáveis e toleram frustrações. Se você é assim, encontrou uma boa medida para criar os seus filhos.
- **Permissiva:** 15% dos pais são permissivos. Esses pais não sabem ao certo como agir e cedem à pressão dos filhos. Trabalham muito e compensam as suas ausências com mimos. Os filhos tendem a se achar o "máximo" ou a não respeitar os outros. Se você é assim, precisa trabalhar a culpa de estar muito tempo fora de casa e tomar as rédeas.
- **Autoritária:** 15% dos pais são autoritários, controladores, manipuladores e mandões. Os filhos tendem a ser submissos, tímidos, agressivos e revoltados. Se você se vê nesse modelo, está na hora de começar a ter atitudes mais democráticas: dialogar mais, saber ouvir, elogiar e pesar os limites para que seus filhos possam ter um pouco de iniciativa na vida.

Depois de rever o tipo de mãe que você é e que deseja ser, pense no seguinte ao planejar os seus projetos de vida:

- Como vai a sua autoestima?
- Será que você não tem sido crítica demais com relação a si mesma?
- Será que é tão incapaz e errada quanto pensa?
- Não dá para ser mais tolerante, generosa e flexível com você?

Na vida adulta, precisamos aprender a nos atualizar e a superar as nossas feridas infantis. Devemos procurar reconstruir a nossa autoimagem e autoestima. De nada adianta você ficar presa às críticas que ouvia quando criança, você cresceu! Não precisa provar mais nada a ninguém! Aquilo que você ouviu de ruim não deve se transformar numa verdade para o resto de sua vida.

Quem nunca ouviu a frase: "Não importa o que fizeram a você. O que importa é o que você vai fazer com aquilo que te fizeram"? Vai se queixar a vida inteira da sua mãe, do seu pai, de todos que te impediram de ser quem você gostaria de ser, ou vai seguir em frente, em direção à realização dos seus projetos? Se assim o for, procure se conhecer bem. Assumir os seus defeitos, reconhecê-los e fazer com que eles trabalhem a seu favor.

Se você é uma pessoa imediatista, que não sabe esperar, procure trabalhar com pessoas que têm urgência no atendimento. Você poderá ser um excelente profissional se souber ser ágil na sua profissão também. Busque se conhecer para saber usar o seu potencial e ter autonomia.

Saiba usar a sua inteligência. Inteligência e criatividade caminham juntas. Busque soluções novas para velhos problemas. Não se prenda às velhas e mesmas soluções. Quando nos permitimos sair do comodismo, soluções novas e novos projetos sempre acontecem.

É preciso também investir em novos amigos, aumentar a sua rede sociométrica. Ficar trancada dentro de si, presa às suas angústias, ou à sua vidinha (por vezes medíocre) não vai levar você a lugar algum. ==Para você ser uma boa mãe, é preciso que você seja feliz.== Olhe para o mundo, para a vida, para as pessoas. As pessoas são companhias interessantes.

Aprenda a ouvir. Pouca gente sabe ouvir, logo se prepara para responder. Ouça com atenção o que o outro tem a lhe dizer. Procure compreendê-lo. Coloque-se no lugar dele. Crie vínculos afetivos de boa qualidade. A presença afetiva do outro é fundamental para a nossa autoestima e para a realização dos nossos projetos de vida. Largue essa porcaria de WhatsApp e as redes sociais, pois o tempo gasto nas telas impacta o seu bem-estar e as suas relações familiares.

Para atingir um projeto, duas atitudes são fundamentais: apostar nos bons resultados e na própria capacidade de alcançá-los. A minha mãe sempre me dizia: "Betty, não deixe para amanhã o que você pode fazer hoje". Eu ficava muito brava, porque não tinha moleza. Hoje, percebo que um dos fatores que me fizeram chegar aonde cheguei foi me deixar orientar por essa frase.

A minha sábia mãe já tinha o conhecimento de algo que a psicologia explica: 80% das pessoas adiam os seus afazeres, isso é natural.[99] O problema acontece quando adiar se transforma em um hábito ou em um problema crônico, causando sérios prejuízos à pessoa e àqueles que a cercam (também uma das caraterísticas do transtorno de déficit de atenção). O hábito de adiar as coisas (procrastinação) é um embate entre

---

[99] BRITO, F. DE S.; BAKOS, D. D. G. S. Procrastination and cognitive-behavioral therapy: an integrative review. *Revista Brasileira de Terapias Cognitivas*, v. 9, n. 1, p. 34-41, 2013. Disponível em: http://pepsic.bvsalud.org/scielo.php?script=sci_arttext&pid=S1808-56872013000100006. Acesso em: 12 abr. 2024.

o tempo psicológico, aquele ligado aos nossos desejos, e o tempo social, aquele ligado ao relógio.

Pessoas impulsivas, pessoas que só sabem trabalhar sob pressão, aquelas que não sabem tomar decisões, que optam pelo que é prioritário, que têm medo de correr riscos, que apresentam dificuldades em lidar com mudanças; pessoas com autoestima baixa e inseguras, muito preocupadas com o que os outros pensam delas, perfeccionistas e acomodadas, sempre vão deixar para amanhã, para depois de amanhã ou quem sabe para outra encarnação (se houver) aquilo que poderiam resolver hoje. Que pena!

Para realizar um projeto de vida, é preciso criar prazos, dar-se pequenas recompensas, concentrar-se em cada objetivo, listá-los e eliminá-los quando os for concretizando. Sei que é possível, pois fiz isso e deu certo. Não preciso viver outra vida para realizar os meus desejos. Parto feliz e cheia de bagagem. Deixo muitos exemplos. Quem achar bom que os siga.

QUANDO OS FILHOS SE TORNAM ADULTOS

E chegamos ao fim do livro! Com isso, devo dizer que não ter filhos é uma escolha. Não é defeito nenhum e muito menos um desvio. Eu escolhi tê-los, e muitos. Meus filhos viraram gente grande, e posso avaliar tudo o que vivemos juntos. Como se eu estivesse no alto de uma grande montanha, contemplo o nosso passado e vislumbro o nosso futuro. Este livro é a nossa história, uma que quero deixar aos meus netos.

Vamos aprendendo muito ao longo da vida e, ao chegar a este ponto, vejo que ela deve ser feita de perdões. O quê? Você não sabe perdoar? Não me decepcione! Uma mulher que lê, que se informa, uma mulher atualizada, moderna e inteligente, evoluída, sábia e resolvida que não sabe perdoar? Vive aprisionada dentro de si? Não estou aqui dizendo do perdão que as religiões pregam. Não quero que você "ofereça a outra face".

O perdão é muito mais que isso. É uma decisão, não um dever nem uma obrigação. Decidir perdoar alguém ou a si é uma elaboração. É algo evolutivo e próprio das pessoas evoluídas. Uma decisão que liberta você do outro. Enquanto você não perdoa, está acorrentada ao outro, prejudicando a sua própria vida, a sua saúde e felicidade. Está se alimentando do ódio, de más lembranças e presa ao sofrimento. Está se condenando a uma vida mesquinha e miserável.

Quando decide perdoar o outro, tira dele o poder de fazer você sofrer. É uma libertação! Liberte-se do outro, liberte-se de si mesma. Perdoar é divino, mas mandar à merda, muitas vezes, é sensacional. Mande esse outro pro "quinto dos infernos" e viva bem. Toca a vida para a frente, porque ainda terá muita luta à sua espera. Se você passa a vida se "encanando" com tudo e com todos, viverá o lado ruim dela, e vai se cercar de pessoas más. É a força da atração. Não queira isso para você e sua família.

Olha bem, se você é dessas pessoas que adora fazer fofocas, guardar mágoas e que se alimenta das más lembranças, lhe digo uma coisa: o seu problema não é o outro. O seu problema é você. Isso mesmo. O seu problema é você!

Você é aquilo que você pensa. Se insistir em pensar na dor, nas ofensas, nas mágoas, só terá isso para oferecer a si e aos outros. Viva numa casa leve, numa alma limpa e com um sorriso nos lábios. A sua casa é o seu santuário. Os filhos sentem quando o ambiente está pesado, até os bebês sentem. A criança incorpora o clima afetivo da casa e das pessoas. Torne a sua casa um lar.

Quer saber? Não culpe ninguém, não acuse ninguém, assuma os seus erros, perdoe a si mesma. *Viva sem culpas.* Isso é muito bom. Melhor do que chocolate na TPM.

> E como já chegamos aqui à última parte do livro, e você foi vendo comigo como foram as aventuras da nossa família, vou lhe contar como estamos hoje. A Gabi transformou-se em uma mulher muito bonita e segura de si. Batalha muito na concretização de seus sonhos e tem a capacidade de fazer com que a vida aconteça. É publicitária, atriz, jornalista e radialista. Começou a trabalhar com o pai quando tinha 15 anos, fazendo o logotipo de nossa empresa e das marcas dos nossos produtos. Casou-se com um grande companheiro, um

grande cúmplice. Sujeito bacana o Rodrigo, e ambos me deram um netinho muito amado, o Gael. Menino incrível! Discute filosofia e psicologia comigo e é apaixonante.

O Dedé é uma figura, "o Tony Pirata", como é denominado. E que mente inquieta e sutil tem o Samuca. Cursou também publicidade e é designer gráfico, desenhista nato, caricaturista, tecladista, violonista, filósofo e poeta. Não existe nada que ele não saiba fazer, ou responder. Sua cultura geral é muito ampla e sua inteligência é múltipla. Ele é muito engraçado, mas só mostra esse lado para os íntimos. Continua juntando dinheiro para realizar seus desejos (lembra-se do assalto do relógio?). É muito perseverante e perfeccionista. Sempre calado, só abre a boca para oferecer ajuda, fazer piadas em cima do que acontece. Nunca pede alguma coisa nem julga alguém. Exige muito de si, o que faz com que os resultados de seus trabalhos sejam brilhantes. Começou a trabalhar muito cedo, também com o pai, aos 15 anos, fazendo vídeos que serviam como manuais dos nossos produtos. Ele e a sua companheira de vida, uma mulher linda e lutadora, a Claudia, me deram a menininha mais esperta e sabida do mundo: a Nina.

A Tatá cursou a faculdade de psicologia, mas não a concluiu, pois se casou e quis ser mãe. Ela e o Claudio me presentearam com a Giulia e com o Enzo. Tatá ficou tão encantada com a maternidade que resolveu trancar a matrícula, voltar a estudar quando a Giulinha estivesse mais independente, só que daí veio o Enzo, e ela decidiu ser mamãe. Uma mãe presente e participativa. Tatá também começou a trabalhar com o Ruy, aos 15 anos, e ajudava na área administrativa. A minha netinha Giulia estuda em Portugal. Faz faculdade de Ciências Políticas e Relações Internacionais. E o meu Enzo é um expert em Tecnologia da Informação e está completando o Ensino Médio.

O Kiko continua sendo o "Maquininha". Sua cabeça é tão inventiva, e ele é tão inteligente, que se tornou um renomado cientista na área da engenharia de áudio digital. Ele também começou a trabalhar na nossa empresa com 7 anos! Era pequeno, mas já fazia as suas invenções na linha de montagem, até tornar-se o principal projetista. Quando ele toca em São Paulo, a família toda se mobiliza. Isso porque suas músicas são vibrantes: house, progressive, trance. Lotamos as baladas com nossa presença e nossos convidados. Kiko é casado com a Vanessa, a quem amamos muito, e eles me deram duas netinhas lindas: Beatriz e Manuela. Ai, como elas me fazem feliz! Kiko se mudou para o Canadá. Foi convidado para trabalhar lá.

Todos os meus filhos têm aproximadamente 50 anos, e as idades dos meus netos variam entre 11 e 22 anos.

Minha mãe? A Dona Felícia? Estava muito velhinha aos seus 104 anos. Foi se apagando, se apagando, se apagando, como uma frágil e pequena vela. Como foi difícil olhar para ela e não encontrar nenhum vestígio daquela mulher forte que tanto me serviu de modelo. Num amanhecer de um domingo ensolarado de outubro, acordei angustiada e fui ao seu quarto. Percebi que ela estava indo embora. Eu a abracei, coloquei a sua cabeça sobre o meu ombro, olhei para os seus olhos azuis, já sem brilho, e disse: "Vai, minha mãezinha. Não tenha medo. Estou aqui com a senhora. Descanse. Eu vou ficar bem. Vai, meu amor...". Foi assim que nossos olhares se despediram e, num suspiro profundo, ela se foi. Eu a coloquei cuidadosamente nos braços do Senhor, rezando um "Padre-Nosso". A minha linda e querida mãe nos deixava.

O Ruy continuou trabalhando muito para manter nossa empresa em pé (cumpria um expediente de dezesseis horas diárias). Em nosso país, é muito difícil trabalhar honestamente. Aqui, "quem trabalha não ganha dinheiro". E assim foi até a nossa empresa falir. Quando o Ruy estava com 72 anos, e eu com 70, falimos e perdemos tudo o que havíamos conquistado para ter uma velhice segura e feliz. Ruy não aguentou o baque, e morreu. Estava desgostoso, triste e sem esperanças. Teve um câncer. Morreu após seis meses de diagnóstico, me deixando aqui.

Nos conhecemos em uma festinha na casa de amigos. Eu tinha 18 anos, e ele 20. O Ruy me tirou para dançar e, quando a música terminou e tentei soltar a minha mão para voltar ao lugar onde estava, ele a segurou forte. Desde esse dia, em 1967, continuamos de mãos dadas. Na véspera da sua morte, já sedado, no hospital, eu me debrucei sobre seu corpo frágil, aproximei a minha boca dos seus ouvidos e cantei baixinho: "Eu sei que vou te amar",[100] a nossa música. Segurei a sua mão gelada e comecei a dançar com ele sobre o seu leito. Ele me abraçou, nos beijamos e foi nesse triste momento que as nossas mãos se soltaram. Hoje, vivo procurando por essas mãos que me deram tanta força e tanto carinho.

Mas eu não vou chorar. Já chorei muito e aprendi que, depois que a gente perde o amor da nossa vida, tem de viver apenas cada amanhecer, esperando que o dia seja lindo. É isso. Dia após dia, até o dia da nossa partida.

---

[100] EU SEI que vou te amar. Intérprete: Maysa Matarazzo. *In*: MAYSA é Maysa... é Maysa, é Maysa. São Paulo: RGE, 1959.

Enfim, foi difícil chegar até aqui. Os nossos filhos deram muito trabalho para estudar, porque nunca viram nada de interessante na programação escolar. Sendo indivíduos educados por nós para pensar livremente, aprender com as próprias descobertas e usar a criatividade, nunca se sujeitaram à monótona e enfadonha programação das escolas.

Hoje, todos são bem-sucedidos. O que reforça a minha tese de que não vale a pena brigar com os filhos porque eles não são os melhores da classe. Boas notas não são sinal de inteligência. Inteligência é criatividade. Se uma criança tem facilidade de memorização, provavelmente terá boas notas. Porém, memorização não implica aprendizagem. Maus alunos podem se sair muito bem no curso superior quando escolhem estudar aquilo de que gostam.

Outra coisa que aprendi foi que não se pode desprezar uma vida inteira só porque ela está um bocado maltratada. Trabalho muito até hoje. Atendo crianças, adolescentes, mães perdidas, adultos e famílias (cumpro um expediente de onze horas diárias). Dou minhas palestras pelo país afora, minhas entrevistas, faço cursos de especialização, de idiomas, estudo, escrevo os meus livros e sonho. Não perdi a capacidade de sonhar e de me maravilhar com o Universo. Apenas fiquei um pouco mais triste sem o meu amor. Só não posso me perder de mim.

O meu coração não pode virar pedra, mas também não pode explodir. Os meus fins de semana são totalmente dedicados aos meus netos e à música. E assim viverei o tempo que me resta, sabendo que alcançarei a eternidade através das futuras gerações que carregarão os meus genes, e, também, através dos meus trabalhos aqui deixados.

Peço licença à escritora Lya Luft para finalizar este livro com um de seus escritos, "Canção de mãe",[101] com o qual me identifiquei e gostaria de poder ter escrito aos meus filhos.

> *Que nossa vida, meus filhos, tecida de encontros e de desencontros, como a de todo mundo, tenha por baixo um rio de águas generosas, um entendimento acima das palavras e um afeto além dos gestos – algo que só pode nascer entre nós. Que quando eu me aproxime, meu filho, você não se encolha nem um milímetro com medo de voltar a ser menino, você*

---

[101] LUFT, L. *A riqueza do mundo*. Rio de Janeiro: Record, 2011.

que já é um homem. Que quando eu a olhe, minha filha, você não se sinta criticada ou avaliada, mas simplesmente adorada, como desde o primeiro instante.

Que quando se lembrarem de sua infância, não recordem os dias difíceis (vocês nem sabiam), o trabalho cansativo, a saúde não tão boa, o casamento numa pequena ou grande crise, os nervos à flor da pele – aqueles dias em que, até hoje arrependida, dei um tapa que ainda agora dói em mim, ou disse uma palavra injusta. Lembrem-se dos deliciosos momentos em família, das risadas, das histórias na hora de dormir, do bolo que embatumou, mas que vocês, pequenos, comeram dizendo que estava maravilhoso.

Que pensando em sua adolescência não recordem minhas distrações, minhas imperfeições e impropriedades, mas as caminhadas pela praia, o sorvete na esquina, a lição de casa na mesa de jantar, a sensação de aconchego, sentados na sala cada um com sua ocupação.

Que quando precisarem de mim, meus filhos, vocês nunca hesitem em chamar: mãe! Seja para prender um botão de camisa, ficar com uma criança, segurar a mão, tentar fazer baixar a febre, socorrer com qualquer tipo de recurso, ou apenas escutar alguma queixa ou preocupação.

Não é preciso constrangerem-se de ter filhos querendo mãe, só porque vocês também já estão grisalhos, ou com filhos crescidos, com suas alegrias e dores, como eu tenho e tive as minhas.

Que, independendo da hora e do lugar, a gente se sinta bem pensando no outro.

Que essa consciência faça expandir-se a vida e o coração, na certeza de que aquela pessoa, seja aonde for, vai saber entender; o que não entender vai absorver: e o que não absorver vai enfeitar e tornar bom.

Que quando nos afastarmos isso seja sem dilaceramento, ainda que com passageira tristeza, porque todos devem seguir o seu caminho, mesmo que isso signifique alguma distância: e que todo reencontro seja de grandes abraços e de boas risadas. Esse é um tipo de amor que independe de presença e tempo. Que quando estivermos juntos vocês encarem com algum bom humor e muita naturalidade se houver raízes grisalhas no meu cabelo, se eu começar a repetir histórias, e se tantas vezes só de olhar para vocês meus olhos se encherem de lágrimas: serão apenas de alegria porque vocês estão aí.

Que quando eu parecer mais cansada vocês não tenham receio de que eu precise de mais ajuda do que vocês podem me dar: provavelmente não precisarei de mais apoio do que o seu carinho, da sua atenção natural e jamais forçada. E se precisar de mais que isso, não se culpem se por vezes for difícil, ou trabalhoso ou tedioso, se lhes causar susto ou dor: as coisas são assim.

Que se um dia eu começar a me confundir, esse eventual efeito de um longo tempo de vida não os assuste: tentem entrar no meu novo mundo, sem drama nem culpa, mesmo quando se impacientarem.

Toda a transformação do nascimento à morte é um dom da natureza, e uma forma de crescimento.

Que em qualquer momento, meus filhos, sendo eu qualquer mãe, de qualquer raça, credo, idade ou instrução, vocês possam perceber em mim, ainda que numa cintilação breve, a inapagável sensação de quando vocês foram colocados pela primeira vez nos meus braços: misto de susto, plenitude e ternura, maior e mais importante do que todas as glórias da arte e da ciência, mais sério do que as tentativas dos filósofos de explicar os enigmas da existência.

A sensação que vinha do seu cheiro, da sua pele, de seu rostinho, e da consciência de que ali havia, a partir de mim e desse amor, uma nova pessoa, com seu destino e sua vida nesta bela e complicada terra.

E assim sendo, meus filhos, vocês terão sempre me dado muito mais do que esperei ou mereci ou imaginei ter.

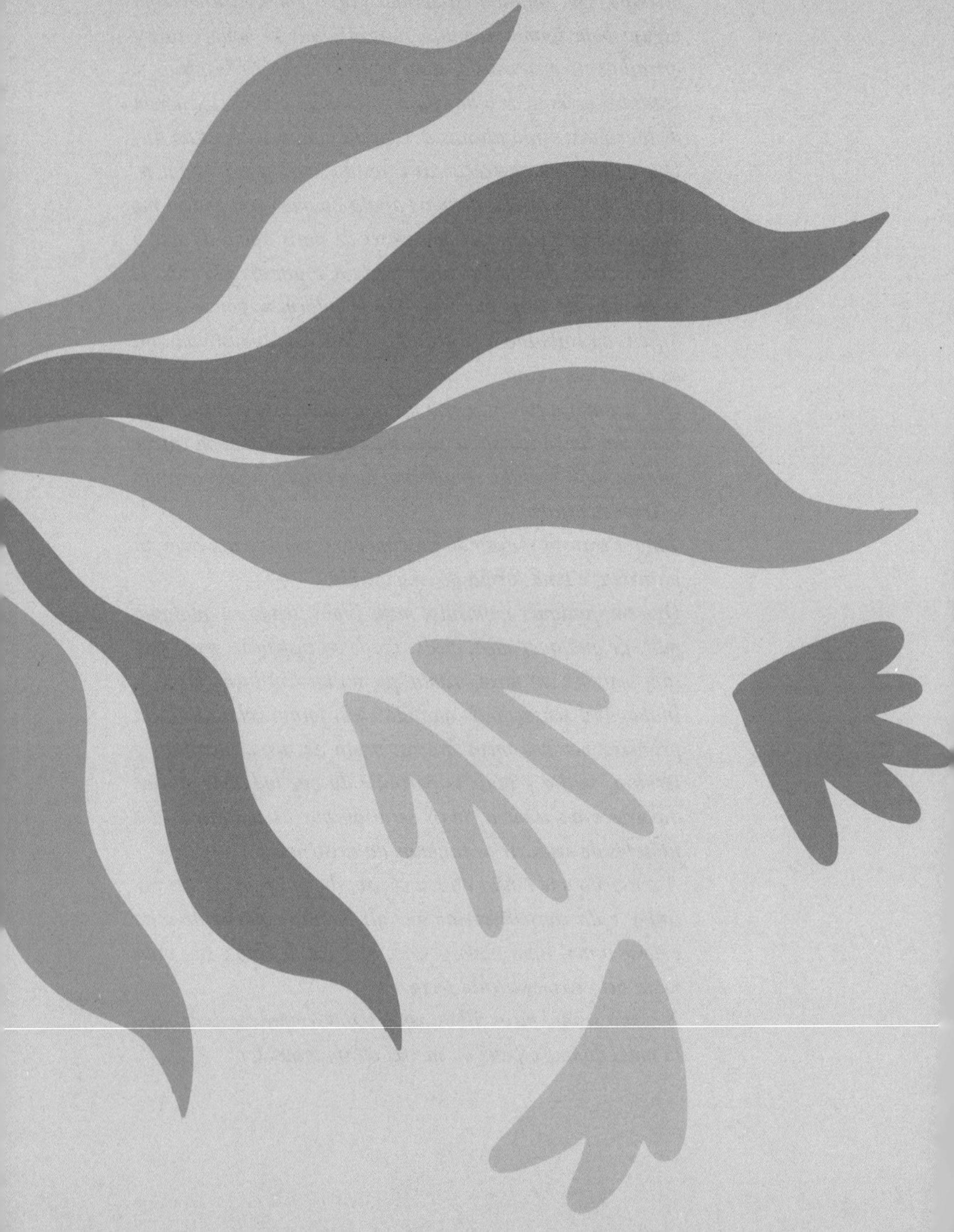

POSFÁCIO

Qual será enfim o futuro da família?

Segundo Elizabeth Roudinesco, psicanalista francesa,[102] a família contemporânea vem se desenvolvendo bem e garantindo a reprodução da nossa espécie, apesar de o aborto ter sido legalizado em alguns países. O casamento, embora mais tardio, é precedido de um período de união livre, concubinato ou de múltiplas experiências vividas pelo casal. Os filhos nascem independentemente do casamento e assistem também às várias uniões de seus pais.

As mulheres continuam sendo as maiores prejudicadas nas rupturas que acontecem nas uniões e que são provocadas por elas. O desejo de ter filhos sempre existirá entre as pessoas hetero ou homossexuais, casadas ou não. A família permanecerá sendo a única unidade capaz de assumir um conflito e favorecer o surgimento de uma nova equilibração. Enfim, a família do futuro deve ser, mais uma vez, reinventada.

Algumas conclusões:

As pessoas nascidas a partir de 1990 não almejam nenhum tipo de revolução: nem sexual nem política. Mudar o mundo não é com elas. Querem trabalhar e ganhar o próprio dinheiro, mas no próprio ritmo.[103]

---

[102] ROUDINESCO, E. *A família em desordem*. Rio de Janeiro: Jorge Zahar Ed., 2003.

[103] PERNA, M. Problemas de comportamento prejudicam a Geração Z no mercado de trabalho. *Forbes*, 26 fev. 2024. Disponível em: https://forbes.com.br/carreira/2024/02/falta-de-etiqueta-prejudica-geracao-z-no-mercado-de-trabalho/. Acesso em: 15 abr. 2024.

São mais conservadores no que diz respeito aos valores familiares (embora os pais continuem a ser ridículos, valorizam mais a família).[104] Querem tudo no aqui e no agora. São imediatistas e fazem várias atividades simultaneamente: veem TV, escutam música, navegam nas redes sociais e ocasionalmente estudam.

Os aparelhos tecnológicos fazem parte de seu corpo. Eles vivem sempre conectados a alguma rede. Os contatos e os prazeres que deveriam prover do mundo real, provêm do mundo virtual, o que é uma pena!

As nossas crianças e futuros cidadãos do mundo são superinformados, até precocemente informados e muito menos preconceituosos (ufa!). Vivem mudando de opinião e iniciando coisas novas. São tantas as opções e tanta liberdade de decisão que às vezes eles se perdem.

Os nossos futuros cidadãos do mundo são muito caros. Custam cinco vezes mais do que custavam há trinta anos. Embora estejam bebendo menos e indo menos para baladas, por priorizar saúde e bem-estar, estão fumando mais. Querem tudo novo que é lançado, são extremamente consumistas e se interessam pouquíssimo pela leitura e cultura em geral. A mídia dita os costumes, valores e padrões.

A mídia nos diz o que comer, o que vestir, como nos comportar, como nos divertir, aonde ir, o que *ter* para *ser*. Quanto mais a mídia exibe bebês e crianças lindas, jovens felizes e realizados, mais o envelhecimento e a morte provocam pavor.

Sem o espírito crítico que leva a uma reflexão sobre as nossas condições reais de vida, sobre os nossos valores familiares e a nossa ética, viveremos alienados e sem condições de transformar a realidade. A família do futuro será totalmente manipulada.

A família com filhos, historicamente, foi um imperativo para a manutenção do poder e da propriedade. Você pode escolher não ter filhos, e isso não é monstruoso. Muitos casais vivem muito bem sem eles. Nos Estados Unidos e na Escócia existem zonas *childfree*, condomínios reservados a pessoas maiores de 13 anos, e olha que a demanda é grande! Aliás, é melhor que não os tenha, se não tiver muita disponibilidade para

---

[104] PAES, M. Mais conservadora, geração Z não enfrenta os pais e quer carteira assinada. *Universa*, 6 jun. 2018. Disponível em: https://www.uol.com.br/universa/noticias/redacao/2018/06/06/geracao-z-os-pos-millenials-quer-trabalho-estavel-e-consumo-consciente.htm. Acesso em: 15 abr. 2024.

crianças em sua vida. Como bem diz a psicanalista francesa Corinne Maier: "O filho não é um direito e nem uma necessidade. Ele é simplesmente uma possibilidade".[105]

Quer você aceite, quer não, a questão da identidade de gênero deve ser aceita, entendida, respeitada e tornar-se inclusiva. Teremos diferentes formatos familiares.

Elizabeth Badinter, autora do livro *Um amor conquistado: o mito do amor materno*,[106] aponta em suas pesquisas que a maternidade é um mito cultural, pois até o século 19 os bebês eram negligenciados e entregues às amas de leite. Muitas crianças morriam antes dos 4 anos, e, para a burguesia, era uma falta de prestígio cuidar dos filhos (vimos que Ariès também conclui que o conceito de infância surge somente após o século 17). Badinter afirma que a maternidade não é algo instintivo, como se pensa. O afeto entre mãe e filho surge com a vinculação e a convivência, é algo conquistado no dia a dia, e o mesmo ocorre com a paternidade. Infelizmente, algumas mães tornam-se tão superprotetoras que impedem os pais de se vincularem aos filhos.

As pesquisas também mostram que o casamento único, no estilo do "felizes para sempre", ainda continua sendo o sonho da maioria das pessoas.[107] Para que os casamentos sejam mais duradouros e haja a manutenção da família é preciso saber que nessa união dois seres se transformam em um, contudo devem permanecer dois: é uma relação de conexão com o parceiro, é educar filhos juntos, ser fiel e cuidar um do outro, porém sem um engolir um ao outro.

O casal deve tirar férias a dois, investir no namoro, priorizar um ao outro, investir na vida sexual, apimentar o relacionamento. Carinho e respeito caminham juntos, assim como o diálogo e a compreensão. Não existirá a família do futuro se você não investir nela.

Se você investir na maternidade como uma modalidade de competição, que é o que tenho visto atualmente: quem tem o filho mais inteligente,

---

[105] MAIER, C. *Sem filhos*. Rio de Janeiro: Intrínseca, 2008.

[106] BADINTER, E. *Um amor conquistado*: o mito do amor materno. Rio de janeiro: Nova Fronteira, 1985.

[107] CASAMENTO ainda é sonho para 80% das pessoas, diz pesquisa. *Tribuna Online*, 13 jun. 2022. Disponível em: https://tribunaonline.com.br/cidades/casamento-ainda-e-sonho-para-80-das-pessoas-diz-pesquisa-118082. Acesso em: 15 abr. 2024.

o mais lindo, aquele que fala inglês mais precocemente, o mais esperto, o melhor esportista etc.; não estará pensando em seus filhos e na família. Não estará nem um pouco preocupada com o futuro de sua família, mas, sim, em se exibir, em competir pela busca do melhor status, e quem arca com as consequências são os filhos.

Esse comportamento competitivo de mães e pais demonstra que eles são, na maior parte das vezes, pessoas mal resolvidas: precisam que os filhos sejam aquilo que não conseguiram ser. Precisam alimentar o próprio Ego através do sucesso do filho, e, quando exibem essa criança, na verdade, querem dizer: "Olha como eu sou o máximo!".

Cuide da sua família e deixe o seu filho ser feliz do jeito que ele é. Fique atenta à mídia. Tome cuidado para que ela não invada a sua casa e passe por cima dos seus valores e costumes. Bem… Você tem aí um trabalho árduo pela frente se quiser frear um pouco esta geração ansiosa para experimentar de tudo e formar um espírito crítico nesse jovem diante da mídia comercial ou ideológica que está sempre ligada aos objetivos econômicos.

Voltando às novas estruturações familiares, o Fundo das Nações Unidas para a Infância (Unicef) realizou uma pesquisa sobre a situação da infância brasileira e o que se pode perceber é que cerca de um milhão de crianças e adolescentes são chefes de família. Largam a escola para cuidar da casa ou trabalhar.[108] O fato de serem chefes de família mostra que a sociedade não se organizou para garantir a eles o direito de serem crianças e adolescentes. Outro dado triste é que isso perpetua o ciclo de pobreza, de exclusão e de violência.

Há muito a se fazer para preservar a importante estrutura familiar: cobrar do governo uma política antidrogas, o acesso à boa educação, saúde e possibilidades de trabalho. É preciso investir também no conceito de cidadania familiar: pais presentes, cuidadosos, que sejam bons modelos, respeitem os filhos, se interessem por eles, os escutem, os eduquem, promovam encontros familiares e nunca os abandonem.

---

[108] DOIS milhões de crianças e adolescentes de 11 a 19 anos não estão frequentando a escola no Brasil, alerta UNICEF. *Unicef*, 15 set. 2022. Disponível em: https://www.unicef.org/brazil/comunicados-de-imprensa/dois-milhoes-de-criancas-e-adolescentes-de-11-a-19-anos-nao-estao-frequentando-a-escola-no-brasil. Acesso em: 15 abr. 2024.

Você deve cobrar dos políticos aquilo que estudos elaborados mostram ser fundamental para o país:

1. **Criar uma lei de responsabilidade educacional:** ao prestar contas ao Ministério da Educação e Cultura (MEC), as secretarias que fizerem mau uso das verbas a elas destinadas deveriam ser punidas, e as que fizerem bom uso, premiadas.
2. **Dar autonomia aos diretores:** os diretores deveriam ter autonomia para administrar as escolas, sem depender das secretarias para tudo.
3. **Oferecer formação prática aos professores:** o currículo dos cursos de licenciatura e das faculdades de pedagogia não forma professores para assumir a função que deles se espera.
4. **Premiar os bons mestres:** professores que apresentam um bom desempenho recebem incentivos financeiros.
5. **Ampliar a jornada escolar:** uma hora a mais por dia na escola influencia positivamente no resultado escolar.

E aqui me despeço!

Amem-se e sejam felizes,

Betty Monteiro.

**Acreditamos
nos livros**

Este livro foi composto em Baskerville e Bernina Sans
e impresso pela gráfica Santa Marta para a Editora
Planeta do Brasil em março de 2025.